HEBEISHENG ZHIYE JIAOYU FAZHAN YANJIU BAOGAO

河北省职业教育发展研究报告

王振鹏　刘凤彪　编著

河北大学出版社
·保定·

图书在版编目（CIP）数据

河北省职业教育发展研究报告 / 王振鹏，刘凤彪编著. -- 保定 ：河北大学出版社，2018.2
ISBN 978-7-5666-1303-5

Ⅰ. ①河… Ⅱ. ①王… ②刘… Ⅲ. ①职业教育－研究报告－河北 Ⅳ. ①G719.2

中国版本图书馆 CIP 数据核字 (2018) 第 016332 号

河北省职业教育发展研究报告

出 版 人：耿金龙
责任编辑：张靖瑄
装帧设计：王占梅
责任印制：靳云飞

出版发行：河北大学出版社
地址：河北省保定市七一东路2666号　邮编：071000
电话：0312-5073033　0312-5073029
邮箱：hbdxcbs818@163.com　网址：www.hbdxcbs.com
印　刷：保定市北方胶印有限公司
开　本：170mm×240mm　1/16
印　张：22
字　数：460千字
版　次：2018年2月第1版
印　次：2018年2月第1次印刷
书　号：ISBN 978-7-5666-1303-5
定　价：58.00元

前　言

本书是在河北省职业教育发展研究中心近年来的研究成果基础上编写而成的，目的在于通过梳理职业教育研究的理论阐述和职业教育实践的有益尝试，从中获得对我省乃至全国职业教育发展具有指导意义的一些启示。全书共包括六个专题，其中专题一、二、五由刘凤彪编写，专题三、四、六由王振鹏编写。

专题一：河北省中等职业教育现状调查及发展策略研究，基本反映了“十二五”初期我省中等职业教育的整体状况，突出了经济社会发展和产业结构调整对职业教育的需求，突出了对职业教育的特征和典型经验的总结，剖析了职业教育面临的困难和问题，并提出了推进我省中等职业教育改革发展的策略。调查面向全省职业学校发出450多份问卷，共获得389份中职学校的样本数据，其中符合调查和统计要求的样本学校共计332所。通过对大量数据的整理分析不难看出，职业教育在取得辉煌成就的同时，依然有一些学校存在办学不规范、师资力量紧缺、专业建设老化、人才培养标准不能完全适应经济建设需要的问题，这些问题成为新形势下提高中等职业教育人才培养质量面临的新课题。

专题二：河北特色现代职业教育体系建设研究，立足国家和省级层面的宏观政策，围绕我省现代职业教育体系建设，就我省现代职业教育的发展目标、体系定位、总体框架、办学机制、内涵建设、基础能力建设、农村职业教育和保障机制等，进行了深入地分析和探讨，成为我省现代职业教育体系建设的重要理论基础。随着经济结构和产业结构调整，新兴产业、行业和技术、职业的发展，亟需大量高素质劳动者。唯此，才能使先进的科学技术在生产中得到实际运用，才能使先进的机器设备得以正确操作，才能推进企业不断提高产品质量、争创国际名牌、增强竞争力。所以，推进现代职业教育体系建设，加快培养应用型技能型人才，全面提高职工队伍的综合素质，增强企业竞争能力，应该作为当前职业教育改革和发展的重要方向之一。

专题三：京津冀协同发展背景下河北省职业教育发展研究，是站在京津冀协同发展的大背景下，陈述了河北省如何充分把握国家层面大力推动协同发展的重大机遇，借鉴国内外发达地区职业教育发展的成功经验，打破行政壁垒和制度阻碍，推进京津冀三地校际合作、校企合作，充分吸收和利用京津丰富、优质的职业教育资源，实现资源共享和优势互补，从而满足京津冀协同发展对各类技术技能型人才的需求。经济社会发展对职业教育提出要求并提供保障，职业教育为经济发展、社会进步提供有力支撑，这是发达国家和地区经济社会发展的基本规律和普遍经验。在我国，加快发展现代职业教育既是经济振兴和社会发展的迫切需要，也是实现新型工业化、信息化、城镇化和农业现代化，促进经济社会协调发展，全面建成小康社会的必然选择。

专题四：河北省新型职业农民教育培训研究，是在对邯郸、邢台、石家庄、衡水、沧州、保定等 6 个设区市的 15 个县、30 个乡镇、60 多个自然村的 300 多户农户的入户调查、访谈的基础上，对现行农民职业教育培训进行的比较研究。报告全面地反映了我省涉农职业教育概况和职业农民培训现状，提出了我省新型职业农民教育培训的政策建议。应该看到，职业农民的产生已是历史发展的必然，但新型职业农民教育培训却是一个新生事物。从长远来看，培育有科技素质、职业技能、经营能力的新型职业农民，就是培育粮食安全和农产品有效供给的未来，就是培育农业现代化的未来，就是培育社会主义新农村的未来。由此而言，培育新型职业农民，现代农村职业教育将承担重要的现实任务并发挥不可替代的重要作用。

专题五：中等职业学校文化建设的立论、原则与内容。这是关系学校发展的一个宏大的课题，无论你是否意识到学校文化的价值，但只要你置身校园或成为学校的一员，你就是学校文化的缔造者和传播者。因此，学校文化既是推动学校发展、提升学校层次的重要手段，也是学校改革发展的目标方向。坚持了学校的自身文化，融汇了外来的先进文化，自然会创造出学校文化的美好未来。基于这一思想，省职业教育发展研究中心于2016年6月举办了职业学校文化建设研讨会，目的是从文化建设的视野入手，分析、探寻学校文化产生、发展的必然性和规律性，并阐释新常态下职业学校文化建设的重要意义。这份专题报告就是在研讨会成果的基础上，汇总整理的新观点和新方法。

专题六：中等职业学校学生人文素养调查研究，是基于对7所中职和1所示范高中8所中等学校一、二年级的1 698名在校生人文素养的问卷调查，通过对调查数据的系统整理和分析，提出了提高中等职业学校学生人文素养的策略建议。通过现代职业教育给中职学生以生存和发展的职业知识、职业技能以及必要的人文素养储备，推进社会文明的进步，进而改善他们个人和家庭的生活质量及社会地位，这不仅将提升职业教育的吸引力和影响力，也将从根本上提高全民族的整体素质，促进人的全面发展，实现中华民族伟大的复兴梦，让每一个人都能有人生出彩的机会。

上述专题研究得到了省教育厅、省农业厅和有关高校、中职学校的领导和专家们的大力支持，省农业厅科教处杨延昌副处长，河北工业大学魏进平研究员，河北农业大学张斌教授，保定学院王者鹤研究员，河北机电职业学院赵双全教授，邯郸市农业学校霍朝忠、程清海、董锋利、何树海高级讲师，邯郸市工业学校曹志国高级讲师等，先后参与了相关专题的研究工作，是他们为本书的成稿奠定了坚实的基础。

由于我们的研究水平有限，书中的错误在所难免，望广大读者不吝赐教。

编者
2016年12月16日

目　录

专题一　河北省中等职业教育现状调查及发展策略研究*

经过改革开放30多年的快速发展，我省中等职业教育取得了历史性的重大突破，在推动经济发展、促进就业、改善民生、解决“三农”问题上发挥着越来越重要的作用。但从总体来看，职业教育仍然是整个教育中的薄弱环节，长期积累遗留下来的问题仍然尖锐而突出。一方面，由于受传统观念影响，在一些地方还存在着轻视、忽视甚至鄙薄职业教育的现象；另一方面，办学条件相对比较差，管理体制、运行机制、人才培养模式还不能很好地适应经济社会发展的需要。所以在职业教育取得辉煌成就的同时，依然有一些学校办学不规范、师资力量紧缺、专业建设老化、人才培养标准不能完全适应经济建设需要，这些成为新形势下提高中等职业教育人才培养质量面临的新课题。

为了继续保持经济平稳较快发展，党中央做出了加快转变经济发展方式的重大决策，即从主要依靠增加物质资源消耗实现经济增长，转变为依靠科技进步、劳动者素质提高、管理创新实现经济增长。而通过大力发展职业教育培养技能型人才、促进经济方式转变，已经被世界工业化国家证明是有益的经验和普遍的规律。我国“十二五”规划纲要制订了产业调整升级的战略任务，中等职业教育应当主动调整人才培养方式，实现与现代

---

* 该研究系2013年度河北省社会科学发展研究课题，编号：201302014。

产业体系的紧密对接。我省中长期人才发展规划纲要提出，要在2020年进入人才强省行列，届时将建立一支门类齐全、技艺精湛的技能型人才队伍。所以，完善技能型人才培养体系，加强职业技能开发，加强择业、就业和创业能力建设，是当前职业教育肩负的一项重要而紧迫的任务。

大力发展职业教育，既是当务之急，又是长远大计。当前职业教育正处在历史上最好的发展时机，面临难得的改革机遇，经济发展已经步入转变方式、科学发展的新阶段，转方式、调结构、促发展，使得经济社会对技能型人才的需求日益强烈。然而，我们目前职业教育的发展水平离完全适应经济社会发展的需要、满足人民群众接受良好职业教育的需要，都还有很大的距离。

为贯彻落实全省《教育规划纲要》提出的把提高质量作为教育改革发展核心任务的工作方针，全面分析我省职业教育的发展态势，认真剖析职业教育面临的困难和问题，认真总结职业教育改革发展过程中的成功经验，研究制定推进我省中等职业教育改革发展的政策措施，更好地提升职业教育办学质量，提升职业学校人才培养质量，2011年下半年，我们设计了一套调查问卷，对“十一五”期间和2011年全省中等职业学校的基本信息和发展概况进行摸底调查。在对调查数据进行整理分析的基础上，我们撰写了该研究报告。

本研究报告虽然完成于几年前，但现在看仍然能客观反映我省中等职业教育改革发展的总体状况，突出经济社会发展和产业结构调整对职业教育的需求，突出对职业教育的特征和典型经验的总结，也还能为各级教育行政决策提供依据，为职业教育科研提供重要参考。

一、河北省中等职业教育发展现状综述

中等职业教育是我省职业教育事业的重要组成部分，担负着培养大量生产、管理、服务一线劳动者和农村实用人才的重任。大力发展中等职业教育，是夯实经济社会发展基础的重要手段，对我省经济社会的整体发展必将起到有力的推动作用。“十一五”以来，我省中等职业教育获得了长足

的进步，取得了令人瞩目的积极成果。特别是各中等职业学校紧紧围绕中心工作，努力统筹协调好各有关环节的关系，创造条件积极探索职业学校办学规律，围绕提高办学质量、育人质量狠抓内涵建设，学校基本办学条件得到了极大改善，办学实力明显增强。

为了更好地落实国家和我省《中长期教育改革和发展规划纲要(2010—2020年)》，促进我省中等职业教育在“十二五”期间更好更快地发展，我们系统总结和研究了在过去的六年中，我省中等职业教育发展的基本情况，剖析了已有的成绩和不足，力求更加清晰地彰显职业教育对我省经济社会发展的助推作用。

（一）办学条件与规模

1. 办学条件得到改善

通过分析我省中等职业学校的调查统计数据，共获得389份中职学校的样本数据，其中符合调查和统计要求的样本学校共计332所，占统计学校的85.35%。根据对被统计样本学校数据分析可以看出，“十一五”期间到2011年，我省切实加强中等职业学校建设，不断改善办学条件。截至2011年底，被统计的332所学校占地面积共计35 319.27万平方米，建筑面积共计1 043.04万平方米，在校生人数57.85万人，图书馆藏书2 986.3万册。按照生均计算，样本学校生均用地面积为610.59平方米，生均建筑面积为18.03平方米，生均拥有图书51.63册。

“十一五”期间，我省进一步推进职业教育实训基地建设，强化对实训基地建设的监督检查。在被统计样本学校中，实训、实习场所建设和改建共投入资金54 972万元，争取到国家19个实训基地建设项目，组织安排了46个省级实训基地项目；被统计样本中职学校的教学仪器设备总价值达6 395 417万元，教学用计算机达10.902 4万台。各项教学设备设施等比“十五”期间均有了较大改善。

2. 办学规模稳中有进

本栏目以被统计样本学校数据为依据进行分析。从统计数据可以非常直观地看到，几年来，我省中职学校办学规模稳步发展，主要表现在招生人数和学生教师比例（生师比）两个指标上。据对我省 332 所中等职业学校从 2006 年到 2011 年的招生情况统计：2006 年招生 18.34 万人，在校生达 43.96 万人；2007 年招生 20.90 万人，在校生人数 47.66 万人；2008 年招生 20.43 万人，在校生人数 51.96 万人；2009 年招生 24.05 万人，在校生人数 56.30 万人；2010 年招生 23.34 万人，在校生 57.44 万人；2011 年招生 21.02 万人，在校生人数达到 57.94 万人。为便于观察，我们制成图表进行分析。学生/教师数量指标见表 1-1 和图 1-1，招生规模的发展变化见表 1-2。

表 1-1　332 所样本学校生师比指标统计表

年份	在校生(万人)	教师总数(人)	生师比
2006	43.96	31 207	14.09
2007	47.66	31 207	15.27
2008	51.96	31 207	16.65
2009	56.30	31 207	18.04
2010	57.44	31 207	18.41
2011	57.94	31 207	18.57

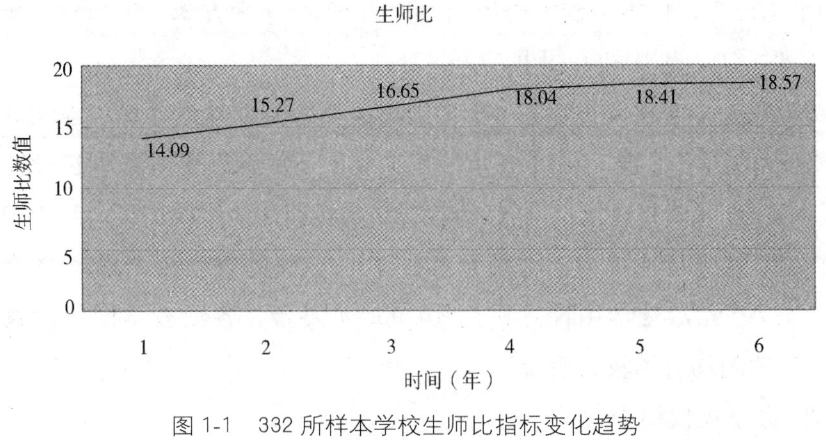

图 1-1　332 所样本学校生师比指标变化趋势

说明：横轴上的 1、2、3、4、5、6 分别代表 2006、2007、2008、2009、2010 和 2011 年，这些数据可以直观反映我省中等职业学校办学规模有所扩大。

表 1-2 332 所样本学校招生情况统计表

年份	招生人数(万人)	在校生规模(万人)
2006	18.34	43.96
2007	20.90	47.66
2008	20.43	51.96
2009	24.05	56.30
2010	23.34	57.44
2011	21.02	57.94

（二）管理队伍与师资队伍

1. 学校管理队伍精简高效

“十一五”是我省产业结构调整的重要阶段，由于受到国际金融危机的冲击，我省人才需求和全国一样都受到了影响，特别是因为经济贸易和企业生产的原因，社会对中等职业学校技能型人才的需求发生了结构性变化，加上有的中职学校没有及时调整方向应对变化，出现了毕业生所学的知识、技能与社会岗位需求错位和脱节，一度出现了中职学校毕业生不好找到工作的现象，导致一部分中职学校招生工作陷入了相对困难的局面。从调查的数据来看，直观的表现就是 2009 年以后的招生人数开始下降。

为了改变被动状态，应对这种变化，中职学校从自身情况出发，坚持内涵与外延协调发展的战略，首先从学校管理队伍抓起，进一步强化管理队伍综合素质，更新观念，树立服务意识，提高服务和指导水平。在体制建设上，科学设置管理服务层级和职能部门，减冗布新，重新设定和划分权限，使得管理队伍向精简高效的方向发展；在机制运行上，许多学校确立了围绕中心任务、整合资源、协调各职能部门联动的管理服务方式，使管理成本降低，管理效率大大提高；在操作手段上，一些中等职业学校实施了专业部负责制，缩短了管理服务层级，有效地提高了效率，并且加强和补充了教学队伍的力量，使学校的办学理念能较快地转化为学校的发展动力。多数学校还特别设立了招生和就业的专门机构，加强了学生生涯规划教育和职业道德教育，注重人才培养质量。

从实施的情况来看，精简行政机构和人员后，将力量充实到了教学一线，加强了教学的中心地位，围绕中心工作重新调配人员，密切了教师与社会的接触，增强了教学改革的效果。从管理机制创新后的运行效果来看，在学校管理方面，中职学校都能以制度建设为基础，全面加强学校内部管理，提高规划、执行、质量监测和服务能力，尤其是更加注重了“校企合作、工学结合、顶岗实习”方面的制度建设，建立了校企合作的有效机制。在学生管理方面，坚持以人为本、全面实施素质教育，积极落实德育为先、能力为重、全面发展的育人要求，不断加强全员、全面、全程育人、具有职教特色的大德育管理体系建设，积极推进企业文化与校园文化的有机融合，突出特色校园文化建设；建立以学生为主渠道的教学质量反馈体系和以社会及用人单位为主要评价元的人才质量评价体系和毕业生信息反馈系统，不断调整人才培养的社会适应度、人才质量与培养目标的吻合度，学生的综合素质得到了全面提升。

2. 师资队伍向专业化方向发展

调查统计的全省 332 所中等职业学校教职工总数达 4.35 万人，其中专任教师 3.12 万人，兼职教师 0.4 万人，“双师型”教师 1.04 万人，“双师型”教师的比例占总体 33.33%，专业课教师双师比例达到 90%以上。

截至 2011 年底，全省 332 所职业学校的教师参加各种教育学会组织 1 415人次；出版教材 984 部，发表论文 24 192 篇；承担国家级、省级和市级教育研究项目 1 394 项，获得省级奖励 2 171 次。省财政还投入专项资金用于中等职业学校师资队伍建设，每年选派不同专业教师参加国家级、省级骨干教师培训，使教师队伍的整体素质得到较大提升。

从运转过程来看，师资队伍建设以打造专兼合理的专业化教师团队为目标，实施了双师型培养工程、名师塑造工程、青蓝帮扶工程。选派骨干教师外出培训进修，建立了教师到企业实践管理制度和激励机制；聘请行业专家、技术能手，建立了外聘兼职教师资源库，提升了教师整体业务能力。中职教师进入工学结合、校企合作培养新模式中执行教学计划，一方面使自己的知识在实践中得到检验，使其更加具有系统性、理论性；另一方面教师从实践中不断完善自身传授技能的能力。可以看出，我省中等职业学校的教师正在向职业教师专业化方向发展。

（三）专业建设与课程改革

1. 专业设置体现了社会选择方向

近三年来，我省332所中等职业学校累计开设专业达到1 841个，平均每个学校开设专业5.54个，专业开设总数量和学校平均开设专业数量比“十五”期间职业学校存量专业略低，但开设的专业更加切合市场的需求，更加适应社会发展的要求。主要表现在以下几个方面：第一，专业开设思想发生转变。长期以来，脱胎于普教模式的职业教育，仍带有明显的普教模式色彩，新专业的开设较为粗放，学校往往依据自身的办学条件来开设新的专业，对社会需求因素考虑得少，造成专业开设快、沉淀也快的尴尬局面。专业建设思想的变化，扭转了专业设置不严肃的状态。第二，开设新专业前坚持科学论证。开设新专业依教育部《中等职业学校专业设置管理办法（试行）》和《中等职业学校专业设置目录（2010）》为依据，结合学校和市场的需要，做好充分的调研论证，使得专业的开设与我省产业结构相吻合，增加了专业建设的内涵和质量。第三，专业的开设紧密联系招生和就业。专业开设前的科学论证，更加充分考虑到了学校的优势资源和核心竞争力，考虑到了当地经济发展对人才的需求，使专业的开设更有目的性，提高了专业的生命力。第四，专业的开设注重适应社会需求。从调查中可知，近几年来新开设的专业更加注重与企业、农村经济组织、社会团体等用人单位的需求相一致，并且依据市场的变化及时调整培养方向。特别是“订单教育”培养模式在大部分中职学校的实践，映衬了专业设置按需求调整，教学计划按社会和企业单位需要改革，人才培养标准与用人单位需求接轨。可以说，社会的需求和选择是职业学校开设专业的重要依据，也使中职学校专业建设更加具有职教特色，并且提高了中职学校社会服务功能的辐射力。

2. 专业建设中强调了技能的培养

中等职业学校在办学方向上强调以服务为宗旨、以就业为导向，其所开设的专业就应该更能体现出就业性和技能性的特点，毕业生能很快融入工作岗位满足用人单位的需要，被用人单位接受，这是专业生存和发展的基础。“十一五”期间，我省各类中等职业学校为了适应社会的不同需求和自身发展的需要，对专业进行了改造尝试，取得了阶段性成果。专业技能教学的加强使得学生学起来有兴趣、有动力，技能知识掌握快、用得上，受到学生、家长和社会的欢迎。例如一部分中等职业学校提出了“基于能力本位的教学培养”模式，还有的学校针对专业的特点制定了“学生技能达标手册”等具体措施指导技能培养。这样做可以使教师、学生非常清楚自己在本专业能学到的技能，了解在本专业操作技能方面的“应知应会”，使学生毕业之前就对自己的前途有了一个较为明确的蓝图设计。专业技能的加强，增加了专业的存在和发展价值，出现了“相同专业不同技能”的毕业生。这种体现职教特色的教育改革，充分考虑了学生个性、能力、态度的不同，使学生都能有兴趣、有动力在一个相同的专业学习，实现了学校教学资源利用的最大化。专业技能教学的加强，也为原有老专业的改造指明了方向。很多学校依据社会需求和专业目标要求，将当前学生难以理解的课程，在完成有关基本理论要求的基础上，实现技能化改造，实现了理论知识“够用实用”、专业技能“学以致用”两个目标，职业特色更加突出和显现。

3. 课程改革突出职教特色

深化课程改革，通过课程设置体现文化理论课的要求和职业技能的要求，建立健全以职业能力为中心的职教课程体系，是“十一五”期间我省中等职业学校呈现出的最大特点。全省各中等职业学校在课程改革和设置方面进行了大胆的尝试，表现在以下三个方面：首先，在观念上更新。认识到社会对中职学校毕业生用人结构和方向发生了重大变化，之一是更加注重学生毕业后实际工作中的技能要求，之二是对中职生的需求出现了多元化的趋势。其次，课程设置和改革的规范化。为了把职业教育改革发展转移到以加强内涵建设为主的轨道上来，我省对学校的专业建设和课程改革非常重视。根据教育部《中等职业学校专业设置管理办法》要求，新制定了我省对课程改革和专业建设的具体意见，使我省中职学校在课程改革和设置上呈现积极的变化。最后，从全省调查结果看，形成了三种类型的课程体系。一部分职业学校在设置专业的过程中，抓住了产业结构调整的契机，努力寻找与产业体系对接、为区域经济发展服务的结合点，教学计划、教材规划、课程内容、师资队伍建设、理论教学与实践教学比例等，都与行业企业等用人单位共同研究，协商确定，体现了校企合作、工学结合的深度融合；一部分职教中心对课程“三老”现象（老计划、老教材、老调子）进行改革，形成了突出专业特色、专业需要，关注学生职业态度、情感、职业道德等素养教育的特色课程体系，使得毕业生的综合素质得到提升，更加适应了社会对人才的需求；一部分学校利用“送教下乡”教育培训农民的活动为课程改革契机，对教学模式、教学手段和校本教材建设进行探索，形成利于自身发展的精品课程体系，把实用、特色的精品课程建设当成立校之本。

4. 课程改革适应经济社会发展需要

职业教育与经济社会的密切关系，要求中职课程改革必须要有先进的、时代的、发展的理念来引领。“十一五”以来，各中职学校按照职业工作过程来设计教学活动，在职业活动的情景中展开教学活动，并关注学生的能力培养。据此指导思想，形成了我省职业学校教学模式的几个特点：第一，立足自身内涵优势和外部条件，建立课程体系，体现学校的办学理念。第二，课程体系的建立融进了当地经济社会发展所需。在充分掌握当地用人市场的需求上，精选课程内容，面向市场需求来组织教学活动。第三，课程内容体现了区域性的特点。不同地区的学校调查结果显示，每所学校课程的开设都体现出本地化的特点，即使是相同的课程，对学生的理论要求和技能培养方面也有很大的不同，区域性强成为我省中等职业教育的重要特点。第四，课程的设置具有明显的阶段性特点。有的学校前几年某个专业还是热门专业，但几年后却出现了招生困难，这其中的主要原因是职业学校教学活动紧连社会发展的阶段性规律。第五，课程实用性特征明显。“没有需求就没有市场”这个经济学的规则用在职业教育发展上也是合适的。学校注重“顶岗实习、校企合作”，建立多元的教学活动，使课程改革的实用性意义更加深远。

5. 专业建设与课程改革的发展趋势

一方面，在职业教育刚刚恢复和发展的前期阶段，我省中等职业学校在办学过程中带有“以机关模式管学校，以普教模式办职教，以固定教材教学生，以封闭空间练技能”的色彩。发展到今天，这种情况已经远远不能适应社会的要求。所以说，学校发展到了一个关键阶段，教学课程的改革势在必行。

另一方面，其实早在“十五”甚至更早时期，我省中等职业教育因为农村职教中心建设而大发展的同时，就在课程设置、专业布局、教材建设等方面注意突出地方特色，为地方经济建设和社会发展服务。20 世纪 90 年代后期，由于在全国率先开始了特色专业建设，一些改革先行学校还结合当地实际大胆借鉴了德国“双元制”、英国“三明治”等发达国家和国内职业教育发达地区先进的职业教育理念和办学思想，推进了专业建设和课程改革的深入进行，并积淀了注重特色和职教规律的改革思想。

所以，分析我省从“十一五”到 2011 年这 6 年的变化，中等职业学校专业建设和课程改革又发展到一个新的更高的阶段。第一，充分认识专业建设和课程改革的重要性与必要性。中等职业学校适应时代发展要求而进行职业教育课程改革是必然趋势，这种改革或者改造是一项复杂的、影响大的巨量工作。第二，注意以“社会需要”为专业建设和课程建设的根本，在教学计划制定、执行以及理论课程、活动课程、实践课程和隐形课程等诸多领域进行全面改革。

从我省“十一五”期间的课程和专业改革可以总结出以下这样的特点：一是以“社会需要”为核心的课程体系建设，打破了原来的分科限制；二是以学生的差异性为出发点，随着社会发展的需要和学生的实际变化而做出相应的改造；三是更加注重隐形课程的影响和建设，使“环境育人，服务学生”的文化熏陶式教育成为育人的第二课堂，有效地解决了学生由于受到社会不良文化的影响，而出现的“反校园文化”的现象。这些改革的共同点是都体现在教学理念转变、教学手段改变、课堂方式改变，教材改进和建设上。例如，学校长期使用的现成教材，缺少二次开发和应用的现象。再比如，自编教材受到教师和学生欢迎，教师将自己的成果整合其中，使学生学到的知识和技能更加接近实际需要。

（四）工学结合与校企合作

1. 工学结合全面铺开

“工学结合”教育培训模式，是学校教学手段的创新，是实现中等职业教育目标的重要方式。职业教育归根到底是培养学生的就业技能，使其能适应社会、企业等部门的要求。“工学结合”的职业教育模式，能使学生将学习与工作相结合，真正融入社会得到锻炼，实现中职学校以职业为导向、以提高就业竞争力为目的、以社会需求为运作平台的办学理念。“工学结合”模式促进了学校教学改革的步伐，同时，对专业设置和改造、对学生的准确定位以及一体化教学管理等方面也都提出了更新的要求。

从“十一五”到2011年，我省中等职业学校的“工学结合”教育模式取得了长足发展。首先，在校内实训开出率平均为96.16％，最大限度满足了学生在学校得到技能锻炼的要求；其次，在尽力做好实训基地建设的同时，还积极探索与企业共同培养适用人才的途径，85％的学校都有自己较为固定的实训和实习基地；再次，“顶岗实习”发展较快，目前已在我省中等职业学校全面推开，改变了过去单一的教学培养模式，缩短了学生到了工作岗位后需要很长时间的“熟化”过程，实现了毕业就能上岗的培养目标；最后，“工学结合”模式得到了社会、学生和家长的认可，同时，也提升了学校的社会影响力。从问卷调查和实地走访了解，这种培养模式成为普遍规律，说明中等职业学校的发展更加注重学生职业技能的培养和养成，注重企业文化的渗透融合，强调人文素质培养，不断创新工学结合发展办学模式，从而使得“工学结合”能够不断加以强化和深入。

2. 校企合作渐行深入

校企合作运行方式是将学生在企业里进行的职业技能和相关工艺知识的教育培训，与在学校里进行的专业理论和普通文化知识的学习教育结合起来培养职业型人才的教育方法，反映的是职业学校办学理念和模式的创新。“十一五”期间，我省校企合作大致经历了试行、发展、壮大三个阶段，目前大部分中等职业学校在与企业合作办学中得到了双赢，尤其职教集团的推进，加速了这一教育模式的推行。

社会对中等职业学校培养的应用型人才的需求，是与经济发展密切相关的。经济的发展和社会的进步，推动了对技能型人才的大量需求。一方面现代化的企业对人才的需求是金字塔结构的，而大量适用人才光靠企业的培训是不够的，也是不科学的。另一方面，拥有培养技能人才优势的中等职业学校，由于与企业隔绝，信息互不对称，造成培养的人才与企业需求有差距、相脱节。这种矛盾的存在使学校和企业走到了一起。“十一五”期间，随着校企合作规模的扩大，曾经出现了一些问题，比如企业的需要与学校的技能培养能力出现了矛盾，企业产品调整与学校的教学管理出现了矛盾，学校的招生和企业之间的培养协议出现冲突等许多问题。

为解决发展过程中这些不可避免的矛盾和问题，冲破发展的瓶颈，2006 年以来，我省中职学校以校企双赢为基础，结合专业特点，开展多形式、深层次的校企合作，为学校发展注入了强大活力。例如有的学校在部分专业实行“实训基地＋生产企业”人才培养模式，学生在校内实训基地学习基本原理和基本技能，在校外实训基地训练过硬的岗位技能，工学交替，提升了学生职业素养和就业技能。有的专业与企业集团联办“企业冠名班”，企业全方位参加人才培养的全过程，量身打造适合企业岗位需要的技术工人，校企实现了“六共同”，即共同组织招生、共同组织教学、共同组织师资队伍、共同开展企业文化教育、共同建设实训基地、共同进行学生考核，为企业培养、输送了高素质员工。有的专业利用校内实训设备，开展来料加工和直接承揽加工业务，实训和生产融为一体，实现了“六合一”，即实训与生产合一、学生与学徒合一、教师与师傅合一、学做合一、作品与产品合一、育人与创收合一。校企合作实现了“六对接”，即专业设置与企业需求对接、实训车间与生产车间对接、教学过程与工作过程对接、企业文化和校园文化对接、学历证书和职业资格证书对接、学校评价和企业评价对接。“十一五”以来，多年的校企深入合作使我省中职学校做到了培养有目标、教学改革有方向、实习有基地、评价有标准、就业有岗位，增强了专业教学的针对性和有效性，为区域经济发展培养输送了越来越多优秀技能型人才。

（五）校园文化与德育

1. 重视校园文化建设

通过对我省 332 所中等职业学校问卷调查的分析以及对部分学校的实地调研了解，调查组得到的初步结果是：学校重视校园文化建设，加大了文化建设的研究和投入。学校始终坚持“育人为本、德育为首”的育人原则，加强“班主任、心理辅导教师、值班教师”三支队伍建设，通过“启蒙引导、训练强化、帮助监督、自主提高”四步骤，实施“环境育人、文化育人、纪律育人、岗位育人和知识育人”五大育人工程，对学生进行爱国主义教育、革命传统教育、职业道德教育、传统文化教育等，为学生全面发展奠定坚实基础。学校不断加强学校、社会、家庭“三结合”的教育网络建设，努力培养学生良好的思想品德、职业道德，养成良好的职业纪律、敬业精神。从教学到生活、从文化课到实习实训、从课堂学习到课外活动、从学生早起到夜晚就寝，构织了全员、全方位、全过程的德育教育网络。学校实行全员育人，要求每名教师都要负责学生思想辅导，每周与学生座谈不少于一次，每月与家长联系不少于一次，并将每名学生在学习、生活等方面的变化记入学生成长档案。

重视校园文化建设具体表现在以下几方面：第一，思想上重视校园文化建设。面对生源素质下降，学生表现出来的种种“反校园文化”现象，在思想上引起学校的重视，组织学生、团委、教务等部门联合攻坚，统一认识，形成重视学生德育培养，重视校园文化建设的氛围。第二，校园文化物质建设投入加强。中等职业学校在校园建筑设计、校园景观、绿化美化这种物化形态的内容上有了提升，更好地发挥了环境对人的文化提升作用。第三，宣传学校的价值观、校风、传统习惯、行为规范和规章制度。从学校的对外宣传上，可以明显地感受到每个学校内在的精神面貌的提升。校园文化对提高师生员工的凝聚力，培养良好的校风具有重要的意义，学生从入学时带来了社会上种种不良文化的影响，经过中职学校2—3年的不懈努力，转变成具有一定技能、初步适应社会职业需要的人才，这也是服务社会功能的一个体现。第四，校园文化建设手段不断改进。学生文化思想建设是学校德育工作的重要组成部分，我省职业学校在学生文化道德建设上：一是积极营造良好文化氛围；二是创造文化育人环境。有的学校在为学生创造出各种登台亮相、展示自我的机会上下足功夫，如组织校园社团活动、文化艺术节和各种科技作品竞赛等活动，从而激发学生主体意识，激发学生健康成长的内在因素；三是重视德育活动设计。通过各种活动引导学生的自我教育、自我管理、自我完善和自我发展，使学生增强对不良文化因子的免疫力和自我约束力。

2. 德育任务越来越重

从总体情况来看，我省初中毕业生生源规模持续减少，因而造成中职学校对招生生源的素质要求也不断下移。据对近六年学生德育情况调查，我省中等职业学校在德育教育上的任务越来越重，学校德育实施方式面临新的要求。分析我省中等职业学校在“十一五”期间及2011年的德育教育，主要可概况为四个方面的成绩：第一个方面，校园礼仪教育。教育学生校园礼貌用语，引导课堂上师生相互融和理解；卫生校园保持活动，爱护学校环境设施；课堂有益参与活动，提高学习效率；遵守交通法规等规范教育活动。第二个方面，爱国主义活动。95%的学校每周组织学生举行升国旗、唱国歌活动，利用重要节日到爱国主义教育基地进行“回顾历史，珍惜现在，服务将来”的体验活动。第三个方面，传统美德培养活动。有的学校进行“了解家庭三代历史，我从哪里来”的活动，培养了学生知恩感恩的感情，总结了家庭文化特质和家庭精神，对激励学生学习，克服自身的不足起到了积极的作用。“记得父母生日，感受生命”的活动使学生更加尊重生命，爱惜自身，关心别人。第四个方面，社会服务活动。80%以上的学校，利用假期组织学生参加服务社会，感恩社会活动。具体有“下乡服务”活动；社区献爱心活动；模拟残疾人生活，体验残疾人生活，尊重残疾人的体验活动；环保卫士活动，环保签名宣誓活动；诚信体验活动等。

（六）农村职业教育

1. 涉农专业应届初中毕业生生源质量有所下降

在“十一五”期间，我省农业职业学校发展建设受到一定影响，一些参加全省中考会考后录取的初中毕业生数量有所下降，学生入学时的整体素质有所下降。从对石家庄农业学校、邯郸市农业学校、邢台市农业学校三所农业类职业学校调查情况看：新入学的学生在学习动机、学习习惯、职业态度、道德品质等很多方面都存在着明显的问题，在有限的时间内端正和提高学习态度、培养技能的工作难度相当大。表现出的特点和发展趋势为：第一，生源数量下降。从以上三所学校的统计数据看，初中毕业生报考农业学校的积极性低，农业职业学校的招生工作陷入被动和困难局面。在这种背景下，国家推行就读农业职业学校的学生免除学费的政策，提高生活补助和奖学金的数额，对招生数量持续滑坡起到了阻止作用。2009 年我省启动送教下乡农村双带头人工程，涉农专业招生人数有了较大幅度增加。第二，培养方式更加灵活。就培养学制方面看，农业学校在对入学的学生进行职业技能培养培训中，主要采用三年制、二年制和一年制教育，开辟顶岗实习和实训基地建设，采用“学校＋企业”的“二元培养”方式来吸引学生，稳定生源。第三，就业工作仍处在困难之中。农业职业学校的毕业生就业技能面窄，造成这些毕业生在与其他职业学校竞争岗位时明显处于不利地位，农业职业学校这几年也在利用自身教学经验、师资力量、教学手段等优势不断拓宽专业布局，专业的开设不再局限农业领域，有的非农专业建设进入我省先进专业行列。但是，由于受传统文化习惯的影响，再加上社会对农业职业教育的偏见，造成了农业学校整体工作仍面临着重重困难的局面。第四，从职业教育教学特点来看，不管面对什么样的生源，职业学校不仅要教会学生一技之长，还要将学生培养成对社会有用之人、对家庭负责之人，所以这一点反映了职业教育在改善人们生活、维持社会稳定、促进和谐发展的意义所在，也反映了职业教育的伟大之处。

2. 涉农职业学校向农村后备人员教育培训方向发展

我省农业职业教育在“十一五”期间发生了重大转变，以“送教下乡”为主的“农村教育服务模式”在全省农业职业学校深入开展。这项活动自2009年启动以来，我省有150多所学校参与实施，设立农村教学点1 500多个，惠及全省近30万在乡从业的农民。这种教学模式表现出下列特点：第一，开启了农业职业教育改革试点，推进“农村职业教育办学模式改革”国家教育体制改革试点项目。在调研论证的基础上，确定了“农村教育办学模式改革”的目标任务，以“新农村建设双带头人培养工程”为突破口，完善农村县、乡、村三级职业教育培训网络，促进了农村职业学校和涉农专业合理布局，建设了一批省级骨干专业和特色专业，增强了农村职业教育服务经济社会发展的能力，在为“三农”服务方面做出了突出贡献。第二，农业职业学校主动将课堂延伸到田间、地头、养殖场等，把新技术、新信息等致富本领传授到农民手中；对农村潜在的劳动力资源进行理论上的研究和实践方面的指导，使“滞留”在学校的教育资源得到充分利用。在深化办学模式改革的同时，我省组织力量以农村职业教育为基础，开展政策研究和理论与实践应用方面的研究，形成了《农村职业教育办学模式改革研究》和《拓宽农村农业职业教育招生面向问题研究》等研究课题，其中我省的《农村职业教育办学模式改革研究》还得到了国家教育部原副部长鲁昕的重要批示，要求有关部门研究总结河北模式，并形成国家制度。第三，转变农业职业教育理念，完善督导检查办法。以培养大批“有文化、懂技术、会经营、善管理”的新型农民为新的办学理念，整合教育资源，实施多种培养培训手段，取得明显的成果，受到了农民的欢迎。其中，我省的“农村职业教育服务县域经济”的办学模式，得到了刘延东副总理的充分肯定。

3. 对农民进行培训成为省级重大战略决策

“十一五”期间我省农村职业教育开展了多种形式的“送教下乡”和

“农村后备力量开发和利用”活动，初步破解了农村实用人才缺乏、影响农村经济社会发展的难题。对农民进行基本素质和技能的培训不仅必要，而且是战略决策。这首先是为适应我省新农村建设的要求。社会主义新农村建设的重大决策，必将有利于促进城市和农村共同发展，实现城乡共同富裕，有利于创建和谐社会。新农村建设的人才巨大的宝库来源于农村后备力量，重视和培养农村后备力量，将潜在的力量转化为现实生产力，是建设社会主义新农村的基础。其次，是农业现代化的要求。在我省工业化进程中，农业支援了工业的发展而本身却暂时处在了相对困难之中。一方面，城市化进程加快，繁荣景象初现；另一方面，农村社会经济发展不平衡，限制了工业化的步伐。实现农业现代化，重要的是农村人力资源的开发和利用，要求必须有大量的有知识、有技能、会经营的农村人才留在农村，为农村所用。第三，我国其他地区的发展经验也值得我们借鉴。从 20 世纪 90 年代以来，全国各地相继开展了针对农村社会不同的人群进行教育培训的活动。如绿色证书工程、跨世纪青年农民科技培训工程、农民创业培训工程、农村剩余劳动力转移培训（阳光工程）等。这些农民教育培训工程，经过在不同层面上的研究和实施，证明是有效的、可行的，取得的成果也是显著的。这些工程的推进，促进了当地农村经济社会的发展。

（七）社会服务能力

1. 关注社会、亲近社会倾向明显

第一，教师积极参与社会研究和技术服务，将为社会服务的工作融入教学实践中。在做好教学工作的同时，教师积极参与区域经济发展和技术服务工作。近年来，中等职业学校参与地方社会经济研究项目的比例逐年增多。仅据邯郸市社会科学界联合会有关资料显示：在哲学社会科学研究课题方面，2009 年在总计 46 项研究项目中，中等职业学校没有承担研究项目；2010 年起，开始承担研究项目，在 96 项研究项目中承担了 2 项；2011 年承担 2 个科研项目；2012 年承担的项目达到了 6 个。可以说中职学校关注社会发展，首先体现在教师更加关注经济社会的发展变化上。

第二，学生开始关注生涯规划，关键能力培养的影响力加大。学生把要学习的知识和掌握的技能与就业目标相联系，“双证”式的学生比例增多。由于在思想上有了为社会服务的意识，近几年，在学校出现了获得“多证”的考证风气，改善了校风、班风和学风。例如，一所很普通的邯郸市第二财经学校在做好对学生基本知识和技能的培养基础上，鼓励学生参加“会计从业资格”考试，通过考试取得会计证，学生在毕业前就被用人单位预定。这样的例子在我们的问卷调查中比比皆是，重点中职学校、示范性中职学校更是如此。

第三，教育管理部门和学校把服务社会、为区域经济发展当成重要的办学目标之一。进一步整合中等职业教育资源，以社会需求和服务作为学校发展的立校之本，优化教育资源配置，打破部门、行业和学校类别的界限，建设了一批特色鲜明、装备水平高、办学规模大、服务能力高的中等职业教育示范学校，邢台农业学校、武安职教中心、涿州职教中心等已成为具有相当影响力的国家示范性职业学校。邢台、衡水、邯郸、石家庄4市积极推进职教园区建设：邢台市的邢台农校、财贸学校、工业学校合并，成立了邢台现代职业学校；衡水市的8所中职学校整合成一所综合性职业学校；邯郸市整合多所职业中学建成颇具规模的综合性职业教育中心。这些措施，对于统筹区域职业教育资源，做大做强区域性职业教育，更好的服务区域经济社会的发展，具有重要意义。

2. 突破了象牙塔办学格局，开放的办学体系逐步形成

“十一五”期间，我省中职学校从为社会服务的目标出发，积极争取外部发展资源，树立学校的公共形象，打破了传统的象牙塔式的办学体制，新的开放体系形成。第一，“走出去”。与企业和用人单位建立互利互惠关系，调动企业和职业学校互动的积极性。通过和企业加强交流，在校学生能有更多的机会将所学知识用于实践，这对于解决学生的就业问题大有裨益；教师的科研成果也有了更多机会接受生产的检验。第二，“请进来”。让社会文化、企业文化进入校园。一方面把社会上优秀的企业培训技师请进学校课堂，补充学生社会实践技能，另一方面，学校的师资力量在交流中得到提高。同时，学校可以由此为自身的改革和建设发展获得支持。

3. 社会服务功能逐渐扩大

社会服务功能和教学功能是现代职业学校的两大功能。在职业教育发达的国家，职业学校利用学校的知识和技术，为社会决策、管理提供支持，为企业开发新产品服务等等，已是一种十分普遍的现象。社会、经济与职业教育的关系愈加密切，职业教育对其发展的促进功能也愈加明显。

我省中等职业学校在为社会服务方面，采取了各种方法措施，既为社会的和谐发展做出贡献，得到了社会的认可，也实现了自身发展的目标，提高了学校实力。综合各校的做法主要有：一是采取主动战略。由学校组织与当地企业结对，定期组织师生到企业访问；学校向企业输送人才，为企业提供帮助，发挥智囊团作用；企业与师生交流生产经验，接收在校学生假期实习；培养学生的社会参与意识与能力，发挥教师的专业特长，鼓励师生到社区开展志愿服务。二是挖掘内部潜能，为社会提供服务的策略。学校对外开设考证培训班，联系外校或企业员工进行技能培训，把专业知识和专业技术通过培训的方式向社会辐射，转化为企业的生产能力，通过培训班向公众敞开大门，推进文化传播，发展先进文化知识，建立完善的职业培训体系，为企业员工的继续教育、进修提供支持。三是前面提到的各种形式的涉农职业教育，在培训农村实用技能的同时，向农村和农民传递着先进的文化和生活方式，推进了社会主义新农村建设。很多地区和农民，正是在职业教育的培养和影响下，有的创业致富带动一方经济，有的引进新技术、新手段改革传统的农业生产方式，有的学有一技之长进城务工，在更大的领域为社会发展贡献能力和才智。

二、河北省中等职业教育的总体评价

（一）成绩突出，社会认可度提升

1. 对高中阶段教育发展过程的回顾分析

近年来，国家连续召开三次全国职业教育工作会议，出台了大力发展职业教育的指导意见，中央领导同志也多次做出重要指示，要求把职业教育作为调整优化教育结构、促进各级各类教育协调发展的关键环节切实抓紧抓好。

从国务院《关于大力推进职业教育改革与发展的决定》(国发〔2002〕16号)颁布以来，国家一直在明确强调：高中阶段教育“要以中等职业教育为重点，保持中等职业教育与普通高中教育的比例大体相当”。应该说，这一基本要求既考虑到我国现阶段经济社会发展的现实国情，又参照了国际上职业教育发达国家和地区的经验，是高中阶段教育发展的重要目标。我省在“十一五”期间，根据经济社会发展需要，结合本地区实际情况，确定高中阶段教育事业发展规划，积极推进高中阶段教育特别是中等职业学校的招生规模扩大，使我省在这一时期基本实现了普通高中与中等职业学校招生规模大体相当的目标要求。

根据表1-3对全国统计数据的分析，我们可以把新世纪以来高中阶段教育的发展，大体划分为三个发展阶段：第一阶段，相对均衡发展阶段；第二阶段，数量背离发展阶段；第三阶段，快速发展阶段。

第一阶段，从2000年到2002年，全国中等职业教育(包括普通中等专业学校、职业高中、技工学校、成人中等专业学校。下同)与普通高中在招生人数和在校生人数上表现出了大致均衡的情况。此阶段中等职业教育还带有明显的计划培养模式印记，学校面临的外部发展条件与普通高中区别不大。其表现在：一是招生总人数少，就业有一定的保证。作为一项任务，每年学校在国家的指导下确定招生计划，与国家资助政策相关，国家资助的奖学金、助学金比例较高，资助面较广；学生毕业后可以凭借由人事部门签发的“就业报到证”到用人单位报到，所以学生报考中职学校比较踊跃。二是企业和其他用人单位对中职学校毕业生认可度高。该阶段学制较长，一般为3—4年，技能训练时间长，学生到了工作岗位后会很快适应工作要求，满足企业的需要，体现出了较强的社会服务功能，因而社会认可度较高。三是高校扩招，对中职教育的发展影响深刻，出现重大转折。1999年，高等院校大规模扩招；2001年，允许25周岁以上公民参加高考，彻底放开高校招生的年龄限制；2001年至2006年，高等院校开始自主招生。到2003年，中国普通高校本专科生在校人数超过1 000万。这种深刻的变化，使得中职教育的发展出现了转折，中等职业教育的发展开始出现困难。

表 1-3 · 全国高中阶段教育学生数量情况表

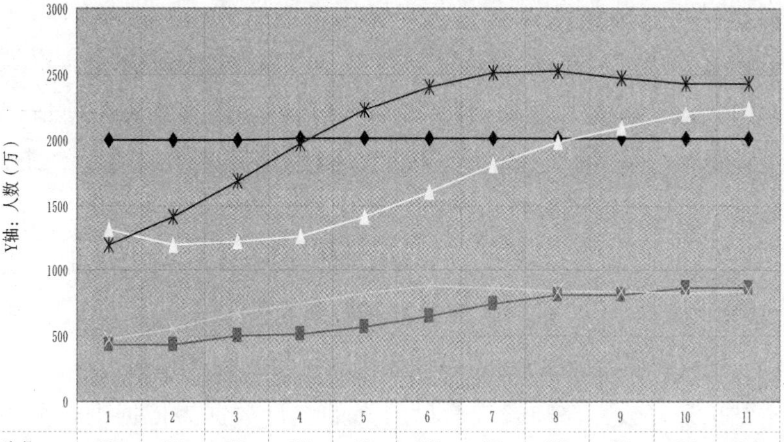

时间	2000	2001	2002	2003	2004	2005	2006	2007	2008	2009	2010
中职招生（万人）	438.86	430.01	504.04	515.75	566.21	655.66	747.82	810.02	812.11	868.52	870.42
中职在校生（万人）	1 317.05	1 195.96	1 224.33	1 256.73	1 409.24	1 600.05	1 809.89	1 987.01	2 087.09	2 195.16	2 238.51
普高中招生（万人）	472.69	558	676.7	752.13	821.51	877.73	871.21	840.16	837.01	830.34	836.24
普高中在校生（万人）	1 201.26	1405	1 683.81	1 964.86	2 220.37	2 409.09	2 514.51	2 522.41	2 476.28	2 434.28	2 427.34

时间　中职招生（万人）　中职在校生（万人）　普高中招生（万人）　普高中在校生（万人）

资料来源：中国教育和科研计算机网，综合统计数据项目，2000 年—2010 年全国教育事业发展统计公告，经过整理所得。

第二阶段，数量背离发展阶段，中等职业教育滑到了发展的低谷。从 2003 年至 2008 年，高校扩招的效应有了重大显现，中职学校招生规模徘徊且逐年下降，与普通高中火爆的招生局面相比，中职学校招生困难重重。表现在：一是生源数量、质量双下降，注册生、社会生比例增大。二是中职学校的发展状况引起政府、社会的关注，国家出台了更多的政策推动中等职业教育的发展，为中职学校创造更好的外延发展空间。三是中职学校内部发生深刻而影响深远的变革。学校开始关注自身内涵建设和发展，并将其提到了改革的重要日程上来，以“增强社会服务能力”为核心的办学理念形成共识。

第三阶段，中等职业教育快速发展，朝着“大致相当”的目标前进。从 2008 年到现在，在社会各界的共同努力下，中职教育首先在招生数量上开始出现恢复性增长，表现特点：一是内涵建设加强，以技能培养、服务社会为核心的改革深入推进，办学模式重大转变，特别是农业职业学校“送教下乡”的新教育模式是其中的典型，内涵建设是中职学校摆脱困境的根本原因。二是政策大力推动，外延条件趋好。国家在这一阶段出台了诸如“继续升学”构建“立交桥”政策、困难补助政策、奖学金资助政策、免费政策、鼓励企业用人政策等，对中职教育稳定和发展起到了重要作用。三是社会认可度提高。企业重新认识中职学生的作用，社会服务能力、贡献能力得到重新认可，中职教育的发展前景变得广阔。

2. 中等职业学校和普通高中招生规模实现了大体相当

本结果是以教育部和省教育厅公布的统计数据为依据进行分析，中等职业学校的相关数据包括技工学校。与全国中等职业学校招生规模相比，我省中等职业学校招生规模与普通高中招生规模的比例略高，社会影响力逐渐扩大。这几年的发展趋势和比重，可以从我们分析的中职招生占整个高中阶段的比例看出。

就全国的数据来看：2006 年全国高中阶段教育招生 1 619.03 万人，在校学生 4 324.4 万人，其中：普通高中招生 871.21 万人，在校生2 514.51 万人；中等职业学校共招生 747.82 万人，在校生1 809.89万人。2007 年全国高中阶段教育招生1 650.18万人，在校生 4509.42 万人，其中：普通高中招生 840.16 万人，在校生 2 522.41 万人；中等职业学校共招生 810.02 万人，在校生1 987.01万人。2008 年全国普通高中招生 837.01 万人，在校生2 476.28万人，中等职业学校共招生 812.11 万人，在校生2 087.09万人。2009 年全国普通高中招生 830.34 万人，在校生2 434.28万人，中等职业学校共招生 868.52 万人，在校生2 195.16万人。2010 年全国普通高中招生 836.24 万人，在校生2 427.34万人，中等职业学校共招生 870.42 万人，在校生2 238.51万人。见表 1-4。

就我省的数据来看：2006 年全省高中阶段教育招生 95.59 万人，在校学生 251.11 万人，其中：普通高中招生 49.70 万人，在校生 143.81 万人；中等职业学校共招生 45.89 万人，在校 107.30 万人。2007 年全省高中阶段教育招生 93.84 万人，在校生 258.97 万人，其中：普通高中招生 45.25 万人，在校生 140.86 万人；中等职业学校共招生 48.59 万人，在校生 118.11 万人。2008 年全省普通高中招生 44.85 万人，在校生 135.12 万人，中等职业学校共招 47.74 万人，在校生 123.02 万人。2009 年全省普通高中招生 44.72 万人，在校生 130.87 万人，中等职业学校共招生 51.74 万人，在校生 126.89 万人。2010 年全省普通高中招生 42.02 万人，在校生 127.51 万人，中等职业学校共招生 47.45 万人，在校生 129.05 万人。2011 年全省普通高中招生 39.78 万人，在校生 123.32 万人，中等职业学校招生 41.23 万人，在校生 121.46 万人。见表 1-5。

表 1-4 "十一五"时期全国高中阶段教育招生情况统计分析表

项目/年份	高中阶段		普通高中		中等职业教育		中职招生数占高中段比例%	中职在校生数占高中段比例%
	招生数（万人）	在校生数（万人）	招生数（万人）	在校生数（万人）	招生数（万人）	在校生数（万人）		
2006	1 619.03	4 324.4	871.21	2 514.51	747.82	1 809.89	46.19	41.86
2007	1 650.18	4 509.42	840.16	2 522.41	810.02	1 987.01	49.09	44.06
2008	1 649.12	4 563.37	837.01	2 476.28	812.11	2 087.09	49.25	45.74
2009	1 698.86	4 629.44	830.34	2 434.28	868.52	2 195.16	51.12	47.42
2010	1 706.66	4 665.85	836.24	2 427.34	870.42	2 238.51	51.00	47.98

表 1-5　2006 年—2011 年河北省高中阶段教育招生情况统计分析表

项目 年份	高中阶段		普通高中		中等职业教育		中职招生数占高中段比例%	中职在校生数占高中段比例%
	招生数（万人）	在校生数（万人）	招生数（万人）	在校生数（万人）	招生数（万人）	在校生数（万人）		
2006	95.59	251.11	49.70	143.81	45.89	107.30	48.01	42.73
2007	93.84	258.97	45.25	140.86	48.59	118.11	51.78	45.61
2008	92.59	258.14	44.85	135.12	47.74	123.02	51.56	47.66
2009	96.46	257.76	44.72	130.87	51.74	126.89	53.64	49.23
2010	89.47	256.56	42.02	127.51	47.45	129.05	53.03	50.30
2011	81.01	244.78	39.78	123.32	41.23	121.46	50.89	49.62

3. 经费投入整体水平有所提高，基础建设得到加强

“十一五”以来，我省不断加大对中等职业教育专项经费的投入力度，自 2005 年以来，各级财政投入专项资金，重点建设示范性中等职业学校，开展中等职业学校规范化建设，使全省 90％以上中等职业学校达到国家规定的办学标准。重点建设了一批骨干专业，形成支撑区域产业和行业发展的专业群。新建了一批中等职业教育实训基地，夯实了“工学结合、校企合作”创新型办学模式的基础。全面开展“双师型”教师培训，重点造就一批职教专家、教学名师和专业带头人。对家庭困难的学生安排专项资金给予资助，确保学生能够接受中等职业教育。

同时，我省积极协调教育、财政、税务、城建、金融部门，先后出台并落实了一系列拓宽教育经费来源的政策，其中包括：土地出让收入扣除规定支出后，按余额的 10％计提教育资金，用于教育设施建设；城市维护建设费用收入提取 10％用于中小学校舍维修。在基本普及高中段教育工作中，全省各地普遍加大了城市教育费附加征收力度，并按规定足额用于高中段教育。据对 2011 年基本普及高中阶段教育评估的 37 个县（市、区）的统计，城市教育费附加用于职业教育的比例达 30％以上的县（市、区）有 30 个，占 81％。同时，认真落实贫困生资助政策，高中阶段资助资金全部

发放到困难学生手中。

2011年，全省中等职业教育投入64.51亿元，其中：预算内教育经费40.49亿元；各级政府征收用于教育的税费5.21亿元；企业办学中的企业拨款0.51亿元；校办产业收入用于教育0.13亿元；民办学校举办者投入0.44亿元；社会捐赠投入0.06亿元；事业收入16.53亿元；其他收入1.14亿元。

4. 办学模式创新使服务社会能力逐渐提高

“十一五”以来，我省中职学校以“强管理、重质量，服务当地经济社会发展”为主线，坚持“以学生为本，提升学生职业能力”办学理念，加快内涵建设步伐，创新精细化管理机制，优化学校发展环境，努力建设“现代一流、人民满意，有特色、高质量”的中等职业学校。学校积极实践“工学一体”教学理念，构建了“情境教学与小组学习”一体化的教学模式，以学校为主体，以企业、行业为主导，以实际工作过程为背景，以贴切的工作任务、项目为课程体系，以培养思考型、实用技能型人才为目标，通过典型实际工作过程实现“在工作中学习，在学习中工作”这样一种新型工学一体的教学模式，培养学生综合职业素养，践行“行动中强技能、过程中求创新、合作中育品质、评价中促发展”的要求，有效实现了学生的全面可持续发展。

我省中等职业学校坚持以质量为核心、改革为动力，以特色促发展，积极推进校企合作、工学结合、顶岗实习培养模式。“校企合作、工学结合、顶岗实习、订单培养”等创新的教育培养模式，密切了与企业及同类学校之间的交流与合作。同时放宽招生年龄限制，允许接受其他高中阶段教育的学生转入职业技术学校学习，加快实现职业教育与市场需求的零距离对接，从根本上解决人才培养模式与经济社会发展相脱离、不适应的问题。建立了“政府主导、行业指导、企业参与”的办学机制，制定相关政策法规推进校企合作，鼓励校企双方在专业建设、课程开发、教育教学、实习实训、招生就业、教师队伍建设等方面全过程深度合作。

中等职业学校推进教学制度改革，健全弹性学习制度，完善学分制，方便学生“工学交替”、分阶段完成学业。构建课程标准与职业资格标准相融合、理论与实践教学一体化的职业教育课程体系。推进学历证书与职业资格证书并重的“双证书”培养模式。健全职业教育质量评价制度，吸收用人单位参与教育质量评价，积极开展职业技能竞赛。使服务社会的能力明显提高。

5. 专业教师队伍素质得到整体提升

2006 年 12 月 26 日，教育部、财政部联合下发了《关于实施中等职业学校教师素质提高计划的意见》，决定在“十一五”期间中央财政安排 5 亿元专项资金，支持中等职业学校教师队伍建设，不断提高职业教育的办学质量和水平。

为贯彻落实这个意见，我省全面开展“双师型”教师培训工程，着力培育职教专家、教学名师和专业带头人。通过选派优秀教师参加出国培训、国家级培训、企业培训等培训活动，改善了师资结构，提高了师资的整体水平。85％以上的学校开展校本师资培养工程，对教师进行教育理念、知识结构、教育行为等方面的开发和重构，使教师真正成为中职课程改革的参与者、传授者、合作者；90％以上的学校进行“双师型”教师、骨干教师和专业带头人三个层面的建设工作，全面改善专业师资结构，有效保证了我省中职学校教育目标的实现和发展。

6. 内涵式发展提升了学校的办学水平

职业教育的内涵建设是中等职业教育深化改革的需要，目的是整体提升中职教育的办学质量，达到规模与质量的统一，实现职业教育“面向人人、面向社会”的本质要求和目标。中职内涵建设主要包括教育教学理念、办学基本能力、专业建设、校园文化、人才培养质量和办学特色等诸多方面的内容，是一个庞大的系统工程。开展中等职业教育内涵建设，必须对自身实际情况和区域行业环境进行认真研究和分析，科学制定建设规划。

我省中职教育内涵式发展在“十一五”期间主要表现在以下几个方面：

第一，骨干专业、特色专业建设。把骨干专业、特色专业建设看成是提高办学层次和提高整体竞争能力的关键。有的学校在特色专业定位上以市场为导向，以培养市场需要的人才为目标，不断适应社会和学生自身发展的需求；有的学校在专业建设中关注企业和经济的发展，在深入调查研究区域经济建设和社会发展需求、生源与就业意愿取向情况、学校现有基础及与行业企业合作情况的基础上，通过认真地分析、论证，形成专业建设规划和科学的调整机制，使专业的开办与退出均有切实的依据、明确的原则和科学的机制；有的学校在专业建设过程中注意加强骨干、特色专业建设和相关专业的专业群建设，并确保职业教育的科学性与前瞻性。

第二，人才培养模式改革与创新。培养模式对人才培养的质量和特色具有重要影响，其改革与创新必须紧密结合学校和专业实际，在主体多元化、模式多样化、内容层次化上下功夫，遵循教育规律和人才成长规律，探索多种培养方式。

我省中职学校按照国家职业教育的政策导向和内涵建设要求，加强校企之间联系，积极沟通，多方协调。学校转变观念，拓宽路子，主动寻求与企业接轨，积极争取企业的支持，开展好与企业的合作，实现与学生的专业性教育、职业化培养的目标，以此来提升学校的知名度和社会的关注度、认可度，实现学校、学生、企业三方的共同发展。综合分析问卷调查，我省各中等职业学校在国家政策的扶持下，能够注意从学校的自身建设入手，创新教学质量管理，增强职业教育吸引力。

第三，职业导向的课程体系建设和职业特色的课程改革。科学研究制定人才培养方案，深化课程改革，通过课程设置体现必要的文化基础和职业知识的系统学习，体现职业能力的系统训练等客观要求，逐步建设课程体系更新调整的科学机制；用先进的理念来引领，按照典型职业工作过程设计教学活动，在职业活动情境中开展教学活动，并高度重视学生关键能力的培养。各专业的课程改革、实训基地的建设、学校的专业文化等都融入了企业的元素，校企合作从物质层面的合作向人力、文化等层面的合作推进，建立专业师资赴企业进修与调研制度、学生到企业顶岗实习制度、企业专业辅导员制度等。

以加强职业课程的校本化、职业化为目标，组织教师和行业专家开发特色教材，并形成符合自身特点的教材开发模式与管理机制，把职业特色教材的开发、使用和更新常态化、机制化，并定期进行评估。

第四，师资队伍建设。“双师素质”和“双师结构”教学团队建设是中职内涵建设的最重要内容。我省中职学校把“双师型”教师、骨干教师和专业带头人的培养、管理与考核作为一项重要的建设任务，制定落实规划，并建立有效的师资队伍建设、管理、考核机制，探索建立和落实校企紧密合作的兼职教师队伍建设管理机制。学校建立健全了加强兼职教师队伍建设方面的规章制度，明确兼职教师聘任的条件、程序、主要措施、管理与考核以及如何核定兼职教师的编制和费用等，建立健全兼职教师队伍建设的激励和约束机制，为兼职教师队伍建设提供制度保障。“双师结构”教学团队由专职教师和兼职教师组成，专兼职教师共同发展，整体推进，才能切实提升技能型人才的培养质量。

第五，实习实训基地建设。以校内外实训基地建设、兼职教师队伍建设、职业培训与技术服务、学生就业等为重点，建立和落实校企合作、互利共赢的教育运行机制和人才培养机制，打造出与工作过程导向课程相配套的课程改革与实施平台。实习实训基地建设在我省认知度高，开展较为普遍，各有特色。

第六，符合中职教育特点的学生管理与素质教育体系建设。加强德育教育，推进校园文化建设，为人才培养工作提供必要保障。首先从文化课入手，一方面注意学生学习信心的建立，良好的学习习惯和科学的学习方法的养成；另一方面，重视对学生知识的查漏补缺，为他们学好新知识扫清障碍。其次加强德育教育活动建设，从日常生活方面的自理能力培养到行为举止方面的端庄大方、文明得体等，扎扎实实地把养成教育的各项要求融入到班级建设，融入学生的日常管理，融入学生的各项常规活动之中。通过师生间的沟通，不断贴近学生的心灵，让学生一次次地有所感悟；通过与家长的全力配合，为学生营造了一个良好的行为养成环境。

（二）发展过程中显现出来的一些亟待解决的主要问题

1. 政策支持力度有待进一步加大

职业教育在整个教育体系的服务方向，对应了其在现实社会中主要服务基层一线的形势需要。即便是发达国家的所谓优质职业教育，如果与其他类型的教育相比，也几乎无一例外地不占强势地位。虽然现在看来职业教育的地位在不断上升，但要改变职业教育的社会影响力，还需要一个漫长的时期。因为这既需要来自体制的力量，更需要源自社会的动力。

“十一五”期间，我省对中等职业教育的政策支持力度，比以往任何时候都大，落实得都好，但有些政策从宏观层面上并没有向职业教育倾斜。这首先表现在政府对学校本身建设投入不足，对教师职称、进修等关怀不够。一般来讲，教育投入占 GDP 比例，往往是衡量支持教育努力程度的重要指标，财政教育经费占 GDP 总量比例的 4%，是目前发展中国家的平均水平，在统计上是有科学依据的。在我国，这已经成为体现教育优先发展战略地位的重要指标，已被列入一系列主要的政策法规和文件之中。但是我省的公共财政体系还不够健全，特别是用于中等职业学校发展的财政性教育经费的差额较大。我省中职学校长期存在着小而全、小而散的作坊式办学现象，低水平重复建设比较普遍，严重浪费了教育资源，也难以形成规模效应。

其次，职业教育在经费方面最突出的特征就是“培养成本高，而学生家庭收入层次低”。按照发达国家推进学校职业教育发展的经验，主要是由各级政府投入，例如法国政府为了支持职业高中发展，职业高中生均财政经费是普通高中的 3 倍左右；澳大利亚各级政府给技术与继续教育（TAFE）学院投入的经费比例为 70%左右。作为发展中国家，2010 年为教育经费投入总体不足是客观事实，财政经费难以承担职业教育规模扩张的需要。正因为如此，中等职业教育的发展，必须在政府主导下，引导企业参与，充分发挥行业作用，鼓励社会力量积极参与，鼓励学校多渠道增加经费投入，形成良好的职业学校发展的多元办学格局。

综合调查所得数据可以看到，各类职业教育机构在获得财政支持方面存在着严重的不平衡：一是地区差异，由于各市县财政状况的差别很大，对职业教育的投入力度不同，不同市区的职业学校财政状况差异迥然；二是城乡差异，设区市、县城、乡镇各级职业教育机构办学经费相差悬殊，县以下职业教育经费显著不足；三是校际差异，优质、重点、示范等优先获得支持的职业学校获得了较多的财政支持机会；四是公私差异，政府举办的职业教育与民办职业教育在办学投入上差异显著。

2. 传统观念和不正确的引导宣传强化了偏见

在中国两千多年的封建社会中，儒家文化一直被历代统治者奉为正统的文化形态。隋唐以后的教育基本上是围绕科举考试这个中心展开的。人们刻苦读书的潜在动机是读书做官，追求个人功名。读书的最大目的就是能金榜题名，读书成为通向仕途的台阶。尤其当读书与升学、当干部联系起来的时候，“大学热”“文凭热”和片面追求升学率就不可避免。在这样的文化氛围中，20 世纪 70 年代末复兴的职业教育步履维艰。虽然到 90 年代中期，中等职业教育的发展达到了高潮，中等职业教育与普通高中平分秋色，但在整个教育体系中，也仍然十分孱弱而位卑。

（1）传统道德规范限制了早期工业的经济发展

中国历史上十分重视伦理道德在社会经济生活中的影响。中国古代将职业分为“劳心者”与“劳力者”两大类，在工作性质、社会地位和财富分配制度上极不相同，在职业道德上也有很大差别。按正统的“君子喻于义，小人喻于利”观点，“小人”或“劳力者”没有也不可能有“俸禄”，他们应当而且必须努力去“谋食”，去“喻于利”。“劳力者”所生产的财富，不仅要养家糊口，还要提供财政税收，满足政府一切开支以及各级官员的生活消费。孟子率先提出了“治于人者食人，治人者食于人，天下之通义也”“无君子莫治野人，无野人莫养君子”的经济伦理原则，韩愈则进一步阐述为“君者，出令者也；臣者，行君之令而致之民者也；民者，出粟米麻丝、作器皿、通货财，以事其上者也”。

我国商朝前期，主要以畜牧业为主，兼以商业。至盘庚迁都殷（今河南安阳）时，重农思想已经逐渐产生。西周是靠农业兴起的，周的统治者视农业是立国之本。春秋开始，诸侯纷争天下的重要内容是采取各种政治、经济和军事措施大力发展农业生产，重农思想成为社会潮流。在自然经济时代，对农业的重视，具有符合生产力状况和发展要求的合理性。此外，在奴隶制解体、封建地主处于上升状态的历史阶段，“重本抑末”起到了稳定和推动农业生产发展、促进封建生产关系形成和巩固的进步作用。然而，其消极作用更加明显：维护封建关系及其意识形态，造成抑商、贱商和丑化商人的文化背景，其恶劣影响一直波及当代。

鸦片战争后中国经济发生的一个极为重要的变化，就是生产力从数千年来的手工劳动向机器生产过渡，出现了大机器生产。这是中国工业化过程的开始。与此相伴随的是在生产关系方面，资本主义经济从萌芽状态变成社会经济中的一个重要成分，资本主义所有制诞生。这一时期，传统手工业结构改组，部分传统手工业受到进口的同类商品的竞争而衰落，一些适应国外市场需要的手工业获得较快的发展，它们中的一部分受出口贸易刺激得到扩展。适应国外市场的需要，还出现了一些新的手工行业。手工业的变化很复杂，总体情况是，少数传统手工行业衰落，多数传统手工行业向前发展，在国民经济占的比重增大。手工业结构改组的过程显示了市场特别是世界市场对产业发展的调剂作用。然而，封建等级制度和封闭的自然经济一直限制着丰富的人力资源的充分开发，“学在官府”的传统延续千年，“万般皆下品，唯有读书高”的观念深深烙在民族传统文化之中。

(2) 官本位的价值观念阻碍着职业教育思想的弘扬

在绵延千年的中国封建制度下，“学而优则仕”有久远的传统。由于民族传统文化的积淀不会随着政治制度的更替马上改变，以应科举、取功名、授官职为主要内容的传统深刻影响着新中国成立以后的教育改革。这种思想的影响，导致人们更加崇尚普通教育和高等教育，把挤入大学校门看作更高社会地位和更好未来的预期，看作实现旖旎梦想的开端。相反，职业教育倒成了无奈的选择，成了一个寻找职业、寻找饭碗的最终手段。就连一些职业教育管理者、一些职业学校的校长和教师，也把考入职业学校就读的青年学生看成“差生”，说成“一群不懂事的孩子”。

改革开放以来，一批批学术人才纷纷走上管理岗位，学者型、专家型领导以群体的形象出现在政坛上，确实对社会生活的理性化、民主化、科学化发挥了有益的作用。尤其近年来，随着干部人事制度的改革，通过考试公开选拔领导干部的方式拓宽了选贤任能的渠道，一批贤能之士脱颖而出，特别是公务员考试基本成为社会上各种招录考试录取比例最低的一种考试。

另一方面，在我国从业人员中，初中及初中以下文化程度的占84%。7 000多万技术工人中，初级工占60%以上，高级技工和中级技工分别只占15%，与发达国家技术工人中高级技工占35%、中级技工占50%的比例相距甚远，一度出现了“技工荒”和高薪仍然难觅高级技术人才的情况。此情此景，值得我们特别关注。

诚然，人类社会生活的各个方面都需要“学而优”者，但人才有别，学有专攻。为何大批做学问者不甘寂寞意欲为官？首先这应追溯到社会本源，虽然封建社会已离时代远去，但“峨冠博带，出人头地”的官本位思想依然影响着社会的价值观念。大批学者从学界转入政界，其价值取向清晰地映现出历史的烙印。

受传统思想的羁绊，轻视体力劳动和“学而优则仕”的观念，造成社会上有很大一部分人鄙薄职业教育，不公平地对待职业学校的毕业生。社会认可普通教育，轻视职业教育，一是人们落后的人才观念、职业文化观和价值观，制约人们选择职业教育的倾向；二是社会舆论还没有对职业教育形成正面的引导作用，职业教育对社会经济的积极影响还停留在政策层面；三是教育体系内对职业教育的认识也还存在分歧，教育主管部门的主要管理功能还在其他教育领域；四是职业教育自身仍然处于自我发展、被动服务社会的阶段，社会没有赋予职业教育更多的服务功能和服务能力，在培养和培训方面还难以面向不同人群提供差异化教育。

3. 行业企业参与职业教育的积极性有待进一步调动

第一，企业对中等职业学校热情低、合作少、投入少。在国家政策引导下，“十一五”期间，我省各行业、企业开始关注中等职业学校的发展，但还没有充分认识到中等职业学校的发展与自身发展的重要关系，因此，企业参与职业教育显得有些被动和不够深入。迫切需要补充技能型人才的企业对职业教育的钟情，在用工上比较强调职业教育背景，而大部分办学条件较差的中职学校就面临十分尴尬的境地。一方面，我们非常强调中等职业教育的重要作用；另一方面，企业又难以证实其重要意义所在，就业导向的职业教育其实缺乏系统的社会保障。从整体来看，国家层面的宏观政策定位导向清晰，但地方政府和社会机构层面的中观政策执行力不够，进而出现办学机构微观层面的定位模糊、功能单一，结果致使中等职业教育办学还相当困难。

第二，农村地区对农业职业学校的新培养模式刚刚认识。发展农业中等职业教育困难大、任务重，加快发展面向农村的职业教育，把加强职业教育培养农村后备力量的任务，当成是农业职业学校服务社会主义新农村建设的重要内容；强化省、市（地）级政府发展农村职业教育的责任，扩大农村职业教育培训覆盖面，才能对农业职业学校的发展起到积极的作用。

第三，就业准入制度不完善。企业很难执行“先培训、后就业”“先培训、后上岗”的规定。企业从自身经济利益出发，不愿意使用有一定技能但是相对使用成本较高的技术型人才，结果造成职业学校的毕业生不好就业的局面。从长远看，企业的这种行为也影响到我国成为制造业强国的步伐。

第四，“工学结合、校企合作”运行机制还不协调。在体制建设方面、人员调配方面、师资组织方面等都值得继续探讨，找到一条适合企业、行业参与，并且能充分发挥职业学校优势的办学模式，才能为社会发展有更大的贡献。

4. 教育质量有待进一步提高，内涵建设成为新的课题

综合评价全省中等职业教育的内涵建设情况，所表现的不足也显而易见，尤其是在专业课程、师资、校园文化等领域，对中等职业教育的质量提升发挥着重要影响。这也恰恰说明了中等职业教育把加强内涵建设作为近期一项主要任务的意义所在。因此，中等职业教育面临的形势依然严峻。

第一，专业建设和课程改革在数量规模上基本适应了社会的需求，但有几个方面的负面影响也值得注意。一是专业设置程序不严。2011年我省刚刚确定了新的专业设置程序，2012年初公布了各学校专业设置情况。但此前专业设置随意性较大，就公布的专业情况看，显得缺乏系统性、科学性。二是专业设置重复较多。目前的专业管理是粗放型的，还远没有细化。各学校虽然也根据自身条件和地区人才需求确定专业，但省市县教育主管部门还缺少必要的引导，一些通用型的专业几乎每校必设。三是专业特色不明显。片面地强调市场导向，反而会背离学校的优势资源。受生源匮乏的影响，学校难以强烈地主张自身的优势，多数学校只能是按家长、学生的意愿设置专业。四是课程体系特色受限。非特色专业背景下来构建课程体系，自然就少了应用性特色，特别是与岗位相融合的课程改造还处在起步阶段，贴近行业、贴近生产、贴近岗位的课程体系尚未形成。

第二，师资队伍建设在整体素质和专业能力上虽然明显提高，但也存在不容忽视的问题，一是数量结构失衡。数据显示，在师资结构上，专职教师与兼职教师比例失调，兼职教师比例太小；文化课教师与专业课教师比例失调，专业课教师偏少；理论型教师与实践型教师比例失调，实践型教师不足。二是来源渠道单一。目前的中职师资队伍基本来自高等院校应往届毕业生，且主要还是本地区生源毕业生，来自行业、企业具有一定实践经验的教师远远不够。三是师资队伍建设乏力。主要表现在学校对教师的培养缺乏系统性规划、鲜有个性化手段，对教师的专业发展仅在于一般性的号召。

第三，面对“反校园文化”现象，显得反应不积极、措施不得力。校园文化是一个开放的体系，和社会文化之间的联系不可割裂，学生出现“反校园文化”现象有着复杂的原因，但学生求异、张扬、反叛往往被看成洪水猛兽，责怪封堵，结果往往事与愿违。这是随着科技发展和物质丰富出现的必然现象，是学生为了缓减压力、寻求补偿的心理需求，学校应该能够坦然对待，给以尊重和宽容。

中等职业学校的学生出现的“反校园文化”现象是较为普遍的，这种现象不会自生自灭，需要教育者更新观念，运用正确的手段去解决已存在的问题。调查中有以下基本印象：学校对“反校园文化”现象的认识和解决有三种方式，一是放任态度，对现象的出现不敏感，或者知难而退。二是武断处理，引起学生的叛逆，甚至使学生世界观、人生观扭曲而走向极端。三是方式简单，效果差。这些做法都没有把中等职业学校的发展与人才培养目标紧密结合起来，从而在根本上消除这种现象。

（三）目前面临的良好发展机遇

1. 职业教育受到了空前重视

从国家层面看：我国走新型工业化道路，加快经济结构调整和增长方式转变，迫切需要造就规模宏大的技能型人才队伍。统筹城乡发展、解决好“三农”问题，要求必须加强农村劳动力转移培训和实用技术培训，加快农村人才资源的开发。发展职业教育是拓宽就业渠道，促进劳动力就业再就业，保持社会稳定的重要举措。同时，普及高中阶段教育，促进高等教育大众化，必须大力发展多种形式的职业教育与培训。因此大力发展职业教育，加快人力资源开发，落实科教兴国和人才强国战略、推进我国走新型工业化道路、解决好“三农”问题、促进就业再就业，是全面提高国民素质，把我国沉重的人口压力转变为人力资源优势，提升我国综合国力、构建和谐社会的重要途径。中央领导对职业教育给予了高度关注，1999 年，江泽民同志在全国教育工作会议上强调，对职业教育“各地各部门要狠抓 10 年、20 年必会大见成效”。胡锦涛同志在十七大报告中强调“要大力发展职业教育”。温家宝总理多次指出“要把发展职业教育放在更加突出的位置”。特别是《国家中长期教育改革和发展规划纲要（2010—2020 年）》从总体战略的高度，确定了到 2020 年职业教育改革发展的总体目标、战略任务，教育部《中等职业教育改革创新行动计划（2010—2012 年）》规划了“十二五”期间，国家要建成三个 1000 计划，即建成 1000 所改革示范学校、1 000所优质特色职业学校、1 000所中等职业教育实训基地，为职业教育改革发展带来了千载难逢的战略机遇。

从河北省层面看：张庆伟省长在河北省第十一届人民代表大会第五次

会议上所做的政府工作报告中，对政府工作的总体要求是：以科学发展为主题，以加快转变经济发展方式为主线，以建设经济强省、和谐河北为目标，突出把握好稳中求进的工作总基调，大力实施“一产抓特色、二产抓提升、三产抓拓展”的经济发展战略，着力稳增长、控物价、调结构、抓创新、惠民生、促和谐，突出重点，突破难点，打造亮点，努力实现全省经济社会更好更快更大发展。所谓调结构，就是坚定不移地推进经济结构的战略性调整，进一步加快调整产业结构、需求结构、要素结构、城乡结构、区域结构，在发展中调整、在调整中发展。这个过程势必需要大量的技能型人才。同时和谐河北的建设，离不开优先发展教育事业，特别是职业教育。

与此相对应，我省采取了一系列有效措施，不断增加职业教育的投入，支持、推动职业教育健康持续发展。一是从经费投入政策上给予支持。进一步落实城市教育费附加用于职业教育的政策，各地城市教育费附加安排用于职业教育的比例不低于 30％。二是通过实施工程项目给予支持。每年省级安排职业教育补助经费，主要用于职业教育实训基地建设、师资培训和资助工作，2011 年、2012 年每年省级安排经费数额达到13 400万元。三是完善资助政策。从 2007 年秋季学期开始，设立中等职业学校国家助学金资助政策，对具有全日制正式学籍的中等职业学校在校一、二年级（包括高中毕业生、学制为一年的中专生）所有农村户籍的学生发放国家助学金，每生每年资助1 500元。从 2009 年秋季学期开始，我省对中等职业学校全日制正式学籍一、二、三年级在校生中农村家庭经济困难学生和涉农专业学生免除学费。2011 年全省安排中职学校国家助学金6 037亿元，共资助中职学生 31.5 万人。四是加大安排实训基地建设力度。近年来，我省制定了全省中等职业教育实训基地建设的总体规划，省级重点支持了 100 万元以上实训基地建设项目 199 个。2011 年省级筹措资金8 956万元，共支持 69 个中等职业教育实训基地建设。

2. 我省经济社会的快速发展对职业教育提出了新的要求

国务院印发的《全国主体功能区规划》关于河北省发展、开发的论述明确提出，京津冀地区功能定位是：“三北”地区的重要枢纽和出海通道，全国科技创新与技术研发基地，全国现代服务业、先进制造业、高新技术产业和战略性新兴产业基地，我国北方的经济中心。冀中南地区功能定位是：重要的新能源、装备制造业和高新技术产业基地，区域性物流、旅游、商贸流通、科教文化和金融服务中心。这些定位都需要掌握新型实用技能的劳动力替换低技能劳动力，实现劳动力结构和就业结构升级才能完成，同时经济发展方式的转变必将催生大量的知识型、发展型技能人才需求，这都将为河北省职业教育发展提供广阔的空间环境。

从经济领域看，我省面临着加快经济发展方式转变和社会转型的历史任务，经济社会具有五个方面的时代特点：一是从粗放型经济增长方式阶段步入集约式经济发展方式阶段。经济增长由主要依靠投资、出口拉动向依靠消费、投资、出口协调拉动转变，由主要依靠第二产业带动向依靠一、二、三产业协同带动转变，由主要依靠增加物质资源消耗向主要依靠科技进步、劳动者素质提高、管理创新转变。二是从城乡分治的二元结构时代进入统筹城乡一体化建设背景下的城市化时代。人口大流动、职业大迁徙已成大趋势，特别是就业从农业转向非农产业、居住地由农村转到城市、最终使农民转变为市民，成为亟待解块的社会问题。三是从低端制造产业时代进入高端制造产业时代。在经济全球化背景下，高端制造产业替代或淘汰低端制造产业成为历史的必然。四是从私人物品短缺时代进入公共物品短缺时代。全社会对公共产品的需求全面快速增长，迫切需要建立健全基本公共服务均等化的体制机制。五是从生存型阶段进入发展型阶段。温饱问题等基本需求得到解块，实现小康社会、构建和谐社会以及实现人的全面发展成为这一阶段的主要目标。

从教育领域看，我省从教育大省向教育强省转变的历史任务，具有四个方面的时代特点：一是从普及九年义务教育时代进入“后普九”时代。促进各级各类教育协调发展，特别是解决职业教育这一薄弱环节成为必然。

二是从文化扫盲时代进入技能扫盲时代。文化文盲的问题基本解块，技能性文盲的问题日益凸显。三是从“高中—大学”一元化成才时代进入多元化成才时代。通过普通教育上大学的成长道路面临系统性挑战，多元化质量、多阶段分流、多路径成才，成为政府满足社会多样化学习需求、建立现代国民教育新体系的战略安排。四是从学校教育时代进入全民终身学习时代。有教无类具备了新的历史内涵，农民工转移培训和择业培训需求日益增长，文化素质、技能素质和职业道德远达不到社会进步和产业升级的要求，通过职业教育提高全民受教育年限的任务十分艰巨。

一方面，面对经济社会和教育发展的时代特点，适应转变经济发展方式的客观要求，顺应促进就业、改善民生的迫切需求，回应人民群众对多元化、高质量教育服务的强烈诉求，职业教育肩负着五个方面的历史使命：一是肩负着为建设人力资源强国培养数以亿计有职业道德、有中高级职业技能的劳动者的历史使命；二是肩负着支撑工业化、信息化、城镇化、市场化、国际化发展特别是解决“三农”问题的历史使命；三是肩负着承接普及九年义务教育之后，加快普及高中阶段教育、调整教育结构的历史使命；四是肩负着服务产业升级、经济结构调整、发展方式转变，培养高素质劳动者和技能型人才的历史使命；五是肩负着促进就业、改善民生和维护稳定的历史使命。完成好职业教育肩负的历史使命，迫切要求职业教育在保证办学规模的同时，提高办学质量，调整优化结构，深化改革创新，实现科学发展。

另一方面，国家和省《中长期教育改革和发展规划纲要（2010—2020年）》为职业教育改革发展提出了的新任务。2010 年是我国教育改革发展具有重要里程碑意义的一年。党中央国务院召开了新世纪以来第一次全国教育工作会议，印发了《教育规划纲要》，为各级各类教育未来十年的改革和发展，明确了战略目标，描绘了宏伟蓝图，开启了我国从教育大国向教育强国、从人力资源大国向人力资源强国迈进的新的历史征程。教育规划纲要专章对职业教育工作进行了系统部署，确立了以提高质量为重点推进职业教育改革创新和加强建设的路线图，明确了职业教育改革发展的根本任务。

特别是《河北省中长期教育改革发展规划纲要》的颁布，是我省教育改革发展史上一个新的里程碑，不仅对于推动未来10年教育事业科学发展具有重要意义，而且对全面建设小康社会、加快现代化建设、实现科学发展、富民强省必将产生重大而深远的影响。《教育规划纲要》对未来10年我省发展职业教育形成了一个核心、两条主线、五项重点的战略部署，同时规划实施一个试点、两项工程。一个核心，即以提高质量为核心。两条主线，即以改革创新和加强建设为主线。五项重点，一是巩固职业教育规模，保持与普通高中教育规模大体相当；二是深化内涵建设，提高人才培养质量；三是改革创新办学模式和人才培养模式，探索多样化发展路子；四是推进基础能力建设，重点提高师资队伍水平和改善办学条件；五是加快发展面向农村的职业教育，提高服务农村、农业、农民的能力。一个试点，即职业教育办学模式改革试点，探索发展职业教育的多种模式，满足不同群体的多样化学习需求。两项工程，即中等职业教育基础能力建设工程和中等职业学校教学改革及教育质量提升工程。国家和省《教育规划纲要》提出的关于职业教育改革发展的新的历史任务，要求我们必须紧密结合实际，把握重点领域和政策导向，选准工作路径和着力点，推动教育改革发展不断取得新的突破。

3. 现代职业教育体系建设要求进一步加快中等职业教育的改革与发展

当前，加快转变经济发展方式，要求我们必须转变职业教育发展方式；实现建设现代产业体系的战略目标，要求我们着力建设中国特色、世界水准的现代职业教育体系；全面建设小康社会，要求我们进一步提高职业教育的就业贡献率，提升全体国民的技能水平；实施科教兴国战略和人才强国战略，走向教育强国和人力资源大国，要求我们把职业教育放在更加突出更加重要的位置。国家和省《教育规划纲要》都提出了建设现代职业教育体系的战略目标，这既是历史机遇，也是时代要求。构建现代职业教育体系的任务十分繁重，在职业教育国家试点推进会上，鲁昕部长提出了十六项职业教育改革发展面临的新课题。一是更新人才观念。要树立全面培养、系统培养、多样化人才、人人成才、终身学习的理念。二是转变发展方式。着力促进职业教育发展由注重规模扩大，向强化内涵、提高质量转变；向促进各类职业教育统筹管理、系统衔接和协调发展转变；向依靠政府主导、行业指导、企业参与协同推进转变。三是创新管理体制。建立政府统筹、多元参与的体制，建立行业指导职业教育的工作体制，引导企业参与办学的政策体系和政策机制。四是履行政府职责。要加强政府主导，依法履行政府发展职业教育的各项职责。五是健全办学机制。支持行业在“教学指导、评价指导、规划指导、教师队伍指导”等方面发挥重要作用；要推进大企业参与，加强与国家骨干企业的合作。六是创新培养模式。实行工学结合、校企合作、顶岗实习的人才培养模式。七是完善宏观政策。制定和实施促进职业教育改革和发展的国家层面政策、地方政府政策和学校层面政策。八是建立国家制度。加强国家职业教育制度的制定、执行和检查。九是完善质量标准。完善职业学校建设标准，专业设置标准、课程体系标准、教师资格标准、教职工编制标准、实训基地建设标准、质量评价标准等。十是完善课程体系。建设反映职业教育规律的专业、课程和教材体系，着力完善职业教育课程衔接体系。十一是增强基础能力。从提升产业建设支撑能力的新视角，不断改善职业学校办学条件。十二是强化投入保障。立足职业教育公益性质，多渠道增加职业教育经费投入。十三是提高信息技术应用能力。以信息技术改造传统教学，以信息化带动职业教育现代化。十四加快发展面向农村的职业教育。提升职业教育服务社会主义新农村建设的能力。十五完善评价机制，树立科学的质量标准，引入行业、企业以及社会组织参与人才评价。十六是加强区域合作。广泛促进中东西合作、东部支援西部等，实现共享资源、共同发展。所有这些，都要求我们进一步解放思想，改革创新，在新的历史起点上推动职业教育又好又快发展，为经济社会发展做出新的更大贡献。

三、制约中等职业教育发展的相关因素分析

中等职业教育是我省职业教育的重要组成部分。高等职业教育和中等职业教育两者之间不能互相代替，发展规律也不相同。经济社会的发展对技能型人才的需求是呈“金字塔”形结构的形式，这种庞大的、稳定的人才库，是支撑一个国家和地区的工业、农业、服务业等产业发展的人才基础。从国内发展现状以及国际职业教育发达的国家在经济发展中的经验证明，这是一个普遍的规律。目前，对于职业教育发展的研究，不论在理论上的探索方面还是在实践应用方面，多集中在对高职教育的研究，对高中阶段教育的研究也多集中在了普通高中教育上。由于涉足中等职业教育领域人员理论水平相比高职教育人员是较低的，同时又受到研究时间、研究层次、掌握资料等因素的限制，造成在中等职业教育领域研究少、成果少、应用性不强的局面。但是，对中等职业教育发展进行研究，找出制约其发展的因素又是非常重要的。因此，从一定角度、运用一定的方法探索制约中等职业教育发展的相关因素，具有非常重要的意义。

（一）SWOT 分析法

SWOT 分析法是一种战略分析方法，通过对被分析对象的优势、劣势、机会和威胁等加以综合评估与分析得出结论，常用在对社会发展现象的定性研究上，它可以有效地弥补量化研究的不足。根据前两部分的研究分析，我们可以得到影响河北省中等职业教育发展的相关因素如下。

表 1-6　河北省中等职业学校相关因素 SWOT 分析表

社会外延条件（O、T） 学校内涵分析（S、W）	机会 O（opportunity）	威胁 T（threat）
	1. 国家政策法规支持力度大 2. 行业投入逐渐增多 3. 社会服务能力逐渐被认可	1. 高校扩招，高中扩招 2. 传统观念束缚 3. 用人观念陈旧 4. 专业重复设置 5. 办学经费少，保障性差
优势 S（strength）	优势机会策略（SO）	优势威胁策略（ST）
1. 专业办学经验丰富 2. 办学自主性强 3. 办学模式创新多样 4. 就业渠道多元 5. 技能培养有优势	1. 扩大招生规模，提高质量 2. 扩大办学规模，专业扩展 3. 承担社会培训服务 4. 内涵外延协调发展战略	1. 主动出击，宣传优势 2. 教育模式创新 3. 工学结合，校企合作 4. 服务社会职能承担 5. 创造有利环境
劣势 W（weakness）	劣势机会策略（WO）	劣势威胁策略（WT）
1. 生源质量低、类型复杂 2. 教师专业化还有差距 3. 管理体制建设不规范 4. 运行机制不太协调 5. 教育研究力量薄弱	1. 加强自身建设 2. 内涵建设任务重 3. 管理体制加强 4. 师资队伍加强培养 5. 更新观念，加强组织建设	1. 内求挖潜稳定 2. 外争外延条件 3. 体制机制重大转变 4. 办学理念、手段和各项工作重大改革
发展战略方向要求	1. 认清自身优势 2. 看准发展机遇 3. 确定发展方向 4. 制定发展战略和策略	

1. 社会环境和政策环境

社会环境和政策环境是中等职业学校发展的外部环境条件，是影响学校发展的重要因素，对职业教育发展的影响巨大。中等职业学校的生存和发展，离开政策的支持将会变得寸步难行。在此背景下，学校结合自身的特点，在优势和劣势方面应有正确认识，制定不同的发展战略。政策因素是在职业学校发展到一定阶段，才有可能根据情况制定和调整。所以，政策制定有滞后性但对中等职业教育发展的效应是明显的。当然，学校的发展也不可能一成不变地完全拘泥于政策；政策一般情况下也是通过一定的方式，如法规、法律、方针、指导意见等来营造中等职业学校发展的外部环境的，它不可能直接带来学校的本质变化。对学校的改革与发展来说，政策是可利用的外部因素，真正起到决定作用的内部因素是学校的内涵建设。

社会环境对学校的发展是选择性外在因素。当前社会发展环境下，社会环境因素对学校的发展改革，或者对推动内涵建设来说，其影响是显而易见。首先，社会环境的变化会带来职业学校办学理念的变化。理念的构建和更新是适应社会发展的首要因素，任何没有特色和理念的办学，桎梏于计划经济时代的想法都会使学校的整体工作陷入困境；其次，社会环境对学校教学具体方式也进行选择。社会行业、企业等与职业学校紧密相连的社会环境因素，对学校人才规格是有要求的，这只看不见的手推动着学校教学体制的改革，“工学结合、校企合作”办学模式正是适应社会因素的要求兴起的；最后，社会环境是检验学校办学好坏的标尺。毕业生走向社会，为社会提高服务，一方面是表现学生能力价值，另一方面是判断学校办学成功与否的最终标准。

2. 管理体制和运行机制

管理体制和运行机制是学校内涵的重要组成部分，是中等职业学校建设决策、执行和操作的基础工作。管理体制设置的科学、合理，是提高管理效能，提升学校办学能力重要因素。学校管理体制的特点，应该是去行政化的、最充分体现人性化管理的管理体系。因为学生知识和技能的培养任务最后都要落在基础的教育者身上，管理体制的层次多、冗余、独断和效率低下，会造成教学活动的断隔。一方面，政令漂浮，管理人员忙于琐事；另一方面，教育者由于时常体验不良环境、不公待遇而毫无成就感和乐趣，最终将会把学校的发展拖入泥潭。

运行机制有效性是各种内涵因素协调运行的基本要求，学校在协调各种因素关系时，应从三个方面着手：第一，认识运行机制的重要性。体制的建立不是一劳永逸的事，教育的功能不是从表面上就能看到其本质的，要对其本质有一种重视心态。第二，提高管理者的管理思想和技能。管理有思想，管理有技能是基本要求。管理节点是思想和技能的统一体，否则会造成管理效率低下的问题，最终会被社会淘汰。第三，重视基础教育者的作用。树立服务意识、大局意识和创新意识，并且在机制运行中既要有规则意识，又要有创新意识。

3. 经费投入保障机制

总体来讲我省对中等职业教育投入处于低水平，相对普通高中的投入偏低，中等职业学校的发展经费投入机制缺乏制度保障。第一，经费来源渠道单一。主要来自政府对教育的投入，社会、企业以及其他方面的来源几乎空白，对一些发展中暂时处在困难阶段的学校来说，政府的经费投入更显拮据。第二，经费使用不尽合理。有限的经费有时也用不到关键部位，学校的核心品质没有得到加强，学校的整体办学水平徘徊不前，教育功能的发挥有待于进一步提高。第三，拓宽办学经费渠道，加大办学经费投入和监督力度。“十二五”期间，我省中等职业学校要实现既定的目标，这方面还要加强投入和监管，没有监管就没有使用效果，要把经费监管和使用评估工作当成重要工作来抓。

4. 师资队伍素质

师资队伍建设是学校内涵建设的重要一环，知识和技能兼备的师资队伍是实现新时期职业教育目标的关键所在。教师是传授学生知识和技能的基础源泉，教师直接面对学生，学校的理念、文化、知识、技能主要是通过教师的教学活动才能传授到学校手中，因此，学校内涵建设必须把教师队伍素质提高到一个战略高度来看待。首先，改善教师的待遇，使其能“安其心、乐其业”，这是一项基础工作。其次，为教师专业化发展创造条件。在骨干教师培训、教学技能更新、校企合作关系建立等方面让教师参与，提高教师认识水平和关心学校发展的意识。最后，鼓励教师积极投身于为社会服务的实践活动中。在经济转型的新时代，中等职业教育已经不能再沿用过去的传统办学模式了，中职学校的教师与社会有多近，那么学校服务社会的能力就有多强。应鼓励教师将自己的实践活动和经验融入教学工作中去，鼓励教师积极参与社会服务方面的课题研究，鼓励教师对校本教材的开发与利用，鼓励教师为当地经济发展的服务行为。

5. 专业建设与课程改革

专业建设关乎学校办学的类型。在职业教育教学中，社会因素对专业建设影响之大，使得专业建设必须紧跟社会发展的步伐，结合自身的优势建立。专业建设合理有序，就可以有效地促进学校内涵式发展，改变过去中等职业学校专业设置任意性、实施随意性、结果放任性，结果导致师资没有提升、专业没有积累更没有特色的情况。专业建设应从三个方面着手，一是体制建设应体现效率优先，功能得到强化的原则要求；二是专业管理队伍具有教师基本素质和服务意识。专业建设中的管理队伍处在中职学校的关键位置，关系到教育目标能否实现。课程改造、改革是不断适应时代需求的内涵建设的基础性工作，知识、技能、态度等基本素质，主要是通过课程的实施实现的，以往传统的课程在发展过程中出现了问题，所以对有些课程的改革显得迫切而重要。三是技能型的课程应加强技能的传授，探索研究技能和理论知识的适当比例，摸索行之有效的实施方法；对一些理论性强的课程，要针对学生的实际情况，设置不同的目标考核方式。

6. 社会服务功能

中等职业学校在“十一五”期间的发展，充分显示了社会服务功能对学校内涵建设的重要性。“学校——学生——社会”三者之间建立了密切的关系：学校为学生提供知识和技能，学生反映学校的办学成果；学生给社会提供技能，社会给学生职业。所以职业学校的本质特性，使其脱离了社会显然不行。第一，学校积极参与社会服务的实践活动。只有这样才能体现职业学校的价值和办学目标，学校采用“校企合作”的方式参与社会服务也提高了自身素质，使得学校内涵建设有了新内容。第二，企业进入职业学校充实学校内涵建设的内容。企业精神、文化和需求通过学校改变了学生，使得学生更能适应社会的要求，并且逐步建立起“二元制”中等职业学校培养模式。第三，健全和加强校企深度合作。从政策上、内容上和实施主体上建立互动网络，使“政府——学校——企业”以服务功能为核心，找到各自的立足点和实现自身价值的方式。

7. 职业教育研究力量

职业教育科研工作对于推动职业教育培训事业发展具有先导性意义和基础性作用，为制定政策、创新方法、解决问题提供重要的依据。做好职业教育科研工作，要坚持为促进就业服务、为加强高技能人才队伍建设服务、为提高劳动者素质服务的方向。加强职业教育科研，旨在建立起具有中等职业学校理论探索和实践性研究的体系，将在职业教育发展中积淀的教学经验和成果进行总结分析，为今后的发展提供理论支持。职业教育研究对学校正常的发展意义也十分重大，加强职业教育研究理论，才能更好地促进中等职业学校内涵式发展与外延式发展协调统一，保证职业教育与时代的发展相一致。

2011 年，教育部、人力资源和社会保障部联合召开了新中国成立以来全国首次职业教育科研工作会议。会议强调，要把职业教育科研作为推动职业教育改革创新的重要基础，加强领导、指导、协调和支持的力度，着力加强职业教育科研机构建设和队伍建设，完善体制机制，整合研究资源，创新方式方法，提高信息化水平，健全投入保障机制，努力开创工作新局面。当前和今后一个时期，职业教育科研要加强对现代职业教育体系、职业教育办学机制、系统培养技能人才制度、职业教育与产业深度融合、职业教育人才培养模式、职业教育专业和课程体系、职业教育招生制度、职业教育国家制度、职业教育质量标准、职业教育集团化办学等重大问题的研究。

在职业教育发展的不同阶段，要确定不同的目标任务。为不断取得新成效，在不同阶段应该坚持从问题入手，着力解决职业教育的理念、职业教育的结构、职业教育的质量、职业教育相互间的脱节、职业教育投入、职业教育制度建设等不同问题。应坚持科研先行、课题先行，把实践中存在的突出问题转化为立项课题，开展全局性的系统化、针对性研究，为现代职业教育发展提供科学的决策依据。

（二）中等职业教育发展前景分析

中等职业学校培养对象主要是初中毕业生。经过职业学校的培养，使其具有了一定的专业技能，成为中等技术人才，满足了学生接受教育的要求，同时实现了职业学校的教育目标。所以，初中生进入职业学校接受教育是中等职业学校发展的重要一环，关乎职业学校发展前景和发展空间。图 1-2 反映初中毕业生流向，揭示中等职业学校教育功能在哪个环节起到重要作用。

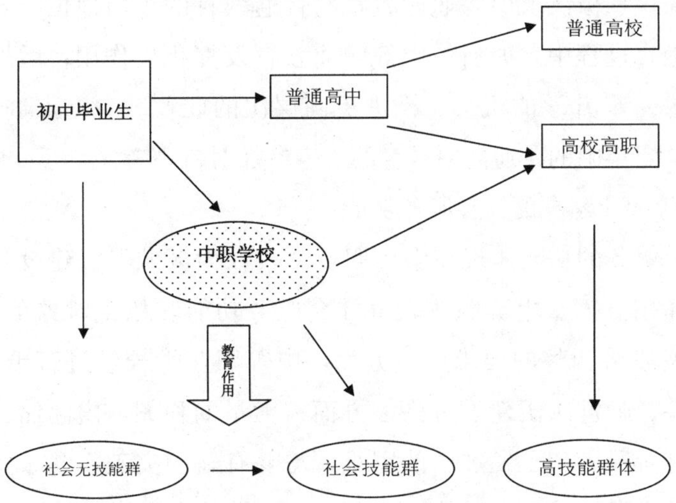

图 1-2　初中毕业生毕业流向示意图

1. 职业教育发展的一般过程

初中学生毕业后，有三个流向，第一是进入普通高中学习，之后考入普通高等院校或者考入高等职业学校，毕业之后进入社会高技能群体为社会服务。第二是接受中等职业教育，经过中等职业学校的教育经历，学生的知识、技能、态度、观念等能力得到培养和提高，进入社会为社会提供实用的技能服务。第三是进入社会，成为没有明显技能的“社会无技能群体”的一部分。中等职业学校的教育功能可以在此过程中发挥优势，经过教育作用使其变成具有社会技能的群体是对社会贡献的显现。因此，在“十二五”期间，走进社会、服务社会的办学理念应该得到强化。

2. 中等职业教育的一般教育职能

为社会培养大量的有一定技能的劳动者，促进我省经济社会持续稳定发展是中等职业教育的重要任务。除此之外，“十一五”期间和2011年的实践表明，中等职业学校走出学校实施“送教”功能也得到突破性的发展，中等职业教育的领域有效拓宽，承担社会功能得到加强，今后职业学校的发展在这方面必将会有更大的作为。

我们应该积极谋求中等职业教育与普通教育的等值地位，比如在普及高中阶段教育过程中，如何使中等职业教育发挥积极作用；增加中等职业教育学生进一步升学的机会；推进更高层次的职业教育；推进职普融合，允许接受一定年限的普通高中教育的学生参加对口高考。

3. 中等职业学校的社会服务功能

为社会服务的功能体现在中等职业学校在为区域经济建设和社会发展的社会性作用方面。中等职业教育社会服务功能和招生对象范围的拓宽，是学校发展战略调整的要求。一方面，中等职业学校经过若干年的发展，在办学经验、师资队伍建设等许多方面有大量的积累，内涵储备丰富，在一定的发展阶段碰到了发展中的困难，需要有新的突破实现教育目标；另一方面，社会发展需要大量的处于金字塔底端的有一定技能要求的技术型人才，企业的自身培训是远远不能满足社会需要的，同时也造成宝贵的教育资源的浪费，这就必然要求学校参与企业的发展，参与社会服务，并且提高服务水平，达到互惠互利的目的。

（1）职业教育是个人幸福成长的保证

教育是建设社会主义和谐社会的基础工程，职业教育在建设和谐社会的进程中发挥着举足轻重的作用。发展职业教育，是推动经济发展、促进就业、改善民生、解决“三农”问题的重要途径和重大举措。在目前新的形势下，要把加快中等职业教育发展与繁荣经济、促进就业、消除贫困、维护稳定、建设先进文化紧密结合起来，增强紧迫感和使命感，采取强有力措施，大力推动职业教育快速健康发展。

我国职业教育先驱黄炎培先生说过："凡用教育方法，使人人获得生活的供给及乐趣，一面尽其对群众之义务，此教育名曰职业教育。"他明白无误地告诉人们，职业教育是面向"人人"的教育。他又曾指出："如果办职业教育，而不知着眼在大多数平民谋幸福。""如果办职业教育，而不知着眼在大多数平民身上，他们的教育无有是处。"因此，职业学校是平民学校，不是精英学校。发展职业技术教育的目的是为了实现教育公平，从其功能来说是建设和谐社会。

（2）职业教育是经济发展助推器

一个国家的竞争力主要取决于国民素质，而国民素质取决于教育，普通教育可以让国民拥有知识，但是将知识转化为具体技能和生产力却只能靠职业教育。西方发达国家职业教育促进经济发展的成功经验已经表明职业教育与国家竞争力的关系。职业教育是我国现代化教育体系和国家创新体系的重要组成部分。我国经济的发展不仅需要构建知识和技术创新体系，还需要构建知识传播和应用系统；不仅需要培养一大批高层次知识和技术方面的创新人才，更需要职业教育培养一大批具有创新精神的技能型高素质劳动者。社会发展实践证明，职业教育水平在很大程度上决定着劳动力大军的素质水平，而劳动力大军的素质水平又很大程度上决定着国民经济生产和服务的总体水平，决定着科学技术转化为现实生产力的综合竞争力；劳动力结构又在很大程度上影响着国民经济结构、企业组织结构和产品结构。职业教育的状况和水平应得到社会各方面的高度重视。另外，职业教育主要面向中、低收入家庭的子女，职业教育的发展状况直接关系这些家庭的利益，关系这些平民子女接受教育的机会和质量，关系他们的就业生计和这些家庭的生活水平，良好的职业教育确实能够给学习者以较好的职业知识与能力的储备，能够给学习者带来眼前的实惠和未来的发展机会。

同时，中职学校在发展中还要积极参与企业的技术推广与服务。为地方经济建设服务是中等职业学校的基本职能，中等职业学校要发挥比较优势，针对学校所在地区的社会经济状况、各业人才需求和社会发展要求，在原有技术服务实体的基础上，通过必要的政策引导和支持，如土地利用、税收减免、投资融资、价格补贴等，增加投入，形成一定的产业优势和规模。这样做，既能带动当地新技术、新品种的推广，也可为中职学生实训提供条件，实现中等职业教育和地方经济社会发展的协同并进。

（3）职业教育是社会稳定的重要保证

不同阶层之间的经济地位是有差别的，有时还是有悬殊的。差别不大是正常的，差距过大是危险的。高低悬殊必然带来不安宁、不和谐。因此，我们必须建立阶层利益的整合机制。发展才会促进和谐、发展才会有真正的和谐。发展是硬道理，是党执政兴国的第一要务。而在现代社会，发展的最重要的因素是人力资本。人力资本要靠发展职业教育来培养。就业是民生之本、安国之策，关系到人们安居乐业和政通人和。如果社会成员没有一个劳动岗位，或者人的能力与岗位得不到合理配置，就不利于社会和谐。我国区域经济的迅猛发展造成大量企业出现急需大量各级各类专业技术工人。由于经济转型和企业转轨所造成的大量下岗职工和无业人员也需要培训。提高劳动者的素质，帮助他们实现就业和再就业，使社会成员各获其岗，使他们的能力与岗位相匹配，就有利于社会的和谐。

大力发展职业教育，通过广泛接收不能进入普通高中学习的学生和其他人员到校学习或参加各种职业技能培训，使他们掌握一至几门技能，既能满足企业对人才的需要，为经济发展提供有力的人才支撑，还能把沉重的农村人口负担转化为巨大的人力资源优势，从而加快城镇化进程，推动经济的发展和社会和谐，促进社会的稳定与安宁。

四、河北省中等职业教育发展策略研究

按照麦迪森的估算，从公元元年到 19 世纪初，中国经济总量占世界的比重一直在 20%以上。1500年以后的 300 年是世界工业化的起步阶段，由于中国经济和社会结构的内在特性，中国失去了与世界工业同时起步的战略机遇。因此，这一阶段西欧追上中国并超过中国。从 1820 年到 1949 年，是世界加速工业化的黄金时期。由于外国资本入侵，中国传统农业社会破

产，工业经济发展受到遏制，中国再次失去了工业化的历史机遇，并沦为半殖民地社会。这是中国近代在经济发展上所丧失的最大的战略机遇期。

1840年以来，现代教育开始在西方国家起步和持续发展，表明时代特征的一个显著现象是平均教育水平的大大提高。1820年以前，所有国家大部分人口是文盲。19世纪后半期，在主要资本主义国家，初等教育先后成为义务教育。所以，中国经济地位的历史变化在很大程度上受制于教育尤其是职业教育的落后。

发展职业教育，一方面是传授职业知识，培养职业技能，不断提高受教育者的技能水平和科学文化素养，促进先进科学文化知识的创造、传播和运用；另一方面，是通过对受教育者进行有针对性的职业道德教育，不断提高劳动者的职业道德水平，确立爱岗敬业、质量至上、严谨规范的现代职业意识。同时，在提高劳动者就业创业能力、促进劳动者就业和再就业、缓解就业压力，以及加快培养制造业紧缺人才，推进农业产业化经营、实现农业现代化等方面，也具有十分重要的现实意义。随着社会经济的发展和科学技术的进步，以人力资源开发为基础，把经济、教育与科技紧密结合起来的职业教育越来越受到世界各国的重视，在很大程度上成为一个国家经济发展和社会进步的主要标志，职业教育的功能也因此随着社会、经济、科技的发展变化而不断扩大和深化。面对空前激烈的国际竞争及其演变趋势，一个根本的措施就是，必须极大地增强教育的推动作用，极大地加快人力资源开发和利用，极大地增强人才竞争优势，保持和提升我国在国际市场上的竞争能力。

在我们全面建设小康社会的今天，随着经济结构调整，新兴产业、行业、技术和职业的发展，亟需大量高素质劳动者。唯此，才能使先进的科学技术在生产中得到实际运用，才能使先进的机器设备得以正确操作，才能推进企业不断提高产品质量、争创国际名牌、增强竞争力。所以，大力发展职业教育，努力造就掌握实用科技知识，具有娴熟技术、高超手艺和敬业奉献精神的生产第一线的高素质劳动者，加快培养应用型技能型人才，全面提高职工队伍和新型农民的综合素质，增强区域经济社会的核心竞争力，应该作为当前职业教育改革和发展的重要方向之一。

（一）加强政府主导，加大政府统筹力度

1. 重视职业教育，明确中等职业教育在教育体系中的战略地位

《河北省中长期教育改革和发展规划纲要（2010—2020年）》中阐述了未来十年河北教育的战略目标：到2015年，教育发展主要指标超过全国平均水平，向教育强省迈进。到2020年，教育发展主要指标达到全国先进水平，现代国民教育体系更加完善，基本实现教育现代化，基本建成学习型社会，进入人力资源强省行列。普及教育水平全面提高，具体表现为到2020年，基本普及学前教育，学前三年毛入园率达到75%；高质量普及九年义务教育，巩固率达到96%；普及高中阶段教育，毛入学率达到92%；高等教育大众化水平进一步提高，毛入学率达到42%。新增劳动力平均受教育年限和主要劳动年龄人口平均受教育年限分别提高到13.5年和11.2年，达到全国平均水平。主要劳动年龄人口中受过高等教育的比例达到20%以上，具有高等教育文化程度的人数比2009年翻一番。这一战略目标具体清晰，高瞻远瞩，是河北省社会经济转型升级的关键时期，从人口大省走向人力资源强省的必然选择。实现上述目标离不开全省各类教育齐心协力、协调发展。作为教育重要组成部分的职业教育，同样肩负着重大的历史责任，并且由于职业教育的特殊性赋予了其特殊地位。一方面职业教育是经济社会发展的重要基础和教育工作的战略重点，主要体现在职业教育涉及面广、作用大、量大基础差。《教育规划纲要》指出：发展职业教育是推动经济发展、促进就业、改善民生、解决“三农”问题的重要途径，是缓解劳动力供求结构矛盾的关键环节，必须摆在更加突出的位置。同时在各类教育中，职业教育是面向人人的教育，是和经济社会发展联系最紧密、最直接的教育，又是相对薄弱的一种教育。如果职业教育的改革不到位、目标不能实现，河北教育的战略目标将难以实现。另一方面职业教育培养的不仅是技术适应能力，更重要的是“本着对社会、经济和环境负责的态度，参与设计未来的技术和工作世界的能力”。职业教育还是面向人人的终身教育，培养数以亿计的高素质劳动者离不开职业教育，造就数以千

万计的专门人才和一大批拔尖创新人才也需要职业教育，从业人员继续教育更离不开职业教育。现代教育体系的构建和“立交桥”的沟通，使职业教育不再是“断头教育”，而是面向人人的终身教育。因此，我省应进一步明确中等职业教育在教育体系中的战略地位，确保总体教育战略目标的实现。

2. 履行政府职责，加大统筹力度，落实支持职业教育发展政策

十七大报告指出“加快推进以改善民生为重点的社会建设”第一项任务就是“优先发展教育，建设人力资源强国”，同时明确教育是民族振兴的基石，教育公平是社会公平的重要基础。要大力发展职业教育。第二项任务是“实施扩大就业的发展战略，促进以创业带动就业”，并指出就业是民生之本。健全面向全体劳动者的职业教育培训制度。全面落实十七大精神，政府无疑是社会建设的主导者，是发展教育的主体。而职业教育是教育体系的重要组成部分，必须充分体现政府的主导地位，发挥统筹协调作用。一方面是因为政府作为公共利益的代表，应当在职业教育的发展中起主导作用。综观世界上职业教育发达的美国、德国、加拿大等国家，政府的积极推动和强制干预都是至关重要的。我国 2002 年《国务院关于大力推进职业教育改革与发展的决定》明确指出：“深化职业教育办学体制改革，形成政府主导、依靠企业、充分发挥行业作用、社会力量积极参与的多元办学格局。县级以上各级人民政府要在发展职业教育中发挥主导作用，重点办好起骨干和示范作用的职业学校和职业培训机构，组织、指导并支持企业、行业和社会力量举办职业学校和职业培训机构。”因此，政府不仅必须承担职业教育成本，为职业教育提供有效供给。让政府的财政拨款成为职教经费的主渠道。使社会困难群体获得更多改变境遇的机会来促进社会公平，使企业能在经济全球化的背景下保持国际竞争力。众所周知职业教育需要更多的设备、场地和职业技术人员，没有政府的大量投入，要实现职业教育促进就业和经济发展，提高国家竞争力的目标，是不现实的，只有政府对职业教育政策的调整才会为职业教育的发展带来强大的支撑。应该充分认识到发展职业教育的主要责任在地方，职业教育有利于促进地方经济社

会发展。省域之间的竞争就是人才的竞争，人才的数量和质量直接影响河北的创造力，人力资源的不足必将制约河北经济的快速发展。

国内外发展职业教育的成功经验告诉我们，政府主导作用是至关重要的，是全面落实科学发展观，加快发展职业教育的最有力的支撑。各级政府要切实把职业教育发展纳入经济社会发展总体规划，加强对职业教育发展规划、资源配置、条件保障、政策措施的统筹领导。教育与就业、发展改革、财政等职能部门的通力合作，共同参与职业教育的管理和决策。充分发挥职业教育工作部门联席会议制度的作用。政府应切实承担起科学布局，合理整合，优化职教资源的职责。加快职教资源整合，做大做强职业教育。加大统筹力度，包括落实职普统筹、城乡统筹、中等职业教育与高等职业教育统筹、学校体系与培训体系统筹等。

全面落实支持职业教育发展政策，调动各方积极性，加快职业教育发展。包括一是落实税收优惠政策，调动学校、企业、其他社会力量和个人积极性，对学校经批准征用的耕地，免征耕地占用税。对国家拨付事业经费和企业办的职业院校自用的房产、土地、免征房产税、城镇土地使用税。纳税人通过中国境内非营利性的社会团体、国家机关向教育事业的捐赠，准予在企业所得税和个人所得税前全额扣除。凡与中等职业学校和高等院校签订三年以上期限合作协议的企业，支付给学生实习期间的报酬，准予在计算缴纳企业所得税税前扣除。对职业院校服务于各业的技术转让、技术培训、技术咨询、技术服务、技术承包取得的技术性服务收入免征营业税和企业所得税。对职业院校举办进修班、培训班取得的收入，收入全部归学校所有，免征营业税和企业所得税。对学生勤工俭学提供劳务取得的收入，免征营业税等；二是严格落实就业准入制度，调动接受职业教育个人积极性。大力推行劳动预备制度，严格执行“先培训、后就业”“先培训、后上岗”的规定，落实就业准入制度。用人单位发布招聘信息时，必须注明职业资格要求，招录职工首先从取得职业学校学历证书、职业资格证书、职业培训合格证书的人员和普通高校毕业生中择优录用。

（二）强化行业指导和企业参与，充分调动各方积极性

1. 发挥行业企业在职业教育中的作用

行业和企业是现代产业体系建设的主导力量，最了解产业发展的技术前沿、最了解市场运作的规律、最了解产业发展的规律，企业也最了解它需要什么样的人才。行业企业是直接推动职业教育发展的力量。行业企业指导参与职业教育改革发展，充分发挥其作用，这是职业教育发展的基本规律，是由职业教育的性质决定的，也是符合企业自身发展需要的。教育部门要提供行业指导职业教育发展的条件，要支持行业、企业、学校，让行业参与到学校教育教学的各个环节，行业要在以下方面进行指导：行业的教学指导、行业的实习指导、行业的教材指导、行业的评价指导。

（1）行业企业指导、参与职业教育最能体现职业教育的特征

职业教育具有职业性、社会性、实践性三大特征，由行业企业参与举办职业教育，指导职业教育发展，最能体现职业教育的特征。职业教育直接涉及职业入门要求的具体技能，由行业企业参与更是与职业岗位或工作情景密切相关，是企业生产、企业管理的有机组成部分，其职业性较为明显。行业企业参与职业教育本身具有社会性，同时，行业、企业了解自身现状和发展趋势，从而能及时并准确地进行专业结构、教学内容和培养规模的调整，具有社会经济发展的适应性。行业企业参与的职业教育在教学过程和培养的人才类型方面都具有实践性，行业企业具有的技术运用、现场实训等优势正好从相关方面保证了这一实践性基本特征的实现。

（2）行业企业指导参与职业教育是企业文化得以延续的传播器

一个行业企业多年形成的观念意识和文化氛围，是该行业企业一笔宝贵的无形资产，它是支撑企业改革、行业发展的强大动力。行业企业参与职业教育培训的重要职能之一，就是要以技术技能传承为载体，不断地在新职工中固化这种文化，树立企业自身独特的思想和精神，将其转化为一种形象和具有特色的文化积淀，并不断创新、弘扬光大。

（3）行业企业指导参与职业教育是教育与生产劳动相结合的直接途径

按照马克思主义的基本理论，人是生产力中最活跃的因素，这里讲的

“人”，是指具有一定的科学知识、生产经验和劳动技能来实现物质资料生产的人。而劳动者的这些品质并不是天生就有的，它需要通过后天的教育和培训才能获得。这个规律实际上提供了实现社会经济发展和企业发展的重要公式，即：教育→劳动者→科学技术→企业生产力和企业经济→社会生产力和社会经济。由此不难看出，教育对社会生产力和社会经济的发展起着基础作用。通过行业企业参与的职业教育，弥补职工对所从事专业知识的不足，提高职工的科学技术水平，培养和提高职工的生产经验和劳动技能，把潜在的生产力转化为有效的生产力。人力资源作为一种非物质的资本要素在我国长期由数量优势掩盖了质量的劣势。高素质劳动者短缺与低素质劳动者过剩并存，带来人力资源浪费与就业不足双重压力。因此，未来我国的人力资源供给也必须随着经济增长方式的转变，由数量型向质量型转变，人力资源需要进行人力资本投资才能转化为人力资本。

2. 提高社会和企业投资职业教育的积极性

职业教育法规定鼓励通过多种渠道依法筹集发展职业教育的资金，要以政府投入（财政拨款和对职教的资助和扶持）为依托，寻求多途径、多形式可持续发展的资金投入，逐步建立以企业的经费投入为主渠道，以校办企业、社会团体、个人的投入为拓宽来源的投资体制，实现职业教育资源的重组和优化，扩大优质职业教育资源。

河北省在政策上要给予投资中等职业教育的企业必要的照顾，鼓励企业投资。对兴办面向社会的职业技术学校的企业集团，政府应给予税收优惠，免征或少征教育税费，以补偿其培训费用之不足。河北省政府规定，纳税人通过中国境内非营利性的社会团体、国家机关向教育事业的捐赠，准予在企业所得税和个人所得税税前全额扣除。凡与中等职业学校签订三年以上期限合作协议的企业，支付给学生实习期间的报酬，准予在计算缴纳企业所得税税前扣除。对职业院校通过技术转让、技术培训等取得的技术性服务收入，以及职业院校举办进修班取得的收入，免征营业税和企业所得税。对学生勤工俭学提供劳务取得的收入，免征营业税。

3. 构建适应行业企业发展需要的校企深度融合办学模式

目前，职业教育正在由旧范式向新范式转变，即由以供给为内驱力、以国家为主导的职业教育，向以市场为驱动的职业教育方向转变。在这个过程中，我们必须依据行业企业现状和市场经济的要求，在举办职业教育的模式上进行脱胎换骨的变革。应依据教育规律与经济规律相统一和合理分担教育成本与多渠道筹措教育经费相结合的原则，构建行业企业举办职业教育的新模式。

（1）自主模式，或称企业服务型。企业自主是企业完全凭借自己力量，独立举办。这种模式一般适合于处于成长和变革趋势的大型企业或特大型企业，由于其经济实力强、员工数量多、专业素质要求高和员工培训任务重的特点，客观上需要这种企业建立独立的职业教育机构和教学体系，唯其如此，才能满足企业各类技术工人和人员的职业教育和岗位技能培训的需求。

（2）行业辐射模式，也称联盟型。由于每个企业的情况不同，不能要求企业都以相同的方式办职业教育，应加强和发挥行业组织的职业教育协会的调控和服务作用，某一行业或同一行业的以企业共同出资、平等互利方式，联合组建和发展。

为了改变目前行业的各种教育资源布局分散、大多规模偏小、缺乏竞争力的局面，应实施“抱团打天下”的战略，统筹整合行业职业教育培训资源。这种模式适用于广大中小企业，可以有效解决中小企业师资短缺、经费不足等问题。通过整合行业企业员工教育与培训的师资、财力等资源，组建行业性的企业教育培训实体，进行市场化的规范运作，发挥行业培训中心的辐射功能，有效解决同行业企业职工专业知识更新、职业技能素质提高等问题。

（3）企校共建模式，即目前最多的校企合作模式。企业委托相关各类学校定向招生的企校合作模式。企业与学校在人力资源需求问题达成共识的基础上，签订培训协议，实行有偿培训，有偿服务。随着技术日趋复杂，学校已无法充分提供学习所需的环境，企业也不能提供工人掌握新工艺所需的系统完整的理论准备，在自主举办职业教育的同时，必须在职业教育培训与工作之间构筑各种不同的桥梁，尤其是在比较复杂的职业培训形式与职业学校之间，建立起密切的合作关系。

要深化校企合作的内涵，强化鼓励校企合作的政策、制度和机制的建设，推进职业教育校企合作。有条件的地方和学校可根据本地实际，大胆探索各种各样校企合作的实现形式。可以让企业到学校来办企业，可以进工厂办学校，企业可以办学校，学校要下力办好职教集团，实现集团化办学这一纲要提出的目标，鼓励学校实行各种形式的产权制度改革，促使集团化办学成为产教结合、校企合作的有效实现形式。

（三）完善职业教育体系建设

1. 构建现代职业教育体系

现代职教体系建设的核心是促进各级各类职业教育的衔接与沟通，促进各种相关要素的相互协调和有机整合。构建现代职教体系必须在坚持中高等职业教育协调发展的前提下加强相互衔接。

《教育规划纲要》明确提出，到 2020 年形成适应经济发展方式转变和产业升级要求，体现终身教育理念，中等和高等职业教育协调发展的职业教育体系。这不仅提出了构建现代职教体系的时间和目标，而且清晰地表述了现代职教体系的主要特征。当前的职业教育仍然是我国教育事业的薄弱环节，中等和高等职业教育在专业、课程与教材体系，教学与考试评价等方面仍然存在脱节、断层或重复现象，职业教育整体吸引力不强，与加强技能型人才系统培养的要求尚有较大差距。

教育部《关于推进中等和高等职业教育协调发展的指导意见》（教职成[2011] 9 号）提出，遵循经济社会发展规律和人的发展规律，统筹中等和高等职业教育发展重点与节奏，整合资源，优势互补，合作共赢，强化职业教育办学特色，增强服务经济社会发展和人的全面发展的能力。首先要合理确定中等和高等职业学校的人才培养规格，注重中等和高等职业教育在培养目标、专业内涵、教学条件等方面的延续与衔接。其次要修订中等和高等职业教育专业目录，做好专业设置的衔接，逐步编制中等和高等职业教育相衔接的专业教学标准，为技能型人才培养提供教学基本规范。

高职学制还应建立在中职学制基础之上，做好形式上的链接，大体有“以学校为中心的链接”和“以课程为中心的链接”，在路径上既有“校校连接的直通车”，即从低层次学校直接进入高层次学校，还有通过社会这个“中转站”分段走向继续学习的立交通道，即“夹心饼干式”。不同的衔接方式适用于不同的产业领域和不同类型技能人才的培养，要鼓励多种模式并存，培养多样化的技能型人才。

省级政府相关部门要强化政府责任，加强统筹规划管理；加大投入力度，健全经费保障机制；重视分类指导，促进学校多样化发展；推进普职渗透，丰富学生发展途径；完善制度建设，加强宣传，营造中等和高等职业教育协调发展的政策环境，全面推进中等和高等职业教育协调发展。

2. 完善师资体系

优质的生源是质量的基础，而数量充足、结构合理、技能突出的高水平师资队伍，则是质量的基本保证。

首先，根据中等职业学校发展实际，做好师资队伍建设和培训规划。职业学校的发展要以国民经济发展纲要为依据，结合区域经济发展特点，对所设专业及结构的调整做出科学的、比较切实的预测。即应根据学校硬件标准，确立“软件”的培养目标，及时调整教师，特别是专业教师的进修、学习计划。同时，积极引入优胜劣汰的竞争机制，运用考核的手段，激励教师教学水平与能力的提高，建立教师教学工作的自觉性与高度责任感。

其次，加强在职教师培训，注重应用型教师的培养。在第一专业教学经验的基础上，开拓第二专业的学习及教学工作，并对于获得“双师型”的教师给予通报表彰和适当的物质奖励。另外，职业学校还要特别加强应用型、技能型教师的培养。加强兼职教师聘用，扩大师资队伍。

3. 加强中等职业教育贫困生的资助体系建设

为促进教育公平，为促进中等职业教育的发展，满足经济社会发展对中等技能型人才的需求，2006 年财政部、教育部出台了关于完善中等职业教育贫困家庭学生资助体系的意见，国家财政计划在“十一五”期间，安排40亿元专项资金用于支持中等职业教育贫困家庭学生助学制度建设，解决了部分中等职业教育贫困学生的就学问题。河北省财政厅、教育厅也出台了《关于完善中等职业教育学校贫困家庭学生资助体系的实施意见》，对完善中等职业教育贫困家庭学生资助体系，强化对中等职业教育贫困家庭学生的资助提出了明确要求。然而中等职业教育的学生多为家庭经济收入低的农民子女和城镇工人子女，贫困生比例较高，目前的助学体系尚不能覆盖全体中等职业学校学生。因此，还需要各级政府采取措施，加大投入，完善相关政策，进一步加强中等职业教育贫困学生的资助体系建设，实现全覆盖，使所有中等职业教育学生都能平等地接受教育，不因贫困而失学。

4. 建立质量标准体系

质量标准体系是针对中等职业学校学生个体的各种素质要求建立起来的技术性评价指数体系，并通过个体的不同层次级别与学生群体的各种比值来评判整个学校教育的质量。学校则能根据各种指数要求和质量评价反馈来改进和调整教育教学，并使导向进一步作用于人才素质培养机制、教育教学工作及行政管理等方面，以发掘新的内涵、出台新的举措和产生新的提高。所以，目前必须加大力度建立系统配套完善的质量标准体系，做到有法可依，有章可循，从而保证课程教学效果和人才培养质量。

5. 大力发展非学历教育

《国家中长期教育改革和发展规划纲要（2010—2020年）》要求构建灵活开放的终身学习体系。所谓灵活，就是要填平学历与非学历教育间的沟壑，实现学历与非学历教育的学分对接，搭建终身学习立交桥。

学历教育与非学历教育的沟通，是中等职业教育发展的重要内容，有助于发挥教育系统的资源优势，有助于知识体系和课程体系的改造，有助于人才培养模式的改革和人才培养目标的实现，从而有利于推进中等职业教育创新，全面提升中等职业教育质量。所以，我们应提高思想，统一认识，使中等职业学校突破单一的学历教育，大力发展非学历教育，实行学历教育与非学历教育结合，职前教育与职后教育并举。比如加强下岗职工再就业培训，职工下岗多数是因为原先所学技术已落后于时代，不适应社会发展需要。因此，职业学校可根据社会需求，加强对下岗职工进行专业技能培训，使他们尽快掌握新知识、新技能，为再就业打好基础。或者进行在岗职工转岗培训，有的在岗职工对自己的岗位不喜欢或感到再继续下去有可能下岗，提出要学习其他技能，以便更好地工作。对此，职业学校可利用自身的专业优势，为他们提供转岗所需的专业技术准备。

总之，面对社会新要求，中等职业教育只有走学历教育与非学历教育并重的发展之路，构建学历教育与非学历教育双主体的办学模式，才能抓住机遇，迎接挑战，充分发挥职业教育面向人人、服务区域、促进就业、改善民生的功能和独特优势，满足社会成员多样化学习和人的全面发展需要。

6. 加强联合办学

中等职业学校合作办学的对象是非常广泛的，有怎样的专业就会有怎样的合作对象。由于各个中等职业学校自身的办学条件不同，合作对象的特点不同，达成的协议要求不同，则合作办学的模式也会不同。

目前中等职业学校招生困难虽有种种原因，但主要还是由于没有解决好毕业生的出路问题。笔者认为，采取联合办学的方式，能较好地解决这一问题，对于中等职业学校的发展也是有利的，比如与用人单位即企业联合办学，就是学校与用人单位直接联系，达成协议，按用人单位所需技术人才的标准进行培养，学生毕业后直接就业。这样可以最大限度地解决学生就业问题，以吸引更多的学生参加职业学校的学习，为职业学校的可持续发展提供保障。

（四）职业学校应坚持的办学理念

跨入新世纪，我国进入了全面建设小康社会、加快推进社会主义现代化的新的发展阶段，职业教育改革和发展也正处在一个重要的历史时期。与德国“双元制”模式相比，我国原有职业教育教学和课程特色不突出，专业划分过细、专业面窄，实践教学环节比较薄弱，课程结构和内容缺乏弹性，适应性不强，都是影响职业教育健康发展的重要因素。

1. 明确办学目标，创新办学思路

职业学校的定位理念，关系到职业学校的方向选择、角色定位和办学思路。随着经济的发展和社会的进步，职业教育的发展空间和方式得以拓展，职业教育的层次、类别、形式也相应变得更加丰满。在确立了职业教育的地位和作用之后，必须认真解决职业教育的定位问题，明确职业教育的办学目标，创新办学思路。事实上，当前职业教育所遇到的诸多困难和问题，实际暴露的是职业教育的结构、质量和职业学校管理体制、运行机制不能适应社会主义市场经济体制要求的问题。究其原因，是职业学校定位不准，目标不明，思路不广。例如，有些高等职业学校在办学理念中学科型教育思想浓厚，教学计划、教学模式和课程体系承袭本科院校的做法，办成了本科教育的“压缩饼干”，中等职业学校则照搬了普教的教学模式；有的职业学校过分追求升学率，忽视了职业教育的职业性功能，有碍于大多数学生职业技能培养目标的实现；有的职业学校不安心于本层次办学，不积极培植职教特色，把尽快升格为本科院校或高职作为了最大的追求。所以，我们应该坚持发展职业教育就是发展现实的生产力这一指导思想，在全社会倡导并确立不同层次、不同类型学校都能办出一流教育的思想，树立一流教育的主要标准是培养受社会欢迎的不同层次不同工种高素质人才的观念。要以社会需求为目标，以就业为导向，坚持培养面向生产、建设、管理、服务第一线需要的下得去、留得住、用得上，掌握实用科技知识，具有娴熟技艺、高超手艺和良好职业道德的技术应用型人才和高素质劳动者。

同时，职业学校应该从单一的教学职能转换成具备职业需求预测、职业培训、职业教育、职业技能鉴定、职业指导和职业介绍等多功能的职业教育体系，使职业教育的层次结构、类型结构和人才培养模式与社会人力资源的需求结构相适应。

2. 注重规范办学，突出职教特色

职业教育的最大优势体现在特色上。当前，部分学校、专业之所以有较好的效益，能保持较高的毕业生就业率，最重要的一个原因就是办学规范有特色，毕业生掌握了技能特长。理论和实践已经证明，职业学校要以培养学生的实际操作能力和创新能力为重点，及时调整教学重点，不断提高教学质量，突出职教特色，使学校真正成为技能型、实用型人才的培养培训基地，全面满足学生就业、创业和个性发展的需要。

第一，根据经济和社会发展需要，积极开发和编写反映新知识、新技术、新工艺和新方法的课程和教材，动态地调整职业教育课程内容。面向某一职业岗位或岗位群实施定向教育的，要突出专业知识、专业技能培养；面向大类专业实施非定向职业教育的，要注重基础文化知识和通用职业能力教育。

第二，切实解决实习实训基地建设薄弱问题。一是政府统筹，集中投入，建设资源共享的职业技术教育实训基地。“九五”期间，上海就建设了高标准、多功能、多层次的公共实训中心，提升了职业技术教育实习实训装备水平，满足了教育需求。二是提倡校企联办，资源共享。三是支持学校自建，产教结合，增强学校自我发展的能力。四是鼓励如养殖、种植等专业的学生在校学习、回乡实习，既达到实习目的，又可促进农村经济发展。

第三，努力强化就业、创业指导和服务工作。加强就业教育，引导学生树立自主创业意识。大力宣传职业学校毕业生自主创业、发展民营经济的好典型，鼓励和支持学生为民营经济发展服务、为农业技术开发和科技成果推广服务。学校应充分利用就业信息网络，对劳动力供求现状、就业变化趋势进行预测，为毕业生提供周到的就业服务，努力拓宽学生就业渠道，提高学生就业率。

第四，要利用教育质量评估引导学校办出特色。一是尽快改变目前单一的质量评价标准和操作程序。从国家层面来看，要注意指标体系的导向性，将就业率作为检验职业学校办学水平的核心指标，注意加大有关职业特色指标的权重和分值。评估结果必须充分借鉴用人单位的意见，鼓励行业、社会参与评估。二是按照不同办学层次设置评价标准，建立严格有效的质量评价制度，形成适合不同类型、不同层次职业学校的质量评价体系，引导职业学校健康有序发展。三是质量评价标准应该充分体现效益原则。在制定评价标准时，既要算总量，更要计成本、计人均，要看到投入产出比。资源配置要把目标、任务和绩效结合起来。质量评价标准应有利于充分发挥学校自主权和积极性。

3. 深化教学改革，加强专业建设

职业教育只有坚持以教学工作为中心，确保教学工作的中心地位，主动适应市场、企业和社会的需求，全面提高教育教学质量，促进劳动者就业和再就业，才有旺盛的生命力。

首先，要进一步改革教学方法，积极采用适应社会经济、科学技术和生产发展需要的新的教学方法和手段，积极探索有利于全面提高学生素质和综合职业能力的教学方法，实现学习目标、学习内容、学习方法和教学媒体的有效组合，确保学生既有专业理论知识，又有实际操作能力。强化实践教学环节，突出应用技术和实践技能的培养，把教学活动与技术开发、技术推广和社会实践紧密结合起来，努力使学生既具备必要的专业理论知识，又掌握必需的实际操作技能，毕业后真正具有明显的就业、创业优势。

其次，专业设置要以市场需求为导向，长短结合，实行动态管理。国家应及时颁布专业目录，并组织相关行业制定重点专业的设置标准和评估标准；职业学校要密切注意新兴产业的出现和发展前景，及时掌握国内外人才市场信息，根据社会需求灵活调整专业设置，并与当地的经济结构和产业结构调整挂钩、与当地主导产业特别是特色产业挂钩、与当地新上大项目及大企业集团挂钩，积极培育和创办高新技术产业和现代服务业发展急需的新专业，大力扶持发展市场前景看好、吸引力强的优势专业，抓紧调整改造那些与社会需求不相适应的“老专业”，形成“依托产业设专业，办好专业兴产业”的良性循环。

最后，各级各类职业学校应打破以往封闭办学和全日制化的旧框框，建立适应新增劳动力培训、农村人力资源开发和城市下岗职工再就业需要的灵活、开放的办学模式，积极推行弹性学习制度。开展“订单”教育和培训，鼓励学校与用人单位签订联合培养人才协议，根据岗位的个性化需求完成目标培养，减少就业环节。

4. 积极培育和建立“双师型”师资队伍

加强“双师型”师资队伍建设，积极构建开放灵活的教师教育体系，积极开展以骨干教师为重点的全员培训，使教师具备宽广厚实的业务知识和终身学习的自觉性，提高推进实施素质教育的能力和水平。

在今天劳动者和用人单位双向选择的市场机制下，职业学校必须能够适应市场经济的需要，把提高受训者的职业技术能力放在首位。因此，当务之急是要建立一支专业门类齐全、数量足够、具有良好思想素质和业务素质的实习指导教师队伍。但目前只靠职业学校的师资力量显然是不够的，依靠国家派师资满足实训实习教学需要也是不现实的，完全由学校培训这类师资又远水不解近渴。而我国企业有一部分理论与实践兼优的工程技术人员和能工巧匠可以担负起实训实习教学的重任。因此，采取从企业中聘请“实训实习”指导教师的办法来解决职校实习指导教师数量严重不足和素质不高的问题，使职业教育适应于市场经济的需要是现实可行的。

另一方面，职业学校专业教师和实习指导教师除具有教师资格以外，还应参加相关专业技术职务资格的社会考试或职业技能的鉴定，获得相应资格。职业学校应该创造条件，安排教师到企事业单位进行实践和考察，加强学校和企业间人员和技术的交流。这也就是说，“双师型”师资队伍包括两个方面：一是指职业学校的师资队伍应由学校教师和企业技术人员这两类人员组成，一是指职业学校教师本身应该有有条件和能力具备两种资格、两种身份、两种能力。

河北省社会科学界联合会

2013年度河北省社会科学发展研究课题立项通知书

河北省职业教育发展研究中心：

经省发展研究课题管理办公室资格审查、专家评审、省社科联驻会主席办公会审定，现正式批准你单位申报的1项课题为2013年度河北省社会科学发展研究课题（名单附后）。

接此通知后，务请尽快将立项情况通知课题负责人，督促其围绕申报课题研究内容展开研究，并按照《河北省社会科学发展研究课题管理办法》的要求，将立项课题纳入科研工作计划，建立专门档案，加强跟踪管理，对课题实施检查、监督，为研究工作创造必要的条件。

河北省社科联课题管理办公室

2013年5月28日

河北省社会科学界联合会

2013年度河北省社会科学发展研究课题
立项通知书

河北省职业教育发展研究中心刘凤彪同志：

您申报的《河北省中等职业教育现状分析及发展对策研究》课题，经省发展研究课题管理办公室资格审查、专家评审、省社科联驻会主席办公会审定，现正式批准为2013年度河北省社会科学发展研究课题（重点课题、课题编号：201302014、成果形式：研究报告）。

请按照《河北省社会科学发展研究课题管理办法》的要求和您申报的《河北省社会科学发展研究课题申请书》中设计的研究内容开展课题研究，确保按时、按计划、高质量完成课题研究任务，并做好成果转化和结项工作。

论文、研究报告须在一年以内完成，著作须在三年以内完成。因故延期或有变更事项的，须填写《河北省社会科学发展研究课题重要事项变更审批表》，经所在单位同意，报省发展研究课题管理办公室审批。课题最终成果在出版、发表或送有关领导和部门决策参考时，须在显著位置注明“××年度河北省社会科学发展研究课题”字样以及课题编号。不注明者，不予办理结项手续。

河北省社科联课题管理办公室

2013年5月28日

河 北 省 教 育 厅

研究成果转化及社会反响材料

为贯彻落实全省《教育规划纲要》提出的把提高质量作为教育改革发展核心任务的工作方针，全面分析我省职业教育的发展态势，研究制定推进我省中等职业教育改革发展的政策措施，更好地提升职业教育办学质量和人才培养质量，《河北省中等职业教育现状分析及发展对策研究》课题组对近几年全省中等职业学校的基本信息和发展概况进行摸底调查。在对调查数据进行整理分析和实地调研的基础上，撰写了研究报告。

研究中的数据分析基于问卷调查得来的数据信息，并经过参与省教育厅的评估检查得到了检验，比较真实可靠。

本研究报告全面反映了我省中等职业教育改革发展的总体状况，突出了经济社会发展和产业结构调整对职业教育的需求，突出了对职业教育的特征和典型经验的总结，为各级教育行政决策提供了重要依据，也为职业教育科研提供了重要参考。特别是研究报告提出的完善职业教育体系建设、加强新型职业农民的教育培训、创新办学模式等建议，已经吸收到今年的政策制定和工作管理之中。

河北省教育厅职业教育与成人教育处

二○一四年四月三十日

河北省社会科学发展研究课题

结项证书

河北省社会科学界联合会

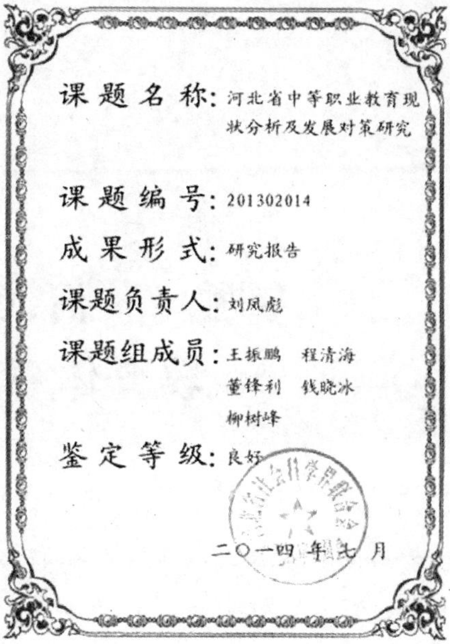
课题名称：河北省中等职业教育现状分析及发展对策研究

课题编号：201302014

成果形式：研究报告

课题负责人：刘凤彪

课题组成员：王振鹏　程清海　董锋利　钱晓冰　柳树峰

鉴定等级：良好

二〇一四年七月

专题二　河北特色现代职业教育体系建设研究*

发展职业教育，一方面是传授职业知识，培养职业技能，不断提高受教育者的技能水平和科学文化素养，促进先进科学文化知识的创造、传播和运用；另一方面，是通过对受教育者进行有针对性的职业道德教育，不断提高劳动者的职业道德水平，确立爱岗敬业、质量至上、严谨规范的现代职业意识。同时，在提高劳动者就业创业能力、促进劳动者就业和再就业、缓解就业压力，以及加快培养制造业紧缺人才，推进农业产业化经营、实现农业现代化等方面，也具有十分重要的现实意义。随着社会经济的发展和科学技术的进步，以人力资源开发为基础，把经济、教育与科技紧密结合起来的职业教育越来越受到世界各国的重视，在很大程度上成为一个国家经济发展和社会进步的主要标志，职业教育的功能也因此随着社会、经济、科技的发展变化而不断扩大和深化。

在经济全球化深入发展的新形势下，各行各业将会在更大范围、更广领域和更高层次上参与国际经济合作与竞争。面对空前激烈的国际竞争及其演变趋势，一个根本的措施就是，必须极大地增强教育的推动作用，极大地加快人力资源开发和利用，极大地增强人才竞争优势，保持和提升我国在国际市场上的竞争能力。

---

* 该研究系 2011 年河北省高等学校人文社会科学研究重点项目，编号 SKZD2011206。

随着经济结构和产业结构调整，新兴产业、行业和技术、职业的发展，亟需大量高素质劳动者。唯此，才能使先进的科学技术在生产中得到实际运用，才能使先进的机器设备得以正确操作，才能推进企业不断提高产品质量、争创国际名牌、增强竞争力。所以，加快发展现代职业教育，加快培养应用型技能型人才，全面提高职工队伍的综合素质，增强企业竞争能力，应该作为当前职业教育改革和发展的重要方向之一。

目前，劳动者科学文化水平普遍不高，缺乏专业技术技能，企业技术工人总量不足、技术等级偏低、技能单一，尤其是高级技能人才年龄偏高，技师、高级技师严重缺乏，已经成为影响我国经济发展的一个重要因素。工人技术水平较低，劳动者综合素质较差，是造成企业产品质量低劣、安全事故频发、生命和财产受到巨大损失的重要原因。在近几年企业发生的各种事故中，大部分是由于操作人员责任意识不强、职业道德观念淡薄、岗位技能不高造成的。因此，加快发展现代职业教育，努力造就掌握实用科技知识，具有娴熟技术、高超手艺和敬业奉献精神的生产第一线的高素质劳动者，就成为摆在我们面前的一项极为重要的战略任务。

一、课题综述与基础研究

现代职业教育体系是指适应经济发展方式转变和产业结构调整要求、体现终身教育理念、中等和高等职业教育协调发展，满足人民群众接受职业教育的需求，满足经济社会对技术技能人才需求的职业教育系统。现代职业教育体系以各级各类职业院校和职业培训机构为主要载体，具有适应需求、有机衔接、多元立交的特点。适应需求，就是适应经济发展方式转变、现代产业体系建设和人的全面发展要求，遵循技术技能人才成长规律，实现各级各类职业教育的科学定位和布局；有机衔接，就是统筹协调中等、高等职业教育发展，以课程衔接体系为重点，促进培养目标、专业设置、教学资源、招生制度、评价机制、教师培养、行业指导、集团化办学等领域相衔接，切实增强人才培养的针对性、系统性和多样化；多元立交，就是推动职业教育与普通教育、继续教育相互沟通，实行全日制教育与非全

日制教育并重，搭建职业教育人才成长“立交桥”。（摘自教育部“十二五”重大教育政策及名词解释）

《国家中长期教育改革和发展规划纲要（2010—2020 年）》提出：“到 2020 年，形成适应经济发展方式转变和产业结构调整要求、体现终身教育理念、中等和高等职业教育协调发展的现代职业教育体系，满足人民群众接受职业教育的需求，满足经济社会对高素质劳动者和技能型人才的需要。”

由此不难看出，“现代职业教育体系”具有四个鲜明的基本特征：

一是适应要求，即适应经济发展方式转变和产业结构调整要求。这是职业教育发展的目的性的外在表现，是在各级各类教育中其与经济结合最紧密特点的直观体现。关于这一点，政策、制度层面其实已经有了较高的认识，所以在多种场合都不同程度提及职业教育必须与产业发展相融合，学校与产业对接，专业设置与职业岗位对接，体现出了现代职业教育体系的开放性。

二是体现理念，即体现终身教育理念，服务人的全面发展。这是职业教育的教育本质和育人功能的内在体现。要通过现代职业教育体系的构建，实现学历教育和非学历教育相协调、职业教育和普通教育相沟通、职前教育和职后教育相衔接，能够适应现代社会中人们在不同层次、不同阶段的择业、就业、创业教育。

三是协调发展，即中等和高等职业教育协调发展。这是现代职业教育体系骨干组成部分，强调的是系统内部自身的协调性。明确这一系统的内涵特征，成为探索建设现代职业教育体系基本路径的重要前提。

四是多元立交，即满足人民群众接受职业教育的需求，满足经济社会对高素质劳动者和技能型人才的需要。这个需要，单从字面上理解，似乎是前几个特征的重复和赘述，但在经济社会发展越来越依靠科技、依靠人才的今天，这个需要应该进一步明确为超越中高衔接的需要，是对传统高等职业教育、也就是将专科层次作为高等职业教育终结教育的一种颠覆。这个需要，将引发职业教育的一场革命。在高度上，将向上延伸高等职业教育的培养层次；在广度上，将使现代职业教育体系在中高衔接这一主干的基础上，更加丰满与完整。

（一）研究背景及意义

1. 宏观层面的分析

职业教育体系是一个国家或地区职业教育的层次、类别、阶段、形式和分布等要素组成的具有技术性、技能型人才培养结构和功能的整体。职业教育体系因此成为一个国家建设经济强国和实现经济社会可持续发展的重要基础，也因此使得国家与国家、地区与地区之间的竞争归根到底都落脚在“产业一人才”体系的综合竞争之上。

国际金融危机以来，美国、欧盟、日本、英国、印度、中国台湾等主要国家和地区，都相继出台了促进职业教育进一步发展的重要法案和政策文件，以前所未有的新姿态将全球竞争方向聚焦到实体经济和职业教育上来，力求在新一轮国际竞争中处于主动地位。我国也正是基于这一形势，把加快发展现代职业教育、加强技术技能人才培养作为重振实体经济、提高国家竞争力和实现社会稳定的重要发展战略之一。

当前，我国正进入全面建成小康社会的决定性阶段和深化改革开放、加快转变经济发展方式的攻坚时期。这是涉及我国经济、政治和人民群众生活等各方面的一场深刻变革，是一种综合性、系统性、战略性的转变，也是我国经济社会持续、稳定、健康发展的重要基础。在这场伟大战略转变过程中，要更加确立科学技术是第一生产力、人才资源是第一资源、人才是决定经济发展方式转变的第一要素这样一个科学发展观思想。现代职业教育恰恰正是适应这一新型需要，面向现代生产方式培养生产服务第一线技术技能人才的教育类型。建立现代职业教育体系，系统培养技术技能人才，建立国家层面的技术或技能积累、传承机制，是发展实体经济、新兴经济和实现自主增长的核心因素，是经济结构战略性调整的关键支撑，是社会稳定和谐发展的重要支柱。

改革开放以来，特别是“十五”和“十一五”期间，我国职业教育的发展取得了巨大成就，职业教育规模快速增加，办学基础能力显著提高，工学结合、校企合作不断深入，中、高等职业教育衔接呈现良好发展势头，职业教育体系的建立开始提上日程。但是，面对日益激烈的国际竞争和经济发展方式转变的迫切要求，高素质技术技能人才的严重短缺仍然是我国经济社会发展的重大瓶颈，职业教育仍然是我国国民教育体系中最为突出的薄弱环节。这些问题和不足，集中反映在职业教育体系不完整、制度不完善，与产业振兴、社会建设和人的全面发展结合不够紧密等各个方面。因此，抓住历史机遇，站在经济社会和教育发展全局的战略高度，以战略眼光、先进理念和放远国际视野的气魄，来构建现代职业教育体系，对全面建成小康社会具有十分重大的战略意义。

2. 省域视角的认识

加快发展现代职业教育、构建具有河北特色的现代职业教育体系，是我省加快产业结构调整和经济增长方式转变，推进工业化、现代化的步伐，提高综合竞争力的迫切需要；是加快我省人力资源开发和国民素质提高，促进就业和再就业、解决“三农”问题、建设“美丽河北”的重要途径；是加快完善我省国民教育体系，贯彻党的教育方针，实现教育可持续发展的必然要求。但从总体上来看，和国家形势一样，我省的职业教育也仍然是教育事业的薄弱环节，与现代化建设的需求还不适应。从现代化建设的大局出发，应该把加快发展现代职业教育作为经济社会发展的重要基础和教育工作的战略重点，摆在更加突出的位置，增强紧迫感和使命感，采取强有力措施深入推进内涵建设，确保提升职业教育质量和水平，实现快速健康有序发展。

目前，我省正处在加速工业化、城镇化和现代化建设的关键时期，处于向经济强省、文化强省目标跨越的发力期。经济社会的快速发展，特别是加快构筑首都绿色经济圈、加快打造沿海经济隆起带、加快发展冀中南经济区、加快培育千亿元级重点园区和大型企业集团战略重点的实施，以及着力调整经济结构，着力推进新型工业化、新型城镇化和农业现代化，着力提高创新能力等重大战略部署，对现代职业教育的发展提出了更新更高的要求，同时也提供了难得的发展机遇。新时期职业教育工作，要推动职业教育深化改革、扩大规模、优化结构、提高质量、增强活力，突出抓好高素质技能型人才培养。河北特色现代职业教育体系的建设和发展，将为我省工业化、城镇化和现代化建设服务，着力培养经济社会发展需要的高素质劳动者和技能型人才；将满足全省城乡居民对职业教育的多样化需求，为他们就业、创业和成才创造条件；将与社会主义市场经济体制相适应，建立政府主导、面向市场、多元办学的体制和机制；将与生产劳动和社会实践紧密结合，实行灵活多样的人才培养模式。

（二）发达国家（地区）职业教育体系发展概述

世界上一些职业教育体系比较发达的国家和地区，由于经济社会发展水平和文化特征的不同，形成了特点各异的发展模式。根据职业教育的组织形式，可以简单总结出四种比较典型的职业教育体系：

1. 普职融合的单轨制教育体系，代表国家是美国

美国没有独立的职业教育体系，职业教育课程和技能培养方式分散在各个阶段的教育系统中，通过课程植入和学分互认以及转换系统实现职业教育的目标。美国的职业教育跨越中等教育、中等后教育和成人教育三个阶段，主要由综合高中学校、社区学院这种公共教育机构来承担。在职业能力培养上比较重视普适性和宽泛的能力培训，这与其产业结构和社会特征是相吻合的。

美国职业教育的主体是高中后教育，属于高等职业教育范畴，实施机构中最具代表性的是社区学院。社区学院是美国职业教育体系的一大特色，其办学以政府为主。1994 年，美国有社区学院 1 471 所，其中公立的 963 所，私立的 508 所。通常，公立学校在办学规模和办学条件方面都优于私立学校。公立学校经费的来源渠道可归纳为五种：地方税收、州政府拨款、联邦政府资助、学生所缴学费和其他收入；私立学校的经费主要来自学生的学费，同时也可得到政府小额的补贴或从有关公司和私人渠道得到一些资助。以上投入格局直接决定了美国职业教育的管理制度和运行机制，即中央（联邦政府）引导、州政府和地方政府分级负责、重心在地方的管理制度和学校根据市场需求自主办学的运行机制。这种办学投入体制和管理体制，决定了美国的职业教育院校必须面对市场自主办学。也就是说，市

场不仅决定了学校人才培养的规格、类型、课程、学制、专业设置等，而且还带来了学校功能的多样化，并推动学校关注市场的需求变化和教育教学质量的提高。因此，“便利、灵活、实际、高效”，可以作为对社区学院最准确的描述。

美国职业教育体系的实现方式是通过强大的学分认可和转换系统来实现的。同一层次、不同教育机构的课程学分可以互认，比如综合高中和区域 CTE 学校、私立综合高中与公立综合高中互认；不同层次的教育机构中互认，学生在中学里修的相关课程，可以得到社区学院甚至四年制大学的认可；在合作教育中互认，学生在企业的工作经验也可以转换为有效的学分。

美国四年制大学本科教育和研究生教育主要是技术应用性的教育，只有小部分是学术性教育，因此它们可以与专科的高等职业教育相衔接，相应地获得本科、硕士、博士的专业学位。

2. 国家资格框架下的职业教育体系，代表国家是英国

英国在统一的国家资格框架下，构建上下衔接、普职沟通的职业教育体系。在这样的职业教育体系内，强调的是课程而非教育机构。职业教育办学主体和办学形式都比较多元，通过国家资格框架，构建中学教育、职业教育和高等教育互通的立交桥。从证书教育和文凭教育的角度来看，英国职业教育体系更多的是一种“证书”教育，它运转的实际效果其实是在寻求资格证书与普通教育文凭的挂钩或等值。英国的职业教育随着不断的改革和完善，已经形成了比较健全的职业教育体系和制度。总结起来具备以下主要特点：

（1）具有健全的职业教育法律法规体系。虽然没有单独的《职业教育法》，但是在相关的《教育法》中对职业教育有扶持和倾斜的规范，以立法的形式推动了职业教育的进步和发展。比如，《1992 年继续教育和高等教育法》规定了继续教育学院从地方教育当局独立出来，经费由中央政府提供，保障了学院的发展。

（2）建立科学规范的职业资格证书制度。英国大多数行业实行了职业

资格证书制度，大多数企业需要大量具有职业资格证书的人，职业资格证书成为就业入职的“敲门砖”。同时，英国用工制度的建立也与职业准入制度分不开。

（3）教育教学形式灵活多样。主要体现在教育教学时间安排灵活、课程设置灵活、学生来源灵活和实习场所齐全。相比普通教育，职业教育的发展有更多的灵活政策和措施。这一点，尤其值得我们艳羡。

（4）学校和企业行业合作紧密。继续教育学院和企业界、用人单位、当地社区组织都建立了紧密的合作关系，在当地经济和社会的发展中发挥着重要的作用。由于办学主要是为当地经济和社会发展以及不同学习者对教育的需求服务，所以每所继续教育学院的规模、专业设置、教学计划都按需设置，特色各有不同。

（5）政府政策的大力支持。政府为职业院校提供了充足的经费支持，建立了旨在激励人们终身学习的“直达快车系统”。培训中心一般都建在商店、体育和社区中心，以及雇主许可的一些场所。通过互联网授课，人们可以实现方便快捷接受培训。建立了现代学徒制度，学徒在师傅的指导下结业后，可以边工作边学习深造，并可以获得国家高级文凭或理科学士学位。

3. 完全双轨制的职业教育体系，代表地区是中国台湾

台湾地区的职业教育体系是一个相对独立的体系，与学科教育双轨并行，相互支援。中等职业教育与高等职业教育上下衔接，从低到高依次包括高等职业学校（相当于我们的职业高中）、专科学校、技术学院和科技大学研究所，形成完全双轨制的职业教育体系。

在台湾地区，义务教育结束后，学生可以选择升入普通高中或职业高中。职业高中毕业的学生可依据其成绩升入四年制技术大学（学院）（授学士学位）或两年制的专科。四年制技术大学（学院）毕业后可以报考职业技术类的硕士研究生。台湾地区的高等职业技术教育，已经形成了包含专科、本科以及研究生教育的完整体系，实现了普高与高职平等并列的双轨制，这种较为健全完善的职业教育体系，使学生升学渠道畅通，就业后进

修学业、提升技能的途径也很多，为台湾地区的经济发展提供了人才和教育的支持。

首先，体系独立完整，层次构建合理。职业教育与一般教育分流，从职业学校到专科，再从技术学院到科技大学，包括中等职业教育、专科教育、本科教育、硕士教育及博士教育五个层次，形成独立完整的职业教育体系。

其次，办学模式独特，就业渠道畅通。在教育过程中，强调对学生的技能教育和品德教育，倡导校企联合。在校企交流与合作的过程中，一方面，企业运用学校资源以促进职业教育的发展；另一方面，学校利用企业资源推动教学活动，将学生的学习环境扩展到工作场所，学生在校期间就练就了符合企业要求的技能，所以毕业生就业相对容易。

最后，“双师”队伍强大，实践教学扎实。台湾的科技大学几乎都是直接从企业聘请技术人员作为学校的任课教师，要求参加招聘的教师要具备丰富的教学和实践经验。教师中不乏高级工程师、公司经理、科研人员、政府部门的顾问等人员。这样的教师队伍很清楚企业需要什么样的人才以及怎样培养人才，这为培养适应市场需求的实用型人才提供了师资保证。从教学过程看，注重实践教学，一般理论教学仅占30%左右，而实践教学却占70%左右。学生大部分时间是进行现场操作技能的训练和到有关单位实习。课程时间安排偏重技能训练和实习，学校的实验实训条件也很好，设施、设备很先进。实践教学体系为学生的实践学习提供了充分的条件，学生有机会在学校环境中对未来的工作状况形成直观的和切身的体验，在就业前已有了足够的信心和心理准备，有利于学生的成长。

4.“双元制”职业教育体系，代表国家是德国

所谓“双元制”职业教育，是指学生在企业接受实践技能培训和在学校接受理论培养相结合的职业教育形式。它不同于学校制形式，可以称为部分学校制职业教育形式。接受“双元制”培训的学生，一般必须拥有主体中学（相当于我国的初中）毕业证书，之后自己或通过劳动局的职业介绍中心选择一家企业，按照有关法律的规定同企业签订培训合同，得到一

个培训岗位，然后再到相关的职业学校登记取得理论学习资格。

生产性实训是一大特色。德国“双元制”职业教育形式下的学生，大部分时间在企业进行实践操作技能培训，接触的是企业最新的设备和技术，实践教学在很大程度上是以生产性劳作的方式进行的，从而减少了学校高昂的教学设备投入。从职业岗位要求来安排教学任务，也为学生就业创造了条件。

校企合作企业多数拥有自己的培训基地和人员。一般大型企业的员工，根据职业岗位需求，会由企业统筹在本企业设立的培训部接受岗前培训。中小型企业没有能力单独按照培训章程提供全面和多样化的职业培训，则可通过跨企业的培训，大多数是通过职业学校，把企业岗位与所对应的专业课程体系相结合，课程体系的设置根据企业岗位的工作过程安排。教学任务由学校专任教师和企业兼职教师共同承担，教学基础课程安排在学校建立的“虚拟工作场”进行，教学实践课程安排在企业生产性工场进行。

互通式的各类教育形式是德国教育的又一个显著特点。在基础教育结束后的每一个阶段，学生都可以从普通学校转入职业学校。接受了“双元制”职业培训的学生，也可以在经过一定时间的文化课补习后进入高等院校学习。近年来，有许多已取得大学入学资格的普通教育毕业生也从头接受“双元制”职业培训，力求在进入大学之前获得一定的职业经历和经验。

培训与考核相分离的考核办法，体现了公平的原则，使岗位证书更具权威性。考试考核是检验职业教育质量的手段，只有客观、规范才能使考试结果令人信服，也才能促进职业教育质量的不断提高。德国“双元制”模式在世界上享有盛誉，主要是因为其培训质量高，而这一高质量的培训又是以客观、公正、规范的考试考核体系为保障的。

【德国的游学】研究德国职业教育的发展历程时，我们注意到德国中世纪手工业行业曾经出现了一种“游学”传统，即学徒工完成一个阶段的学习后要离开家门出外游学，在实践中检验所学并积累经验，从而完成做师傅的最后一个程序。游学前有隆重的仪式，游学中要靠自己的本事打工谋生，完不成游学的学徒不能成为师傅。这一传统直到二十世纪六七十年代几近消失，90 年代后又陆续兴起。现在要求游学者年龄应在 30 岁以下，游学中要放弃奢侈行为，不乘坐机动车、不使用手机等。每到一个城市，都要拜访地方政府并在游学日记上加盖政府公章。在哪里找到工作、找到什么工作、工作多长时间、工作和生活状况都要有相关证明。最近几年，不仅游学人数在增加，游学的地域也在扩大，已经不再局限于本国，开始周游世界。通过游学，增强了技术、技能，学到了诚实、谦逊、节俭、勤劳，其重点还是落脚在“学”上。或许，这应该是“游学”的真正含义和意义所在吧。近年来，国内部分留学服务中介机构偷换概念，将“游学”的重点放在了“游”上，有的甚至仅仅是将其理解成一种旅游消费，失去了游学的真正目的。德国人对“游学”的重视和一些朴实的做法，特别值得留学服务中介和广大学生家长参考借鉴。

（三）中国经济社会的发展为什么没有催生类似发达国家（地区）的职业教育模式

在中国两千多年的封建社会中，儒家文化一直被历代统治者奉为正统的文化形态。隋唐以后的教育基本上是围绕科举考试这个中心展开的。人们刻苦读书的潜在动机是读书做官，追求个人功名。读书的最大目的就是能金榜题名，读书成为通向仕途的台阶。尤其当读书与升学、当干部联系起来的时候，“大学热”“文凭热”和片面追求升学率就不可避免。在这样的文化氛围中，20 世纪 70 年代末复兴的职业教育步履维艰。虽然到 90 年代中期，中等职业教育的发展达到了高潮，中等职业教育与普通高中平分秋色，但在整个教育体系中，也仍然十分孱弱而位卑。

1. 官本位的价值观念阻碍着职业教育思想的弘扬

在绵延千年的中国封建制度下，“学而优则仕”有久远的传统。由于民族传统文化的积淀不会随着政治制度的更替马上改变，以应科举、取功名、授官职为主要内容的传统深刻影响着新中国成立以后的教育改革。这种思想的影响，导致人们更加崇尚普通教育和高等教育，把挤入大学校门看作更高社会地位和更好未来的预期，看作实现腐旎梦想的开端。相反，职业教育倒成了无奈的选择，成了一个寻找职业、寻找饭碗的最终手段。就连一些职业教育管理者、一些职业学校的校长和教师，也把考入职业学校就读的青年学生看成“差生”，说成“一群不懂事的孩子”。

在我国从业人员中，初中及初中以下文化程度的占84%。7 000多万技术工人中，初级工占60%以上，高级技工和中级技工分别只占15%，与发达国家技术工人中高级技工占35%、中级技工占50%的比例相距甚远。诚然，人类社会生活的各个方面都需要“学而优”者，但人才有别，学有专攻。为何大批做学问者不甘寂寞意欲为官？首先这应追溯到社会本源，虽然封建社会已离时代远去，但“峨冠博带，出人头地”的官本位思想依然影响着社会的价值观念。大批学者从学界转入政界，其价值取向清晰地映现出历史的烙印。

2. 我国的职业教育在早期历史上没有确立应有的地位

早在氏族公社时期，农业的分化、畜牧业的出现、语言的产生和思维的发展以及风俗、宗教、艺术的形成与发展，就催发了教育的产生。至夏、商、西周时期，开始有了学校的设置，初步形成了学校系统，但学校教育一直是统治阶级的特权。而源于家庭手工业甚至更早的家庭副业的职业教育，则可以追溯到人类早期的一些生产和生活技能传授活动。尤其是商代的学徒制及以后的专业技术教育活动，使职业教育得以孕育。但在漫长的封建社会，教育发展受到了诸多限制，只是到了近代，西方各种教育思潮源源不断地输入，才开始进入以学校形式为主的发展时期。

19世纪后半期，洋务教育依次开办了外语学堂、军事技术学堂、军事学堂、实业学堂。这种由军事向经济的转轨，反映了洋务派由“求强”到“求富”的心路历程，也体现了中国近代职业教育思想的萌芽。而从中日甲午战争到19世纪末，维新派在不改变封建统治的前提下，对教育进行资产阶级性质的改造，设立三级学校制度及各种专门学堂，严重动摇了封建传统教育的根基。不过，由于当时没有整体规划和统一的管理制度，实业学堂未能走上独立发展的道路。

1904年清政府颁布了《奏定学堂章程》，要求实业学堂除应设有通常的教室图书器具之外，还要有实习基地。在这个学制中，中等教育阶段的普通教育设中学堂，一级，5年；与其平行的有初级师范学堂、中等农工商学堂。实业学堂又分正式实业学堂、补习实业学堂和实业教员讲习所，体系应该说是比较健全的。但由于民族工业发展缓慢，在封建教育体制的束缚下，实业教育一直没获得大的发展。到1907年，全国共有实业学堂254所，占当年全国学校总数的4.3%，学生16 649人，占学生总数的1.02%，与普通教育极不相称。

1912年颁布的壬子癸丑学制在制度上确立了职业教育，但民初仍然偏重文化教育，忽视职业训练，中学专事升学预备。1917年采用美国综合中学模式，规定中学设第二部，从第三年起，减少普通学科，加习农、工、商等职业科目。1922年实行“六三三”新学制，中等教育明确划分初、高两级，初级中学施行普通教育兼设职业科，高级中学分为普通、农、工、商、师范、家政等科，职业教育初具特色和规模。1932年废止综合高中，独立发展职业学校。至1936年，全国已有职业学校292所，学生31 592人，分别相当于普通中学的25.1%和11.8%。

在职业教育发展史上，尽管有不少职业教育先驱长期致力于职业教育理论的研究、宣传和实践，并一度形成职业教育思想体系，但由于工业化进程的迟滞和封建文化传统的羁绊，职业教育和普通教育没有能够形成合理的结构比例，相互之间缺乏应有的沟通，各级各类教育也没有像发达国家那样得到长足发展。只是到了新中国，教育才真正受到应有的重视，职业教育与普通教育的结构比例也才逐渐符合实际，并日趋协调、规范。

3. 新中国成立后中等职业教育的起伏发展

1949年12月23日，教育部召开的第一次全国教育工作会议指出，“普通学校多，技术学校少，不适应恢复发展经济的迫切需要”，“在今后若干年内，中等教育应着重发展技术教育，以大量培养中级建设干部”。嗣后，“一五”的实施尤其是“一化三改”和大规模经济建设及苏联援建的156项重点工程，使大量发展技工教育成为历史的必然。同时，50 年代后期，配合农业合作化运动的开展，农村职业教育开始起步。1958 年 9 月 19 日，中共中央、国务院在《关于教育工作的指示》中又提出了“普通教育与职业（技术）教育并举”的指导思想，实行“国家办学与厂矿、企业、农业合作社办学并举”，走出了多渠道多形式办学的新路子。这一时期，刘少奇同志通过考察实践，归纳总结了两种劳动制度和两种教育制度，并提出“五年试验、十年推广”的实施方针和步骤，取得了突出的成就。“文革”时期，职业学校陷于动乱之中，职业学校招生数占整个高中阶段招生数的比例最高才达到 4.25%。1978 年，职业学校在校生数占整个高中阶段在校生数的比例也只有 7%左右，比例严重失调。

1978 年 4 月，全国教育工作会议提出改革中等教育结构。1980 年 8 月，中共中央转发的全国劳动就业会议文件指出必须积极地、逐步地把一部分普通中学改为职业学校。10 月 7 日，国务院批转教育部、国家劳动总局《关于中等教育结构改革的报告》，指出“我国中等职业技术教育的基础十分薄弱”，要求大大增加高中阶段职业教育的比重。由此，国内重视职业教育的呼声再次高涨。据统计，1980 年全国有普通高中 3.13 万所，在校生约 970 万人，而各类中等职业学校仅有 9 688 所，在校生 226 万人，比例明显失调。

1983 年 5 月 6 日，《中共中央国务院关于加强和改革农村学校教育若干问题的通知》提出：“力争 1990 年，农村各类职业技术学校在校学生数达到或略超过普通高中。”1985 年 5 月 27 日，《中共中央关于教育体制改革的决定》提出：“力争在五年左右，使大多数地区的各类高中阶段的职业技术学校招生数相当于普通高中的招生数，扭转目前中等教育结构不合理的状况。”资料显示，1985 年普通高中招生数和在校生数分别占 60.4%、64.7%，各类职业学校招生数和在校生数分别占 36.9%、35.3%，中等教育结构的状况有了初步改善。到 1990 年，中等职业学校招生数和在校生数占整个高中阶段招生总数和在校生总数的比例分别达到 48%和 46%，开始和普通高中平分天下，中等教育结构单一的局面得到极大改观。

1991 年 10 月 17 日，《国务院关于大力发展职业技术教育的决定》提出："要挖掘现有学校的潜力，扩大招生规模，特别是扩大中等职业技术学校的招生规模，使全国高中阶段职业技术学校的在校生人数超过普通高中的在校生人数。"这个《决定》带领职业教育进入了最好的发展时期；这一年也被誉为"职业教育年"。

1993 年 2 月 13 日，中共中央国务院颁布的《中国教育改革和发展纲要》提出：90 年代，"高中阶段职业技术学校在校学生人数有较大幅度的增加，未升学的初中和高中毕业生普遍接受不同年限的职业技术培训，使城乡新增劳动力上岗前都能得到必需的职业技术训练"。1993 年，中等职业技术学校已达 1.59 万所，当年招生 314.7 万人，占高中阶段招生总数的 58%，在校生数占整个高中阶段在校生总数的 54%，均多于普通高中。

1994 年 7 月 3 日，《国务院关于〈中国教育改革和发展纲要〉的实施意见》提出："到 2000 年各类中等职业学校年招生数和在校生数占高中阶段学生数的比例，全国平均保持在 60%左右；普及高中阶段教育的城市可达到 70%。"当年年底，中等职业学校招生数和在校生数占整个高中阶段的比例已分别达到 58.3%和 56%。

1996 年 9 月 1 日正式施行的《中华人民共和国职业教育法》第十二条规定："国家根据不同地区的经济发展水平和教育普及程序，实施以初中后为重点的不同阶段教育分流。建立、健全职业学校教育与职业培训并举，并与其他教育相互沟通、协调发展的职业教育体系。"这一年，教育分流的概念进入了职业教育的最高法律文件，教育分流的思想逐步深入人心。

1998 年，中等职业学校招生 530.03 万人，在校生 1 467.87 万人，分别占整个高中阶段招生和在校生总数的 56.96%和 60.02%，可以说，这一年是中等职业教育最辉煌灿烂的一年。次年年初的 1 月 13 日，国务院批转教育部《面向 21 世纪教育振兴行动计划》，提出"全国高中阶段职业教育与普通教育之间应保持现有比例，努力达到《中国教育改革和发展纲要》提出的目标"。也就是在这一年，受全国高校首次扩招的影响，延续几年的中等教育分流比例呈现新的变化，中等职业学校招生数和在校生数占整个高中阶段招生和在校生总数的比例，分别调整为53.28%和56.47%，各地也由此出现了不同程度的徘徊波动。

90年代中期，尽管中等职业教育保持了一定的发展速度，但由于普通高中的招生数和在校生数增加得更快，从90年代末开始，中等职业学校招生数和在校生数占整个高中阶段的比重有了变化，并一度出现了所谓中职“滑坡”的说法。

2002年8月24日，《国务院关于大力推进职业教育改革与发展的决定》提出“要以中等职业教育为重点，保持中等职业教育与普通高中教育的比例大体相当，扩大高等职业教育的规模”。由于2000年、2001年中等教育分流比例仍然在进行适应性调整，到2002年底，中等职业学校招生数和在校生数占整个高中阶段招生和在校生总数的比例，全国平均为39.91%和41.06%。

2005年，中等职业教育被纳入我国教育工作的战略重点。温家宝总理在国务院召开的全国职业教育工作会议上宣布：“十一五”期间中央财政将对职业教育投入100亿元，重点用于支持职业教育实训基地建设，充实教学设备，资助贫困家庭学生接受职业教育。会议做出《关于大力发展职业教育的决定》，明确提出把基础教育、职业教育和高等教育“放在同等重要位置”。

随后，中央有关部门立即启动实施一系列推动职业教育发展的重大举措：实施职业教育实训基地建设计划，重点建设好2 000个职业教育实训基地；实施县级职教中心专项建设计划，重点扶持建设1 000个县级职教中心；实施职业教育示范性院校建设计划，重点建设好1 000所示范性中等职业学校和100所示范性高等职业院校；实施职业院校教师素质提高计划，全面提升职业院校教师队伍素质等。职业教育又迎来了一个大发展的好时期

（四）发达国家（地区）职业教育发展对我们的借鉴意义

任何理论的发展，终究要体现在对实践的指导价值上。从20世纪80年代引进西德“双元制”职业教育模式，到90年代引进加拿大CBE能力本位，以及以后陆续登陆我国职业教育界的国际劳工组织的MES模式、澳大

利亚的 TAFE、英国的 BTEC 模式，还有学术界对日、美、法、韩等国职业教育的介绍，反映了各级政府与职业教育机构发展职业教育的高涨热情和急迫心情。在知识经济时代，各国的发展不仅有符合自身实际的特殊模式，也都在努力吸收他国的长处，少走弯路，其中教育也不例外。但不管如何，对待在其他文化背景和社会历史条件下产生的先进经验，我们既不能盲目照搬，也不能视而不见，更不能见异思迁。从发展我国职业教育的角度考虑，我们对待国外不同模式的态度，前提应该是在全面了解和深入研究其产生、发展和成功的规律的基础之上，结合国情有选择地消化、吸收和借鉴，最终转换成具有科学依据和推广意义、实际可行的实施策略。

1. 职业教育与经济社会的协调统一

职业教育体系的形成，与一个国家或地区的经济发展水平、经济发展模式、工资福利制度、产业结构、就业情况、文化背景等因素有着极为复杂和密切的联系。这些因素相互作用、相互联系，形成了不同的社会发展模式，从而产生了各种不同的职业教育体系与之相适应。经济发展水平会影响一个国家或地区的产业结构，因而决定了其所需的技能类型与职业教育模式；另一方面，经济发展模式、福利制度、就业制度也与职业教育体系的形成密切关系。

例如，台湾地区职业教育的发展，与当地经济、社会的发展脉搏合拍，节奏一致。20 世纪 40 年代，台湾地区以农业为主，产业结构布局这个时期属于劳动密集的生产类型，职业教育以招收小学毕业生的初级职业教育为主，以较低的劳动力成本，充分供应基层劳动人力；50 至 60 年代，轻工业逐渐得到发展，产业结构以农业和轻工业为主，农业类职高比例较大，商业类职高因投资成本较低也多于轻工类职高，同时这一时期因为技术密集型产业对人才的需求而逐渐停办了初等职业学校，全力发展中等职业教育，并普遍兴办五年制专科学校以及提供职业学校进修的二年制专科学校，推动了经济发展；70 至 80 年代，技术密集型转型成功，逐步迈向资本密集型，并为适应经济发展对人才需求，于 1974 年成立工业技术学院，增加职业教育进修提高的途径，培育高层次人才。在这个发展过程中，职普比也经历了3∶7到5∶5再到7∶3的变化演进。

20世纪80年代以后，台湾地区策略性产业、高科技产业兴起并成为主流，急需大量综合素质、文化水平较高的“知识技术工作者”。90年代开始，增设公私立大学，专科学校改制为技术学院、科技大学，继而开办硕士及博士班。

台湾地区作为久负盛名的亚洲“四小龙”之一，经济与教育不仅都高度发达，而且一同成长和调整，相辅相成，相互促进。其职业教育不仅延伸了普通教育，特别还弥补了普通教育，增加了学生的发展选择，也为区域经济发展培育了各个层次的专业技术人才。

台湾地区职业教育的成功经验很多，最显著的就是我们在前面所描述的“立交桥”式的职业教育体系，培养了多层次人才，也为各个阶段的学生提供了广泛的升学、就业通道。其次，坚持以能力为主位，强化职业证照制度，拓宽学生的发展空间。

2. 认识职业教育的功能

一些国家不仅深刻认识到职业教育的重要功能，更是将职业教育作为国家发展、提升国家竞争力的重要战略。

就国土面积和人口而言，德国在世界上算不上大国，但就综合国力而言，德国却是一个强国，是一个发达的现代化工业国家。德国人把教育作为强国的天梯，其高度重视教育尤其是重视职业教育、重视对生产第一线劳动者严格训练的做法，被誉为欧洲的师表。德国的职业教育培养和造就了大批既有熟练的专业技能、又有较高职业道德的优秀技术工人，保证了生产的效益和产品的竞争实力。德国2008年10月召开“教育峰会”签署了教育政策协议《德雷斯顿宣言》，提出到2015年要达到目标，一是对教育和科研的投入增加到GDP的10%；二是没有获得资格证书的毕业生从8%减少到4%；三是政府努力将没有完成职业教育与培训的人员从当时的17%减少到8.5%。

英国2009年11月颁布了《为增长而提高技能：国家技能战略》，将英国技能水平的增长与构建英国未来社会联系在一起，计划到2020年低技能人员减少到11%，高技能人员增加到40%。2010年11月，英国又颁布了《为可持续发展而提高技能》和《为可持续发展而对技能投入》两个国家战略性文件，从文件名称即可看到对职业教育的认识程度和重视水平。

3. 启迪与借鉴

发达国家（地区）的职业教育发展历程和水平，给我们以下重要启迪与借鉴：

第一，职业教育体系的建设和发展，是与一个国家或地区的经济发展水平和文化背景密切关联的。因此，在引进先进的职业教育理念的同时，应注意其适应性，要顾及本地的发展状况，建设具有本地特色的职业教育体系。在层次结构、专业设置、课程设置、就业导向、校企合作等方面的建设和发展都必须考虑当地的经济社会发展和文化背景。同时，在不同的产业布局、经济结构、文化传统等地区，建设不同特色的职业学校，也是特色职业教育体系所要求的。

第二，职业教育体系的建设必须加快发展步伐，缩小同发达国家或地区的差距。在加快建设符合区域经济发展的职业教育体系时，应该注重自身的经济发展状况和文化积累，完全照搬而没有自身特色是不行的。河北省有着自身的经济社会发展规律和职业教育发展建设的经验和经历，加快建设有特色的职业教育体系，必须立足自身经济发展基础和教育实际。

第三，职业教育体系与制度建设、管理体制的科学性、合理性也是密切相关的。政策法则的规范，是为了推动职业教育的良性发展，在投入机制、保障机制和沟通机制方面起着不可替代的作用。从职业教育的特性来看，其发展必须有行业、企业的参加才能成为真正意义上的职业教育；或者说，行业、企业的参与和需求，是推动职业教育持续发展的不竭动力。目前，对企业和行业来说，职业学校与其联系和发展方面的要求，能力是有限的甚至是苍白无力的。引导行业、企业广泛参与职业教育，实现教育与经济的深度融合，离不开政策支持和社会认可。所以，科学合理的政策体系是促进学校和企业联合的重要制度保障。

第四，职业教育体系和普通教育体系协调发展，是整体国民教育体系根本要求。职业教育与普通教育协调发展，促进人才结构的合理布局，是经济社会发展的人才基础，偏废任何一方都会最终影响到国家或地区的发展。两方应有一个发展适度的比例和不同的发展模式；同时，两者之间应建立必要的联合机制。职业教育本身也应该有特色的体系，在层次结构之间的纵向联系和办学机构之间横向联合方面形成自身优势。

二、一般性分析和宏观研究

经过改革开放 30 多年的快速发展，职业教育取得了历史性的重大突破，在推动经济发展、促进就业、改善民生、解决“三农”问题上发挥着越来越重要的作用。但从总体来看，职业教育仍然是整个教育中的薄弱环节，长期积累遗留下来的问题仍然尖锐而突出。一方面，由于受传统观念影响，在一些地方还存在着轻视、忽视甚至鄙薄职业教育的现象；另一方面，办学条件相对比较差，管理体制、运行机制、人才培养模式还不能很好地适应经济社会发展的需要。上述诸多问题，导致一些学校办学不规范、师资力量紧缺、专业建设老化、人才培养标准不能完全适应经济建设需要，成为新形势下提高职业教育人才培养质量面临的新课题。

当前，我国社会主义现代化建设进入到以科学发展为主题、以加快转变经济发展方式为主线的新时期。建设人力资源强国，发展现代产业体系，积极稳妥推进城镇化，迫切需要大力发展职业教育。

关于我省职业教育的一般性分析，应该包括初等职业教育、中等职业教育和高等职业教育，初等层次的职业教育不在我们的研究范围，中等职业教育的总体情况在专题一中有了详细的论述，本文不再赘述。

（一）我省高等职业教育现状

应该说，我国目前的高等职业教育是极具中国特色的、在高等教育中具有较强职业性和应用性的一种特定的教育。近年来，我省高等职业教育的发展步伐走在了全国的前列，为实现建立沿海经济强省的战略目标提供了强大动力，促进了区域经济协调发展。但总体来看，为适应新时期经济社会快速发展的需求，我省高等职业教育还必须进一步强化特色，提升内涵，提高质量。

1. 我省高等职业教育发展总体状况

（1）办学规模明显扩大。从20世纪80年代的初创到“十五”“十一五”期间的大规模发展，我省高等职业教育已占据我省高等教育的半壁江山。2005年至2007年，我省高校由86所调增至88所，招生数由25.03万人增至29.47万人，毕业生数由18.04万人增至24.06万人，在校生数由77.4万人增至93.05万人。其中，高职专科招生数由15.68万人增至17.41万人，毕业生数由11.49万人增至15.32万人，在校生数由42.24万人增至50.32万人。

2007年，全省独立设置的高等职业学校共有56所。统计可知，2007年全省高职院校数量、招生数、毕业生数和在校生数分别是全省高校总数、招生数、毕业生数和在校生数的63.6％、59.1％、63.7％和54.1％，高职教育已经名副其实地占据了高等教育的半壁江山。

2011年，我省地方普通高等学校108所，其中职业技术学院51所。当年地方高校普通本专科招生35.02万人、毕业生30.3万人、在校生111.62万人，专科招生19.65万人、毕业生18.93万人、在校生55.4万人，均达到或超过一半。

（2）办学实力明显增强，办学水平明显提高。我省现有邢台职业技术学院、石家庄铁路职业技术学院、承德石油高等专科学校和河北工业职业技术学院4所国家示范性高职院校，其中邢台职业技术学院是国家第一批通过教育部“全国示范性高职高专院校”试点遴选的院校，2006年底被教育部、财政部确立为全国首批28所“国家示范性高等职业院校建设计划”立项建设院校之一。此外，河北软件职业技术学院是教育部批准的国家35所示范性软件职业技术学院建设单位之一。目前，我省共有8所全国示范的高职高专院校和国家重点建设院校，国内排名位居前列。全省共有国家级精品专业和教学改革试点专业20个，国家级精品课程10门，居全国第2位；河北省级教学改革试点专业和精品课程达182门（个），国家财政支持建设的实训基地7个，办学实力与办学水平有了大幅度地加强和提高，形成了比较鲜明的办学特色和优势，促进了全省劳动力知识和技能结构的改善，推动了区域经济协调发展。

（3）体制改革日益深化，办学模式日益灵活。随着高等职业教育教育管理体制和运行机制改革的进一步深化，高职院校办学模式呈现出灵活化、多样化的特点。近年来，陆续开展了校企合作、连锁办学和集团化办学等办学模式改革实验，建立了产学研结合的长效机制。“工艺非学不兴，学非工艺不显”，工学并举成为我省高职教育的办学方向，工学结合、产学结合和校企合作成为培养高技能实用人才的基本途径。比较成熟的模式有邢台职业技术学院的“校企融合、学工一体”、河北旅游职业学院的“顶岗实习”、邯郸职业技术学院的“寓学于工”等等。这些人才培养模式改革成效显著，通过推行产教结合、双证书制度和订单培养，大大推进了高职院校与生产实践、社会实践的相结合，为全省乃至全国培养了大量的技术型实用人才，也为高职教育的进一步发展积累了宝贵的经验。此外，通过发展远程教育、推行以学分制为基础的弹性学习制度，有效地扩大了教育的受益范围，为高职教育深化改革注入新的活力。

2. 发展过程中一些亟待解决的问题

（1）部分高职院校办学定位不准，摘“职业性”帽子思想严重。目前，大多数高职院校能够定位准确，能够主动为经济和社会发展服务。比如我省的 4 所国家示范性高职院校，他们都具有准确的办学定位和鲜明的办学特色，形成了一套高效的办学模式，培养了大批深受社会和用人单位欢迎的高技能实用人才。这 4 所学校的毕业生就业率常年保持在较高的水平，一部分专业的就业率始终保持在 95％以上。

但是，还有一些高职院校不能充分解放思想，办学定位不准，致使学校发展步伐缓慢。究其原因：

首先是对高职教育认识模糊，总是认为高职教育与一般的普通高等教育属于不同的教育层次。其实，根据《教育大辞典》中的有关条目解释：高等职业教育“属于第三级教育层次”，而第三级教育“一般认为与‘高等教育’同义”。因此，高等职业教育与普通高等教育属于同层次教育，二者的不同之处在于知识类型的差别。任何一种将高职教育当作是不同于普通高等教育的另外的一种教育层次的观点都是不准确的、不合理的。

其次是办学者企图弱化“职业性”，摘掉“职业性”帽子的思想严重。个别院校印发的宣传材料刻意简称“河北某院”而不是“河北某职院”。从高职教育的历史来看，最早的职业大学由于缺乏举办高职教育的经验和对高职教育的认知有偏差，这些职业大学都办成了大学本科的压缩版本，课程设置也是理论性、学术性的东西多，实践性、技能性的东西少，慢慢地向本科院校靠拢，“升格”的愿望十分迫切。当然，这种情况在全国其他各省市也普遍存在。“升格”给院校带来的巨大利益诱惑使得部分高职院校把工作重心和注意力都放在了扩大招生规模、盲目增加专业等方面，忽略了对人才的培养目标，忽略了办学特色，弱化了高职院校的“职业性”特征。

再次是办学思路僵化。办学模式缺乏创新，从教学计划、理论教学实践教学安排以及实习基地建设都是闭门造车，不与企业接轨、不与市场需求接轨，从一些普通高校照抄照搬一系列教学文件和管理制度，理论教学基本上就是普通高等教育模式，没有规定的校外实习实践基地，学生基本在封闭的学校内实习，实践能力难以提高，不能满足经济社会的需求。

（2）高职教育投入机制不健全，办学经费不足。我省的很多高职院校是由原来的中专学校转型而来，发展时间较短，规模扩张过快，资金短缺成为发展中的瓶颈问题。资金短缺大大影响了实训基地的建设，也影响着人才的引进和培训。

高职院校的经费有以下几个来源：第一，政府财政拨款，包括事业费和基本建设投资。第二，企业投资，主要是通过委托培养的方式使企业支付人才培养成本。第三，个人投资，以收取学费的形式为主。第四，银行贷款。第五，社会捐赠。第六，学校自筹，有条件的高职院校把创收收入投入到教育活动中。

造成经费不足的主要原因是：第一，投入机制不健全。在高职教育投入上，国家虽然出台了一系列政策，但是还没有建立起有序的投入机制。受经济发展水平制约，我省对高职的投入上还没有达到中央的要求。高职院校大多是自主经营，政府财政支持十分有限。凡是由原来普通中专升格或合并的高职院校，财政拨款基数还是20世纪90年代的标准，政府拨款基本上不到学院收入的30%。第二，部门、行业的支持力度不够。高职院校所属的部门和行业不能按法律法规的要求给院校拨付办学经费，有的院校连申办时承诺的经费也很难拿到。第三，融资渠道少，融资难度大。主要体现为银行向高职院校贷款的积极性不高。第四，高职学生培养费用高。高职教育在实习基地设置、实习设备购置和实习物品消耗上所需经费要比普通高等教育高得多。据不完全统计，培养一个高职学生的费用是普通大学学生费用的1.64倍。

（3）人才培养体系不完善。一方面，部分高职院校一味扩大办学规模，重视学校硬件建设，忽视学校文化建设，导致人文精神缺乏，人文素养不高。为迎合市场需求的功利性竞争，忽略了对学生的系统的素质教育。高职教育虽然强调学生的实际动手能力和专业技能，但高职教育同时也是素质教育，要培养学生的健全人格，“德才兼备、以德为先”。从职业教育发达国家和地区的经验来看，经济社会的发展会对人才培养提出更高的要求，用人单位不会只看重学生的专业水平，他们更看重学生的整体素质。只有具备一定的人文素质和良好的职业道德，才能使学生在走上工作岗位后能够自觉地钻研，主动地学习，实现自身的科学发展。

另一方面，学生实践技能不强。总体上说，近几年我省高等职业教育质量在不断提升，学生实践技能在不断提高。这得益于国家和地方对高职教育质量的重视，得益于高校对政策的重视和具体实施。但是目前的高职学生实践技能还是不能满足经济社会和用人单位的实际需求。

（4）专业结构与区域经济结构不协调。“十一五”期间，我省大力实施重点产业调整振兴规划，钢铁、装备制造、石化等传统产业改造升级步伐加快，战略性新兴产业快速发展，现代服务业不断壮大。这些战略性规划的实施离不开高等职业教育的支持与服务。但是，目前我省高职教育专业结构与区域经济结构仍然不够协调。据2008年河北省高职院校招生情况统计显示，三大产业计划招生人数分别是1.67%、28.92%和69.41%，而河北省一、二、三产业增加值占全省生产总值的比重分别是13.17%、52.82%和34.01%，三大产业的就业结构分别是40.42%、30.96%和28.62%。显然高等职业教育专业结构同三大产业在经济增长中的地位以及三大产业的就业结构存在一定的不一致性。第一产业招生数明显低于其经济增加值和就业需求，第三产业招生数明显高于其经济增加值和就业需求。背后的原因是河北省没有一所专门的农业类高职院校，这与我省发展农业大省，振兴工业经济的发展战略不协调。

（5）专业设置需要调整提高。我省高职院校的专业设置从整体上说是比较合理，能基本满足经济社会发展需要，一些投入较大、师资力量雄厚的特色专业的毕业生供不应求。但是，仍有很多专业的就业率很低，这充分说明我省高职院校的专业设置不够合理。造成这种局面的主要因素是专业设置盲目、缺乏充分的市场调研和科学分析。有很多高职院校在专业设置时盲目跟风，一些新兴专业一哄而上，出现专业重复建设的现象。我省高职院校在电子商务、会计电算化、计算机技术等专业上表现得尤为突出，如表2-1所示。

表2-1　开设部分热门专业学校数

专业名称	开设该专业学校数
电子商务	29
会计电算化（会计）	44
计算机网络技术	32
计算机信息管理	23
计算机应用技术	33

从办学效益和吸引生源这两个因素出发，高职院校热衷于开办热门而办学成本低的专业，而这些专业并不适合高职院校设置。有些高职院校申报专业时明显存在师资、实验实训设施、经费等教学方面的严重不足，根本不具备相应的办学条件。学生入学后，只能学习书本上的理论知识而没

有实训环节的学习和锻炼，毕业后就业困难。

（6）高职院校地域分布不均衡。2011 年，我省有 51 所地方高职院校，地域分布如表 2-2 所示。

表 2-2　河北省高职院校地域分布情况统计

地区	高职院校数	备注
保定	4	其中定州 1 所
沧州	3	
承德	4	
邯郸	1	
衡水	1	
廊坊	2	
秦皇岛	4	
石家庄	25	其中新乐 1 所
唐山	3	
邢台	3	
张家口	1	

可以明显看出，石家庄有 25 所地方所属高职院校，占全省高职院校总数的 49%，冀南的邯郸仅有 1 所，东部的衡水和沧州有 4 所，环京津地区有 21 所。石家庄和环京津地区经济比较发达，高等教育资源丰富，高职教育发展的也较好；经济不发达地区的高等教育资源有限，高职教育发展就比较落后。而在现实中，越是经济不发达的地区，越是需要高职教育培养更多的高技能实用人才来促进地区经济发展。

建设具有河北特色的现代职业教育体系，推动我省职业教育事业科学发展，要以服务经济发展方式转变为立足点，遵循职业教育规律和技能型人才成长规律，坚持以人为本，全面实施素质教育，培养德智体美全面发展的社会主义建设者和接班人。要以服务为宗旨、以就业为导向、以提高质量为重点，面向人人、面向市场办学，转变职业教育发展方式，创新体制机制，深化教学改革，健全政策保障，着力提升职业教育的吸引力和现代化水平，为我省实现从人力资源大省向人力资源强国的转变提供强有力的支撑。

2. 发展过程中一些亟待解决的问题

（1）政策支持力度有待进一步加大。职业教育在整个教育体系的服务方向，对应了其在现实社会中主要服务于基层一线的形式需要。即便是发达国家的所谓优质职业教育，如果与其他类型的教育相比，也几乎无一例外地不占强势地位。虽然现在看来职业教育的地位在不断上升，但要改变职业教育的社会影响力，还需要一个漫长的时期。因为这既需要来自体制的力量，更需要源自社会的动力。

“十一五”期间，我省对中等职业教育的政策支持力度，比以往任何时候都大，落实的都好，但有些政策从宏观层面上并没有向职业教育倾斜。这首先表现在政府对学校本身建设投入不足，对教师职称、进修等关怀不够。一般来讲，教育投入占 GDP 比例，往往是衡量支持教育努力程度的重要指标，财政教育经费占 GDP 总量的 4%比例，是目前发展中国家的平均水平，在统计上是有科学依据的。在我国，这已经成为体现教育优先发展战略地位的重要指标，先被列入一系列主要的政策法规和文件之中。但是我省的公共财政体系还不够健全，特别是用于中等职业学校发展的财政性教育经费的差额较大。我省中职学校长期存在着小而全、小而散的作坊式办学现象，低水平重复建设比较普遍，严重浪费了教育资源，也难以形成规模效应。

其次，职业教育在经费方面最突出的特征就是“培养成本高，而学生家庭收入层次低”。按照发达国家推进学校职业教育发展的经验，主要是由各级政府投入，例如法国政府为了支持职业高中发展，职业高中生均财政经费是普通高中的 3 倍左右；澳大利亚各级政府给技术与继续教育（TAFE）学院投入的经费比例为 70%左右。作为发展中国家，我国人均 GDP 刚超过 1 000 美元，教育经费投入总体不足是客观事实，财政经费难以承担职业教育规模扩张的需要。正因为如此，中等职业教育的发展，必须在政府主导下，引导企业参与，充分发挥行业作用，鼓励社会力量积极参与，鼓励学校多渠道增加经费投入，形成良好的职业学校发展的多元办学格局。

综合调查所得数据可以看到，各类职业教育机构在获得财政支持方面存在着严重的不平衡：一是地区差异，由于各市县财政状况的差别很大，对职业教育的投入力度不同，不同市区的职业学校财政状况差异迥然；二是城乡差异，设区市、县城、乡镇各级职业教育机构办学经费相差悬殊，县以下职业教育经费显著不足；三是校际差异，优质、重点、示范等优先获得支持的职业学校获得了较多的财政支持机会；四是公私差异，政府举办的职业教育与民办职业教育在办学投入上差异显著。

（2）行业企业参与职业教育的积极性有待进一步调动。

第一，企业对中等职业学校热情低、合作少、投入少。在国家政策引导下，“十一五”期间，我省各行业、企业开始关注中等职业学校的发展，但还没有充分认识到中等职业学校的发展与自身发展的重要关系，因此，企业参与职业教育显得有些被动和不够深入。迫切需要补充技能型人才的企业对职业教育的钟情，在用工上比较强调职业教育背景，而大部分办学条件较差的中职学校就面临十分尴尬的境地。一方面，我们非常强调中等职业教育的重要作用，另一方面，企业又难以证实其重要意义所在，就业导向的职业教育其实缺乏系统的社会保障。从整体来看，国家层面的宏观政策定位导向清晰，但地方政府和社会机构层面的中观政策执行力不够，进而出现办学机构微观层面的定位模糊、功能单一，结果致使中等职业教育办学还相当困难。

第二，农村地区对农业职业学校的新培养模式刚刚认识。发展农业中等职业教育困难大、任务重，加快发展面向农村的职业教育，把加强职业教育培养农村后备力量的任务，当成是农业职业学校服务社会主义新农村建设的重要内容；强化省、市（地）级政府发展农村职业教育的责任，扩大农村职业教育培训覆盖面，才能对农业职业学校的发展起到积极的作用。

第三，就业准入制度不完善。企业很难执行“先培训、后就业”“先培训、后上岗”的规定。企业从自身经济利益出发，不愿意使用有一定技能但是相对使用成本较高的技术型人才，结果造成职业学校的毕业生不好就业的局面。从长远看，企业的这种行为也影响到我国成为制造业强国的步伐。

第四，“工学结合、校企合作”运行机制还不协调。在体制建设方面、人员调配方面、师资组织方面等都值得继续探讨，找到一条适合企业、行业参与，并且能充分发挥职业学校优势的办学模式，才能为社会发展有更大的贡献。

（3）教育质量有待进一步提高，内涵建设成为新的课题。综合评价全省中等职业教育的内涵建设情况，所表现的不足也显而易见，尤其是在专业课程、师资、校园文化等领域，对中等职业教育的质量提升发挥着重要影响。这也恰恰说明了中等职业教育把加强内涵建设作为近期一项主要任务的意义所在。因此，中等职业教育面临的形势依然严峻。

第一，专业建设和课程改革在数量规模上基本适应了社会的需求，但有几个方面的负面影响也值得注意。一是专业设置程序不严。2011 年我省刚刚确定了新的专业设置程序，2012 年初公布了各学校专业设置情况。但此前专业设置随意性较大，就公布的专业情况看，显得缺乏系统性、科学性。二是专业设置重复较多。目前的专业管理是粗放型的，还远没有细化。各学校虽然也根据自身条件和地区人才需求确定专业，但省市县教育主管部门还缺少必要的引导，一些通用型的专业几乎每校必设。三是专业特色不明显。片面地强调市场导向，反而会背离学校的优势资源。受生源匮乏的影响，学校难以强烈地主张自身的优势，多数学校只能是按家长、学生的意愿举办专业。四是课程体系特色受限。非特色专业背景下来构建课程体系，自然就少了应用性特色，特别是与岗位相融合的课程改造还处在起步阶段，贴近行业、贴近生产、贴近岗位的课程体系尚未形成。

第二，师资队伍建设在整体素质和专业能力上虽然明显提高，但也存在不容忽视的问题。一是数量结构失衡。数据显示，在师资结构上，专职教师与兼职教师比例失调，兼职教师比例太小；文化课教师与专业课教师比例失调，专业课教师偏少；理论型教师与实践型教师比例失调，实践型教师不足。二是来源渠道单一。目前的中职师资队伍基本来自高等院校应往届毕业生，且主要还是本地区生源毕业生，来自行业、企业具有一定实践经历的教师远远不够。三是师资队伍建设乏力。主要表现在学校对教师的培养缺乏系统性规划、鲜有个性化手段，对教师的专业发展仅在于一般性的号召。

（二）对职业教育的宏观研究

1. 对教育分流的认识

分流是现代教育的一个重要功能，是基于社会和个人之间的双向选择。高中阶段职业教育与普通教育的结构比例问题，实际上反映的是中等教育的分流问题。中等教育分流是否合理，关系到人才培养的数量和规格层次以及受教育者全面发展愿望的实现，甚至影响着劳动就业和经济发展水平。有一种观点认为，学生应该在上完普通高中把文化基础打牢后，再去学习职业教育知识，接受职业教育培训，而且认为现在老百姓都不愿意让子女上职业学校，所以应该使分流上移，即在高中后分流，举办高中后职业教育和培训。其实，在什么阶段分流，取决于社会发展是不是要求该阶段的毕业生必须就业，而且社会可以提供合适的职业岗位来满足就业。如果一个国家或地区的教育水平和生产力水平比较发达，初中毕业生能够全部或大多数升学，社会生产又不需要相当数量的初中级技术工人或中等职业教育层次的劳动者，可以到高中后再分流；如果初中毕业生多数或相当一部分不能升学，形成大批初中及以下教育水平劳动力资源的积聚，经济发展中又急需掌握中等专业技术的劳动者，则应该在初中后分流。

另一方面，分流的比例，很大程度上受到社会对职业教育认识的影响，受到市场需求的影响。有关资料显示，目前我国从业人员受过高中阶段教育的人口只有12.7%；受初中和小学教育的人员占75%，其中33%仅接受过小学教育；文盲占8%；接受过高等教育的只占4.7%，人力资源整体水平与发达国家和新兴工业化国家存在较大差距，远远不能满足现代经济对劳动者知识、技能的需要。在世界已经公认职业教育不仅是发展经济的秘密武器，也是普及教育、实现人的全面发展的重要手段的今天，我国职业教育从总体上看还只是刚刚起步，招生数和在校生数与普通高中教育相比基本实现了大体相当，但职业教育基础还很脆弱，特色不鲜明，发展不稳定，依然是各类教育中最为薄弱的环节。

2. 高中阶段教育保持一个合适的结构比例，有利于加快普及进程并保持较好的发展水平

现阶段，我国高中阶段教育资源总量相对短缺，地区之间发展很不平衡，培养能力比较低，制约了国民素质的快速提升。也就是说，优质教育资源不足，培养规模偏低，地区之间、城乡之间发展不均衡，是当前高中阶段教育面临的问题之一。显然，解决这个问题，单靠普通高中难以胜任，而不考虑两者之间的结构比例，放任普通高中与职业学校盲目发展或自我消亡，不加以正确的引导和规范，又明显违背教育规律和社会发展实际。因此，要高度重视高中阶段普通教育和职业教育的协调发展，要从各地经济和社会发展的实际出发，合理确定两类教育的结构比例。

目前，各级政府采取了多种措施，积极推进办学体制改革，进一步优化配置，盘活现有教育资源，引导社会力量重点兴办高中阶段学校。高中阶段教育正在发生空前转型，学校之间、地区之间的合作也日益加强，并逐步走向和谐发展。一方面，扩建优质高中，改造薄弱高中，努力满足广大人民群众渴望子女接受优质教育的需要；另一方面，加快布局结构调整，深化教学改革，建设示范性职业高中和特色专业，城市职业学校面向农村招生，发达地区职业学校与中西部地区开展联合、合作办学，使更多的初中毕业生可以接受系统的职业教育和培训。总之，整合高中阶段教育资源，扩大办学规模，增强培养能力，有利于提高新增劳动力的受教育年限和国民综合素质，有利于提高从业人员文化层次并减少结构性差异，更有利于增加高中阶段学历人口，加快普及高中阶段教育的进程。

3. 人力资源开发和终身教育体系的构建需要职业教育和普通教育的协调发展

在经济和社会发展过程中，当教育资源的供给和需求不是十分充足时，

人们接受教育一般是以职业需要为主，以生存教育为主，以被动教育为主。随着社会经济的快速发展，终身教育思想应运而生，要求更多的人乃至所有人在一生工作的各个时期都能实现与继续教育的有效衔接，融入开放、灵活、多样的办学形式之中，实现人的全面发展。终身教育体系并不是在现有教育资源之外重新构建新的独立系统，而是以国民教育体系为基础，以一生需求为主，以发展和享受为主，实现教育目的和教育手段的逐步统一。这一目标的实现，需要各级各类教育的全面、协调发展。对于高中阶段教育来说，不仅需要本层次内部结构比例合理，各类教育资源相互融合，也需要实现与其他层次和社会的全面沟通。

20 世纪 80 年代以来，为改变中等教育结构单一的状况，我们国家进行了许多大胆改革。例如前面提到的限制普通高中发展，大量新建职业学校等。应该说，这些措施在改革初期是十分必要的，而且也是非常成功的。但在社会进入理性发展的时代后，硬性规定一些很少考虑实际情况的指标，反而会影响教育功能的实现。当然，这并不等于说我们可以漠视职普比的实际存在。我们知道，经济结构决定教育结构，教育结构又反作用于经济结构。因此，一个与经济社会发展相协调的合理的教育结构，是相互促进的和持续发展的。由于国情不同，不同国家高中阶段分流比例有很大差别，从百分之十几到百分之六七十都有。但无论如何，当前各国职业教育的重点大都放在了高中阶段。欧盟 15 个国家中，有 11 个国家的职业教育比例超过高中阶段教育总量的一半。国际经合组织 25 个成员国中，职业教育占高中阶段教育在校生的比例平均超过了一半，德国、奥地利、比利时、瑞士等国达到七成。从我们国家目前劳动力结构的实际情况来看，无论是劳动力的总量与分量、存量与增量，劳动力的产业、行业、地域结构，还是劳动力的专业、能力、知识结构、受教育程度，无一不在亟须调整和实际的动态优化之中。

所以，对中等教育系统来说，这就要求我们必须根据经济社会发展的总体目标，认真研究高中阶段发展的规模和速度，研究高中阶段各类教育的关系和比例，研究各类教育的办学模式，结合区域发展实际，自下而上的准确预测、科学制定教育分流规划，科学、系统、动态地配置教育资源，逐步形成符合社会实际、符合教育规律的职业教育与普通教育的结构和比例。

4. 实现职业教育培养模式、培养规格的多样化

纵观经济、教育发达的国家和地区，不同层次和类型的职业教育学校和培训机构，构成了完整的职业教育系统，为社会的迅速发展培养了各种人才。对于我们来说，真正建立和完善人才培养的“立交桥”，明确职业教育培养模式、培养规格的多样化，努力满足社会对人才多样化和人民群众对职业教育的不同需求，是职业教育改革和发展的又一要求。

首先，应切实沟通中等职业教育与高等职业教育、职业教育和普通教育之间的渠道。要根据专业实际和社会需求，适度发展初中后5年制高等职业教育；积极在高中阶段开展职业教育和普通教育相融通的课程试验，健全中、高等职业教育相衔接的课程体系，着力建立受教育者根据实际需要可以自主选择的课程体系；增加中等职业学校毕业生进入高等学校继续学习的比例。

其次，职业技术教育与普通高等教育的沟通。我国当前的高等职业技术教育尚停留在大专层次，并且与普通高等教育处于两条线。尽管不少院校在高职的层次延伸以及与普高的沟通上做了一些尝试，不少民办院校也看好高职教育，做了一些尝试，取得了一些成功的经验，丰富了我国高职发展的办学模式和人才培养类型，但都需要向更高层次迈进。

（三）我省经济社会的快速发展对现代职业教育提出了新的要求

国务院印发的《全国主体功能区规划》关于河北省发展、开发的论述明确提出，京津冀地区功能定位是：“三北”地区的重要枢纽和出海通道，全国科技创新与技术研发基地，全国现代服务业、先进制造业、高新技术产业和战略性新兴产业基地，我国北方的经济中心。冀中南地区功能定位是：重要的新能源、装备制造业和高新技术产业基地，区域性物流、旅游、商贸流通、科教文化和金融服务中心。这些定位都需要掌握新型实用技能的劳动力替换低技能劳动力，实现劳动力结构和就业结构升级才能完成，

同时经济发展方式的转变必将催生大量的知识型、发展型技能人才需求，这都将为河北省职业教育发展提供广阔的空间环境。

从经济领域看，我省面临着加快经济发展方式转变和社会转型的历史任务，经济社会具有五个方面的时代特点：一是从粗放型经济增长方式阶段步入集约式经济发展方式阶段。经济增长由主要依靠投资、出口拉动向依靠消费、投资、出口协调拉动转变，由主要依靠第二产业带动向依靠一、二、三产业协同带动转变，由主要依靠增加物质资源消耗向主要依靠科技进步、劳动者素质提高、管理创新转变。二是从城乡分治的二元结构时代进入统筹城乡一体化建设背景下的城市化时代。人口大流动、职业大迁徙已成大趋势，特别是就业从农业转向非农产业、居住地由农村转到城市、最终使农民转变为市民，成为亟待解决的社会问题。三是从低端制造产业时代进入高端制造产业时代。在经济全球化背景下，高端制造产业替代或淘汰低端制造产业成为历史的必然。四是从私人物品短缺时代进入公共物品短缺时代。全社会对公共产品的需求全面快速增长，迫切需要建立健全基本公共服务均等化的体制机制。五是从生存型阶段进入发展型阶段。温饱问题等基本需求得到解决，实现小康社会、构建和谐社会以及实现人的全面发展成为这一阶段的主要目标。

从教育领域看，我省从教育大省向教育强省转变的历史任务，具有四个方面的时代特点：一是从普及九年义务教育时代进入“后普九”时代。促进各级各类教育协调发展，特别是解决职业教育这一薄弱环节成为必然。二是从文化扫盲时代进入技能扫盲时代。文化文盲的问题基本解决，技能性文盲的问题日益凸显。三是从“高中—大学”一元化成才时代进入多元化成才时代。通过普通教育上大学的成长道路面临系统性挑战，多元化质量、多阶段分流、多路径成才，成为政府满足社会多样化学习需求、建立现代国民教育新体系的战略安排。四是从学校教育时代进入全民终身学习时代。有教无类具备了新的历史内涵，农民工转移培训和择业培训需求日益增长，文化素质、技能素质和职业道德远达不到社会进步和产业升级的要求，通过职业教育提高全民受教育年限的任务十分艰巨。

一方面，面对经济社会和教育发展的时代特点，适应转变经济发展方式的客观要求，顺应促进就业、改善民生的迫切需求，回应人民群众对多元化、高质量教育服务的强烈诉求，职业教育肩负着五个方面的历史使命：一是肩负着为建设人力资源强国培养数以亿计有职业道德、有中高级职业技能的劳动者的历史使命；二是肩负着支撑工业化、信息化、城镇化、市场化、国际化发展特别是解决“三农”问题的历史使命；三是肩负着承接普及九年义务教育之后，加快普及高中阶段教育、调整教育结构的历史使命；四是肩负着服务产业升级、经济结构调整、发展方式转变，培养高素质劳动者和技能型人才的历史使命；五是肩负着促进就业、改善民生和维护稳定的历史使命。完成好职业教育肩负的历史使命，迫切要求职业教育在保证办学规模的同时，提高办学质量，调整优化结构，深化改革创新，实现科学发展。

另一方面，国家和省《中长期教育改革和发展规划纲要（2010—2020年）》为职业教育改革发展提出了的新任务。2010 年是我国教育改革发展具有重要里程碑意义的一年。党中央国务院召开了新世纪以来第一次全国教育工作会议，印发了《教育规划纲要》，为各级各类教育未来十年的改革和发展，明确了战略目标，描绘了宏伟蓝图，开启了我国从教育大国向教育强国、从人力资源大国向人力资源强国迈进的新的历史征程。教育规划纲要专章对职业教育工作进行了系统部署，确立了以提高质量为重点推进职业教育改革创新和加强建设的路线图，明确了职业教育改革发展的根本任务。

特别是《河北省中长期教育改革发展规划纲要》的颁布，是我省教育改革发展史上一个新的里程碑，不仅对于推动未来十年教育事业科学发展具有重要意义，而且对全面建设小康社会、加快现代化建设、实现科学发展、富民强省必将产生重大而深远的影响。《教育规划纲要》对未来十年我省发展职业教育形成了一个核心、两条主线、五项重点的战略部署，同时规划实施一个试点、两项工程。一个核心，即以提高质量为核心。两条主线，即以改革创新和加强建设为主线。五项重点，一是巩固职业教育规模，保持与普通高中教育规模大体相当；二是深化内涵建设，提高人才培养质量；三是改革创新办学模式和人才培养模式，探索多样化发展路子；四是推进基础能力建设，重点提高师资队伍水平和改善办学条件；五是加快发展面向农村的职业教育，提高服务农村、农业、农民的能力。一个试点，即职业教育办学模式改革试点，探索发展职业教育的多种模式，满足不同群体的多样化学习需求。两项工程，即中等职业教育基础能力建设工程和中等职业学校教学改革及教育质量提升工程。国家和省《教育规划纲要》提出的关于职业教育改革发展的新的历史任务，要求我们必须紧密结合实际，把握重点领域和政策导向，选准工作路径和着力点，推动教育改革发展不断取得新的突破。

（四）现代职业教育体系建设要求进一步加快职业教育的改革与发展

当前，加快转变经济发展方式，要求我们必须转变职业教育发展方式；实现建设现代产业体系的战略目标，要求我们着力建设中国特色、世界水准的现代职业教育体系；全面建设小康社会，要求我们进一步提高职业教育的就业贡献率，提升全体国民的技能水平；实施科教兴国战略和人才强国战略，走向教育强国和人力资源大国，要求我们把职业教育放在更加突出更加重要的位置。国家和省《教育规划纲要》都提出了建设现代职业教育体系的战略目标，这既是历史机遇，也是时代要求。构建现代职业教育体系的任务十分繁重，在职业教育国家试点推进会上，鲁昕部长提出了十六项职业教育改革发展面临的新课题。一是更新人才观念。要树立全面培养、系统培养、多样化人才、人人成才、终身学习的理念。二是转变发展方式。着力促进职业教育发展由注重规模扩大，向强化内涵、提高质量转变；向促进各类职业教育统筹管理、系统衔接和协调发展转变；向依靠政府主导、行业指导、企业参与协同推进转变。三是创新管理体制。建立政府统筹、多元参与的体制，建立行业指导职业教育的工作体制，引导企业参与办学的政策体系和政策机制。四是履行政府职责。要加强政府主导，依法履行政府发展职业教育的各项职责；五是健全办学机制。支持行业在“教学指导、评价指导、规划指导、教师队伍指导”等方面发挥重要作用；

要推进大企业参与，加强与国家骨干企业的合作。六是创新培养模式。实行工学结合、校企合作、顶岗实习的人才培养模式。七是完善宏观政策。制定和实施促进职业教育改革和发展的国家层面政策、地方政府政策和学校层面政策。八是建立国家制度。加强国家职业教育制度的制定、执行和检查。九是完善质量标准。完善职业学校建设标准，专业设置标准、课程体系标准、教师资格标准、教职工编制标准、实训基地建设标准、质量评价标准等。十是完善课程体系。建设反映职业教育规律的专业、课程和教材体系，着力完善职业教育课程衔接体系。十一是增强基础能力。从提升产业建设支撑能力的新视角，不断改善职业学校办学条件。十二是强化投入保障。立足职业教育公益性质，多渠道增加职业教育经费投入。十三是提高信息技术应用能力。以信息技术改造传统教学，以信息化带动职业教育现代化。十四加快发展面向农村的职业教育。提升职业教育服务社会主义新农村建设的能力。十五完善评价机制，树立科学的质量标准，引入行业、企业以及社会组织参与人才评价。十六是加强区域合作。广泛促进东西部合作、东部支援西部等，实现共享资源、共同发展。所有这些，都要求我们进一步解放思想，改革创新，在新的历史起点上推动职业教育又好又快发展，为经济社会发展做出新的更大贡献。

三、河北特色现代职业教育体系设想

（一）准确定位我省现代职业教育发展目标

为全面贯彻落实国家和我省《中长期教育改革和发展规划纲要（2010—2020 年）》《中长期人才发展规划纲要（2010—2020 年）》，加快建设现代职业教育体系，服务经济发展方式转变和现代化建设，满足人民群众接受职业教育的需求，满足经济社会对高素质劳动者和技能型人才的需要，今后一个时期，我们必须加快培养服务科学发展的各种高素质技能型人才。《纲要》的全面实施和职业教育的高质量发展，最终将实现职业教育与我省经济建设和行业发展的充分对接以及与职业教育企业的深度融合，从而满足全省在学及在岗人员职业技能学习和个人进修成长的需要，满足全省结构性失业人员及农村劳动力转移等技能学习和转岗培训的需要，满足建设学习型社会、和谐社会和提高职业院校学生以及广大人民群众提高人文素养、科学素养的需要。

1. 重新确立职业教育在整个教育体系中的重要地位

历史上，我省中等职业教育曾经走在全国的前列。早在1989年，获鹿县（现石家庄市鹿泉区）就率先创建了全国第一个县级职业教育中心；1995年，推广确定了“县级职业教育中心办学模式”，开始在全省139个县（市）建立县级职教中心，开创了县县有职教中心的先河。我省高等职业教育的发展，在很多方面也走在了全国的前列：在获得第一个国家批准的示范性高职高专院校以后，到目前为止已有8所全国示范性高职高专院校和国家重点建设院校。这得益于各级政府把加快发展职业教育作为贯彻落实科学发展观、实施科教兴国战略和人力强国战略的工作重点，作为转变经济发展方式、推动产业结构调整、促进区域协调发展的重要基础，作为构建科学合理的教育结构、深度开发人力资源、促进人的全面发展的重要途径，作为缓解供求结构矛盾、解决“三农”问题、保障和改善民生的关键环节，摆在了更加突出的重要位置，并切实下力抓紧抓好；也得益于各地区、各有关部门把发展职业教育作为经济社会发展的重要基础和教育工作的战略重点，得益于坚持以服务为宗旨、以就业为导向的职业教育发展方针。几年来，我省各级各类职业院校累计为社会输送了300多万名毕业生，完成职业培训近1亿人次，为全省经济社会发展做出了重要贡献。

当前，世界经济正处于大发展大变革大调整时期。为推进经济繁荣和社会进步，许多国家都把发展职业教育、实现技能强国作为一项重要的战略选择。我国转变经济发展方式，构建社会主义和谐社会，迫切需要加快发展职业教育，加快建设现代职业教育体系，全面提升职业教育服务国家发展战略的能力和水平。我省近年来确立的“一产抓特色、二产抓提升、三产抓拓展”经济发展战略，大力改造提升传统优势产业、加快发展战略性新兴产业、全面拓展服务业以及加快发展现代农业，积极构建现代产业发展新格局，打造经济发展新优势，提高经济综合竞争力，也都要求我们重新认识职业教育，切实重视职业教育，真正关心、支持和依靠、利用职业教育。

2. 科学合理地确立我省职业教育的发展目标

要遵循职业教育发展规律，实现职业教育科学发展。要以科学发展观统领职业教育事业改革发展全局，以服务经济发展方式转变、全面建成小康社会为立足点，加快发展现代职业教育，加快建设现代职业教育体系。要全面贯彻党的教育方针，遵循职业教育规律和技能型人才成长规律，坚持以人为本，全面实施素质教育，培养德智体美全面发展的社会主义建设者和接班人。要以服务为宗旨、以就业为导向、以提高质量为重点，面向人人、面向市场办学，转变职业教育发展方式，创新体制机制，深化教学改革，健全政策保障，着力提升职业教育的吸引力和现代化水平，为我省实现从人才资源大省向人力资源强省的转变提供强有力的教育支撑。

在职业教育的规模上，要保证中等职业教育年招生规模与普通高中教育继续保持大体相当，高等职业教育年招生规模占普通高等教育招生总量的一半左右，切实加强对城乡劳动者的技术技能培训力度，基本消除新增劳动力无技能从业现象。

在适应产业人才需求上，要对接第一、二、三产业的大格局，逐步提高现代农业、先进制造业、现代服务业、战备性新兴产业等急需技能型人才的培养能力和水平。要特别关注我省在创办经济实体、打造“行业巨人”活动中重点支持的百家优势企业、重点项目建设以及规模以上企业对技能型人才的需求。要加强与周边省、市的交流合作，在首都经济圈规划、中原经济区规划等国家层面政策实施和战略运作中寻求职业教育做大做强的良好机会，提高和增强培养培训能力，基本满足人民群众接受多层次、多形式、多领域、高质量职业教育的需求。

在办学体制机制上，要以建立政府主导、行业指导、企业参与的职业教育办学机制为基础，落实好政府的责任，强化统筹协调、权责明确、规范有序、运行高效的职业教育管理体制。应创造条件，努力形成社会各方深度参与，公办与民办共同发展的局面。

在基础能力建设上，要对接企业生产，坚持与企业技术进步同步提高职业教育实训设备技术水平。不断提高国家及省级示范型职业院校的数量和质量，造就一支高素质的教师队伍，形成一套较为完善的职业教育标准体系和质量保证机制，全面提升职业教育服务经济发展方式转变的能力。

（二）积极构建河北特色的现代职业教育体系

在国家加快发展现代职业教育的大背景下，我省职业教育迎来了良好的发展机遇。社会经济发展及各种产业结构调整政策的出台，对职业教育提出了更新更高的要求。各行各业都在呼唤期盼技能型人才的大量涌现，公众对教育体制的不断考问也在推动着整个教育系统的反思与改革，职业教育自身的发展也正在经历着深刻的变化，招生、办学、就业等各环节都要求职业教育能比以往更好地适应社会发展的多样化需求。

1. 河北特色现代职业教育体系总体框架

逐步完善职业教育的内部衔接通道，增强技能、技术型人才培养的系统性；通过职业院校与行业企业、职业院校与普通院校的外部对接，实现技能、技术型人才培养的针对性。要巩固中等职业学校的基础作用，重点培养技能型人才；强化高等职业院校的引领作用，重点培养高端技能型人才。在大胆尝试的本科层次职业教育培养取得成功经验后，尽快以适度规模设置本科层次的职业院校，重点培养复合型、创新型技术技能人才；研究、探索与技术技能人才培养相衔接的专业学位研究生招生和培养制度。

2. 河北特色现代职业教育体系的特色架构

在实现中等职业学校、专科层次职业院校、本科层次职业院校以及专业学位研究生等层次上下贯通的职业教育体系框架结构的基础上，优化职业教育的区域结构、专业结构和办学结构，实现全省范围内职业教育的均衡发展。

在总体规划上，考虑省情和专业结构、区域分布，在环京津地区、省会城市、南部临近中原经济区 3 个区域，合并部分高职院校甚至普通本科学校，分别筹建北部、中部、南部 3—5 所省属本科层次的高等职业学校。创造条件在这 3—5 所甚至更多的院校，设立硕士层次乃至博士层次的高等职业教育培养点。

在区域分布上，各县（市）要继续按照国家标准至少办好1所中等职业学校（县级职教中心）；各设区市要根据经济和社会发展需要，规划办好市区内的中等职业学校，重点办好1所高水平的、符合当地经济发展需要的高等职业院校；全省要加强对国家中职改革示范校及国家级重点中职学校的指导，加强对国家示范性高职的指导，切实发挥这些学校的示范引领作用；创造条件鼓励在较大的设区市设置本科层次的职业院校，并依托省重点建设的普通高等院校逐步扩大技术技能型专业学位研究生的招生规模。

在行业分布上，对全省重点发展的产业，行业主管部门和行业组织应支持建设若干所产教对接的示范性职业院校；鼓励行业部门与地市共建职业院校。支持重点建设的职业院校和行业企业办好一批覆盖产业链的职业教育集团，实现职业院校与企业的紧密联系和深度对接。推进产学研结合，鼓励行业、企业与职业院校联合建立研发机构，联合进行科技攻关，突破行业关键技术、研发重大技术装备、开发新工艺新产品。大力推进顶岗实习，鼓励大型企业举办、中小微型企业参与举办职业院校，支持各层次的民办职业教育做强做大。

在专业结构上，职业教育的整体专业结构要与我省经济发展对各类专业人才的需求相匹配，对照产业目录调整专业设置。逐步解决职业院校设置专业严重同质化的问题，分行业、分区域引导职业院校办出专业特色、形成专业规模。在政府主导下，发挥行业企业的引导和参与功能，建立职业院校专业设置的预测、预警机制，实现职业院校专业调整的动态共建平台。

在学校类别上，除正规学历教育学校外，应该融入不同教育形式的学校，如成人学校、广播电视大学、函授学校等各种类型、各个层次的有关学校和教育机构，构建开放的现代职业教育体系。

在课程设置上，以中高职衔接为基础，综合考虑不同类型学校的衔接互通。互通的根本，是教育资源的共享和学分的互认以及升学、转学的灵活性。所有这些，必须使教材、课程、教学方法有前后贯通的密切衔接。

在概念认识上，对职业教育尤其是高等职业教育涉及的学校或教育机构范围，应该有一个权威的、新颖的、符合社会实际和教育规律的重新界定。相当一部分与就业联系密切的专业性学校，或综合性大学内的相关专业，按照培养方向、培养目标，自然地应该划归职业教育，如工科大学、医科大学、农科大学、师范大学等类学校或其相关的专业。这样做，不只是概念上的清晰，更是符合现代职业教育理念的要求。这样做，延伸了职业教育的层次，丰富了职业教育的内涵，提高了职业教育的地位，体现了职业教育培养模式、培养规格多样化的思想实质，将使我们的人才培养“立交桥”更加四通八达。

3. 构建职业院校学生成长发展的立交桥

突出以人为本，强化职业院校学生就业创业能力培养，拓宽学生继续学习的途径，为学生职业生涯持续发展提供多种机会和选择，应该是现代职业教育发展的一种成熟标志。

完善体制机制，加强职业教育与普通教育、继续教育的沟通衔接，逐步形成体现终身教育思想的人才培养立交桥，允许职业教育与普通教育之间互通、互转，形成职业学校教育与职业培训并举、全日制与非全日制并重、学历教育与非学历教育协调发展、职业教育与普通教育相互沟通、职前教育与职后教育有效衔接的现代职业教育体系。逐步扩大职业学校对口升学规模，在健全职业教育课程衔接体系的基础上，完善职业学校毕业生直接升学制度。

改进评价考核方法，完善单独招生、对口升学、注册入学等职业院校毕业生升学制度。拓宽职业院校毕业生在职继续学习通道，推动建立将工作经历和业绩作为优先录取条件的制度。建立重视实际技能和工作绩效的职业教育招生考试制度，探索学生综合素质的多种评价方式。积极推进学历证书和职业资格证书“双证书”制度，引导各级职业院校健全技能竞赛推进办法，加快形成层层有竞赛的局面，为学生走向社会提供平台。以学分积累与转换制度为基础，鼓励同一层次职业院校与其他类型学校之间课程互设、学分互认，不同类型学习成果相互衔接。

（三）创新产教融合的职业教育办学机制

1. 重视职业教育与产业的协同发展

市、县人民政府要真正把人才资源作为第一资源，统筹各项事业发展与人才资源开发，特别是技能型人才的培养、使用和管理。各级政府在制定区域经济社会发展规划时，要统筹安排职业教育发展内容；行业部门制定实施产业发展规划时，要同步开展行业人才需求预测和人才培养，推动职业院校、职业教育园区与产业园区协同发展，推进教育链、人才链和产业链之间的有效衔接。在政府主导下，建立经常性的对话协商机制和工作平台，促进信息交流，拓展合作渠道，密切人才培养与行业、企业人才需求的联系，实现职业教育与产业的相互支持、相互协作、相互融合。

2. 加强行业对职业教育的指导

职业教育的功能特点，决定了职业教育要发展，离不开行业主管部门和行业组织的宏观调控、指导和大力扶持。因此，各行业主管部门应统一思想，提高认识，共同为职业教育的改革与健康发展继续发挥应有的特殊作用。必须切实加强对职业教育工作的帮助和指导，这是确保职业教育健康发展的重要保证。行业、企业与职业教育机构之间密切合作培养人才的成功实例也很多。长期以来，我国的骨干行业——石油、铁路、煤炭、电力等，都对本行业各类教育培训的教学内容、课程、大纲以及相应的实验实习装备进行相应的标准修订并实施指导和评估。

行业组织熟悉企业的生产工艺技术特点，了解行业的历史、现状和发展趋势，对本行业从业人员的素质要求有着深刻的认识，在开展行业人员需求预测、制定行业职业教育和培训规划、制定职业技术标准、编写职业教育和培训教材、沟通职业教育和培训信息等方面有其独有的优势。在政府主管部门的调控和指导下，充分利用和发挥行业组织的优势，将对职业教育和培训健康发展起到积极的作用。行业组织可以开展行业人力资源预测、制定行业职业教育和培训规划、指导行业职业教育、职工培训和职业技能鉴定、参与相关专业的课程教材建设和教师培训等工作，也可以举办职业学校或职业培训机构。

各级政府要建立支持行业发挥指导作用的政策体系，提升行业指导职业教育工作的能力。

3. 强化职业教育的校企一体办学模式

强化鼓励校企合作的政策、制度和机制建设，更主要的是调动企业的积极性，落实企业的法律责任，推进校企合作制度化。国家在行业企业举办职业教育方面的政策，既是职业教育事业发展的根本保障，又是提高社会对行业企业作用认识的重要措施。早在1994年，国务院关于《中国教育改革和发展纲要》的实施意见中就明确指出："要建立和完善现代企业教育制度，通过立法，明确企业举办职业教育及对在职职工进行岗位培训和继续教育的责任。"《国务院关于大力推进职业教育改革与发展的决定》及嗣后的相关文件都指出，要充分依靠企业举办职业教育。企业要根据实际需要举办职业学校和职业培训机构，强化自主培训功能，加强对职工特别是一线职工、转岗职工的教育和培训，形成职工在岗和轮岗培训的制度，实行培训、考核、使用、待遇相统一的政策。有条件的大型企业可以单独举办或与高等学校联合举办职业技术学院。中小企业应依托职业学校和职业培训机构进行职工培训和后备职工培养。企业举办的职业学校和职业培训机构应积极面向社会开展职业教育和培训。

全省范围内，应支持一批职业院校与企业合作开展校企一体化办学实践，探索企业接收职业院校学生实习实训和教师实践制度，引导企业与职业院校共建共享生产性实训基地、产品设计中心、科技创新中心、工艺技术服务平台和技能鉴定站（点），合作培养师资，联合开发教材，实现校企深度融合。对主动参与或举办职业教育的企业，政府应给予奖励和补偿，并把企业参与或举办职业教育的情况纳入企业社会责任报告。

职业院校也要积极吸收行业、企业参与办学和教学管理，建立企业高层管理人员、技术团队与职业院校校长、骨干教师相互兼职任职制度。通过引进企业设备、人员、技术，以企业生产和服务流程为导向，设计、建设学生实训场地和设施，使之成为生产性实训的重要场所。

4. 扩大职业教育集团化办学覆盖面

结合我省装备制造、电子信息、物流、新能源、新材料、新医药、现代农业、现代服务等产业，强化职业教育集团化办学的规模和质量，积极组建多种形式的职业教育集团，吸收更多的职业院校和企业融入职业教育集团。特别要鼓励示范性职业院校、行业组织和大中型企业牵头组建职业教育集团。推动职业教育集团化办学基本覆盖重点产业、大型企业和主干专业。重点推进以产业和专业为纽带，校企合作、城乡联合、中高职协调发展的集团化办学。加快建立适应市场经济体制的职业教育集团治理结构和决策方法，推动职业教育集团的务实性合作，促进集团成员之间资源共享、优势互补、合作共赢。

（四）不断深化职业教育内涵建设

1. 加强职业院校德育工作和校园文化建设

坚持以人为本、德育为先，把当代社会主义核心价值体系融入职业教育全过程。遵循职业院校学生身心发展的规律和特点，结合用人单位的反馈和要求，拓展德育途径，丰富德育内容，深化德育和思想政治课程改革，充分发挥课堂教学和实训实习在学生思想道德教育中的主导作用。不断创新德育载体，改进德育工作的方式、方法，增强德育工作的针对性、实效性、时代性和吸引力。引导学生树立职业意识和职业理想，培养学生创新精神，加强以诚实守信和爱岗敬业为重点的职业道德教育。采取多种形式开展职业生涯教育。

促进产业文化和优秀企业文化进校园，中华优秀传统文化进校园、进课堂、进教材，建设体现社会主义特点、时代特征和职业教育特色的校园文化，积极发挥文化育人的作用，加强人文社会科学知识的传授和教育熏陶。

建设一支以学校党政干部和共青团干部、德育课教师、班主任和辅导员为主体，企业技术人员参与的思想政治教育工作队伍，教育学生热爱劳动，尊重职业，敬畏岗位。充分发挥党团组织在学生自我教育、自我管理、自我服务中的作用。围绕学生的健康成长，构建学校、家庭、社会（企业）

等紧密协作的德育网络。

2. 改革职业教育人才培养模式

职业教育与经济社会的发展密切相关，使得职业教育必须坚持理论与实践的结合，注重在理论指导下以实践能力为核心，对学生进行职业技能的培养和提高。因此，要正确认识和科学定位职业教育，把“立足国家、服务社会、完善人生”的办学理念落实到市场需求的培养目标，担负起培养高素质劳动力的教育重任。

（1）加强骨干专业、特色专业建设。在骨干专业、特色专业定位上必须以市场为导向，以培养市场需要的人才为目标，不断适应社会和学生自身发展的需求。要重视市场调查工作，注意既要依靠企业的参与和经济的发展，但又不能完全依赖。在深入调查研究区域经济建设和社会发展需求、生源与就业意愿取向情况、学校现有基础及与行业企业合作情况的基础上，认真深入进行分析、论证，形成专业的建设规划和科学的调整机制，使专业的开办与退出均有切实的依据、明确的原则和科学的机制。在专业建设过程中应注意相关专业的专业群建设，并确保职业教育的科学性与前瞻性。

（2）加强学生就业创业和继续学习能力培养。实行工学结合、校企合作、顶岗实习，鼓励校企合办专业、共建实训基地，实行委托培养、定向培养、订单培养，推动职业教育与产业、学校与企业、专业与职业、课程内容与职业标准、教学过程与生产服务过程有机融合。要从注重知识的应用能力、学习能力和实验能力的视角出发，坚持培养和培训并举，职前教育与职后教育相结合，全日制教育与工学交替、半工半读教育相结合。校企之间应加强联系，积极沟通，进行协调。学校必须转变观念，拓宽路子，主动寻求与企业接轨，积极争取企业的支持，开展好与企业的合作，实现与学生的专业性教育、职业化培养的目标，以此来提升学校的知名度和社会的关注度、认可度；学生要摆正“位置”，转变就业观念，实现学校、学生、企业三方的共同发展。

（3）科学研究、制定人才培养方案。深化课程改革，通过课程设置体现必要的文化基础和职业知识的系统学习，体现职业能力的系统训练等客观要求，逐步建设课程体系更新调整的科学机制；课程改革需用先进的理念来引领，按照典型职业工作过程设计教学活动，在职业活动情境中展开教学活动，并高度重视学生关键能力的培养。深化校企合作是深化课改的基石，要推进工作过程系统化的课程改革，必须有企业的广泛参与。每个专业必须有几家与之深度合作的企业，必须有与之密切交流的企业技术与管理人员，必须建立一个有效的校企合作平台，将校企合作落实到各专业教研室，落实到课程、教材和教学的各个环节。各专业的课程改革、实训基地的建设、学校的专业文化等都要注意融入企业文化的元素，推动校企合作从物质层面的合作向人力、文化等层面的合作转变。建立专业师资赴企业进修与调研制度、学生进企业车间实习制度、企业专业辅导员制度等。

（4）加强专业课程的校本化、职业化。组织教师和行业专家开发特色教材，并形成符合自身特点的教材开发模式与管理机制，把职业特色教材的开发、使用、更新常态化、机制化，并定期进行评估。职业特色教材的开发和课程的建设要具有实践性、职业性、系统性。职业教育课程是一个有机的系统，它应具备系统所具有的整体性、关联性和等级结构性、动态平衡性、时序性等特性。它既不是各个单个课程的机械组合或简单相加，也不是课程各构成要素孤立的存在。每个课程构成要素在课程系统中，都应该和学校相关的专业相呼应，和工厂车间相应的工艺工序相呼应，和职业岗位相对接。

3. 加强职业教育教师培养培训

在今天劳动者和用人单位双向选择的市场机制下，职业学校必须能够适应市场经济的需要，把提高受训者的职业技术能力放在首位。因此，当务之急是要建立一支专业门类齐全、数量足够、具有良好思想素质和业务素质的实习指导教师队伍。但目前只靠职业学校的师资力量显然是不够的，依靠国家派师资满足实训实习教学需要也是不现实的，完全由学校培训这类师资又远水不解近渴。而我国企业有一部分理论与实践兼优的工程技术人员和能工巧匠可以担负起实训实习教学的重任。因此，采取从企业中聘请“实训实习”指导教师的办法来解决职校实习指导教师数量严重不足和素质不高的问题，使职业教育适应于市场经济的需要是现实可行的。

另一方面，职业学校专业教师和实习指导教师除具有教师资格以外，还应参加相关专业技术职务资格的社会考试或职业技能的鉴定，获得相应资格。职业学校应该创造条件，安排教师到企事业单位进行实践和考察，加强学校和企业间人员和技术的交流。这也就是说，“双师型”师资队伍包括两个方面：一是指职业学校的师资队伍应由学校教师和企业技术人员这两类人员组成；一是指职业学校教师本身应该有条件和能力具备两种资格、两种身份、两种能力。

教师既是最重要的课程资源，也是课程构筑的主体。全面改善师资结构，提高师资的整体水平是课改得以顺利实施的关键。学校要对教师进行教育理念、知识结构、教育行为等方面的开发和重构，使教师真正成为课程的学习者、开发者、合作者。我们认为，工作过程系统化的课改实践同时也是教师工学结合的过程，教师只有亲身实践，“学中改，改中学”，才能真正确立职业教育课程理念，把握职业教育规律，熟悉课程开发技术，从而有效开发和实施课程。只有形成贯穿整个课程改革所必须具备的学校“双师型”教师、骨干教师和专业带头人三个层面的工作梯队，全面改善专业师资结构，才能有力地保障课程改革有效、顺利地推进。

要把“双师型”教师、骨干教师和专业带头人的培养、管理与考核作为一项重要建设任务，制定落实规划，并建立有效的师资队伍建设、管理、考核机制，探索建立和落实校企紧密合作的兼职教师队伍建设管理机制。职业院校应把兼职教师队伍建设作为校企合作的重要内容；要主动与企业在学生实习、专业设置与课程开发、“订单式”教育与就业推荐、人才互聘与培训等方面开展合作，通过实施校企合作，使合作企业成为职业院校兼职教师的聘任源地，同时也成为培养教师的主要场所；应出台加强兼职教师队伍建设方面的规章制度，明确兼职教师聘任的条件、程序、主要措施、管理与考核以及如何核定兼职教师的编制和费用等。建立健全兼职教师队伍建设的激励和约束机制，为兼职教师队伍建设提供制度保障。制定中等职业学校教师专业标准。完善职业院校教师资格准入制度。办好职业技术师范院校和其他本科院校职业技术教育（师范）学院，逐步推行职业教育师范生免费教育。探索职业院校教师攻读硕士、博士专业学位制度。完善以企业实践的时间累计不少于两个月。

4. 推进职业教育基础能力建设

组织实施职业院校达标建设计划，到 2020 年，实现职业院校总体达到国家规定的办学标准，生均校舍面积、图书和仪器设备总值逐年提高，规范化、现代化建设水平明显提高。根据职业院校基本办学标准，完善专业设置、课程体系、教师资格、教职工编制、实训基地和质量评价等方面的标准，作为学校办学和经费投入的基本依据。继续争取一批优质学校进入国家示范（骨干）高等职业院校建设计划、国家中等职业教育示范校计划。继续实施省本级职业教育实训基地建设计划，督促市县制定相应措施支持职业院校建设。制定并落实职业院校实施设施建设标准，实现学校实训设备技术水平与企业同步提高。地方政府、行业部门和大型企业要加强本地区、行业和单位举办的职业院校建设，全面改善学校办学条件。

5. 提高职业教育科研教研水平

教育科研是推动职业教育科学发展的基础性保障性工作。当前，职业教育还处于深化改革创新、加强内涵建设、全面提高质量的攻坚阶段。职业教育所面临的体制机制不完善，学校办学活力不足，学校与企业、专业设置与职业岗位对接不够紧密，人才培养的针对性不强，学生进入社会和就业的能力不强，创新型、服务型人才短缺等种种问题和不足，都需要我们在加快发展现代职业教育的进程中予以解决，从而在全面提高教育质量的改革中，进一步适应国家经济和社会发展以及人民群众接受良好教育的需要。

职业教育科研教研关系到职业教育的发展方向和发展路径，建立起能够深入开展职业教育的理论探索和实践性研究的体系，将在职业教育发展中的经验和教学进行总结分析，为今后的发展提供理论支持是非常必要的。因此，要加强职业教育科研教研机构、学科和队伍建设，增强科研教研探寻规律、服务决策、创新理论、指导实践的能力。实施职业教育科研教研攻关计划，围绕职业教育重大理论和现实问题开展专项研究。

6. 加强对职业教育的督导评估，扎实推进职业教育质量评价体系改革

建立和完善职业教育督导评估工作机制，通过对职业院校的专项检查和综合评估，督促有关部门落实产业政策、举办责任、经费投入等保障措施，保障各项法律、规章和政策落到实处。同时，引导职业院校加强教师队伍建设、办学机制改革和学校内涵建设等，不断提高职业教育的质量。

探索职业教育质量评价的新途径、新措施，建立科学评价职业教育质量的指标体系，突出以贡献为导向的学校评价模式和以能力为核心的学生评价模式。把行业规范、职业标准和企业用人要求作为质量评价的重要依据，把毕业生就业率、就业稳定率、专业对口率、创业成效、用人单位满意度、学生职业道德素质和持续发展能力、职业院校对区域经济发展的能力等作为质量评价的重要指标。试验第三方机构参与的职业教育质量评价机制。

（五）拓宽面向城乡的职业教育

1. 加快推进农村、农业职业教育发展

以服务新农村建设和现代农业发展为目标，地方政府要加强基础教育、职业教育和继续教育统筹，加快推进面向农村、农业的职业教育。加强县级职教中心建设，充分发挥乡村成人文化技术学校及各类农业技术推广培训机构的作用，健全县域职业教育培训网络，将其办成学历教育、职业培训、科技推广和扶贫开发服务的基地。

加强高产优质种植养殖、设施农业、农业产业化经营、农产品加工和农业服务等涉农专业、课程和教材建设，支持建设一批公益性涉农专业产业园区和农林类实训基地，建设农业类高等学校、农业推广机构、科研院所与农业职业院校联系合作机制，把农业职业教育作为农业科研与农业推广之间的人才支撑。在农村职业中学、农业中专与农业高职、农业大学间建立绿色通道，扩大农业高职、农业大学对口招生规模，增加农业类中等学校毕业生继续深造的比例。在政府统筹下，大力推行联合办学，吸引农业企业、农业科研、农业推广等机构参与办学，解决农业职业教育在经费、

师资、设施、基地、就业等方面的问题。

2. 统筹区域和城乡职业教育发展

就全省整体来看，职业教育的发展还不平衡，石家庄和环京津地区经济比较发达，职业教育资源丰富；经济不发达的地区，职业教育资源有限而且落后。今后应建立发达地区与落后地区、城市与农村职业教育长效协作机制，发挥发达地区和城市优质职业教育资源对落后地区和农村职业教育的辐射、带动作用。城市与农村职业院校要加大联合招生规模，加强在学校管理、专业建设、教学改革、教师培训、招生就业等方面的合作。必要时，实行城市职业学校与农村职业学校的对口帮扶，使一些发展相对落后、基础相对薄弱的职业学校尽快摆脱困境。

3. 改革职业教育招生考试制度

加强对中等职业学校和普通高中招生的统筹管理，保持职普招生比例大体相当。进一步扩大高等职业院校单独招生的规模和范围。探索高等职业院校根据高中阶段教育学业水平考试、综合素质评价和职业性向测验等综合录取新生，完善和推广“技能＋知识”的考核方式，扩大中等职业学校毕业生升入高等职业学校继续学习的比例。适当提高本科院校招收中等和高等职业院校毕业生的比例。

（六）完善现代职业教育体系的保障机制

1. 下大力落实职业教育的财政投入

国家出台了一系列投入政策，但还没有建立起有序的投入机制。积极争取中央的专项支持和引导性支持，省市县财政新增教育经费要向职业教育倾斜。要保证职业教育财政投入年增幅高于法定增长，逐步提高职业教育投入占财政性教育经费的比重。各级财政教育投入年度增量用于职业教育的比例不低于35％。制定和实施中等和高等职业院校生均财政拨款标准。中等职业学校生均财政拨款标准要不低于高等职业院校生均财政拨款标准80％。高等职业院校生均财政拨款标准应达到本地区普通本科院校生均财政拨款标准，到2015年要实现不低于本地区普通本科院校生均财政拨款标准的80％。

2. 坚持以地方为主统筹职业教育经费

各地要从全局出发，综合考虑地区经济社会发展、产业结构升级、技能人才结构和劳动者就业需求等因素，积极筹措资金，支持职业院校的运行保障。省、市两级政府要依法加强对财政教育经费、企业职工培训经费、就业经费、农业技术推广资金、扶贫和移民安置经费、失业保险费等各类职业教育经费的统筹。鼓励企业事业单位、社会团体和公民个人通过政府部门或非营利组织向职业院校进行资助和捐赠，按规定给予税收优惠政策。鼓励金融机构通过贷款、市场融资、租赁等方式支持职业院校建设。职业院校学费收入主要用于学校发展，有关部门不得用其冲抵正常的拨款，也不得以任何理由进行截留、调拨或划转。积极探索利用民间资本发展职业教育的途径和机制。

3. 鼓励企业加大对职业教育的投入

企业要按《职业教育法》的规定实施职业教育和职工培训，承担相应的费用。一般企业要按照职工工资总额的1.5%足额提取教育培训经费，从业人员技术要求高、培训任务重、经济效益较好的企业，可按2.5%提取，列入企业成本。企业技术改造和项目引进，应按规定比例安排资金用于职工培训。对不按规定提取和使用教育培训经费，经责令改正而拒不改正的企业，由县级以上地方政府收取其应当承担的教育培训经费，用于本地区的职业教育。企业用于职业教育的社会捐赠按照税收法律法规的有关规定，享受相关税收优惠政策。对于举办非营利性职业院校的企业，实行教育附加部分返还企业的制度。企业支付给学生的实习报酬，可以按照税收法律法规的规定在企业所得税前扣除。民办职业教育机构用于购买培训设备、设施的支出按照现行税收法律法规的相关规定，予以税前扣除。

河北省教育厅人文社会科学研究项目

成 果 证 书

编号：　2013072

项 目 名 称：　河北特色现代职业教育体系建设研究

立 项 编 号：　SKZD2011206　　　　项目类别：　重点项目

项目负责人：　刘凤彪　　　　成果形式：　论文

课题组成员：　王者鹤 柳连中 史帆 张斌 魏进平 王振鹏 刘兰明 高智

河北省教育厅

2013 年 2 月 25日

河 北 省 教 育 厅

对《河北特色现代职业教育体系建设研究》的综合评价

省职教发展研究中心承担的《河北特色现代职业教育体系建设研究》，立足经济发展方式转变和产业结构调整需要，围绕终身教育和人的全面发展，对现代职业教育体系建设进行了初步的探索研究，为我省在全国率先开展的本科层次职业教育试点工作，提供了学术上的支持。

该研究尝试提出了河北特色现代职业教育体系建设的基本目标和总体框架及特色架构，着力构建开放的办学体系，搭建职业院校学生成长发展的立交桥，实现职业教育培养模式、培养规格的多样化。研究结果对我省教育系统贯彻、落实十八大精神和《教育发展规划纲要》，加快发展现代职业教育，深化办学模式改革，具有一定的参考、借鉴价值。

希望继续对本科及以上层次的职业教育进行系统、全面的研究，特别是对我省先期开展本科职业教育试点的4所示范性高职院校的教育教学质量、人才培养质量，进行跟踪研究和办学水平评价。

二〇一二年十二月二十日

河 北 省 教 育 厅

对《河北特色现代职业教育体系建设研究》的综合评价

省职教发展研究中心承担的《河北特色现代职业教育体系建设研究》，立足经济发展方式转变和产业结构调整需要，围绕终身教育和人的全面发展，对现代职业教育体系建设进行了初步的探索研究，为我省在全国率先开展的本科层次职业教育试点工作，提供了学术上的支持。

该研究尝试提出了河北特色现代职业教育体系建设的基本目标和总体框架及特色架构，着力构建开放的办学体系，搭建职业院校学生成长发展的立交桥，实现职业教育培养模式、培养规格的多样化。研究结果对我省教育系统贯彻、落实十八大精神和《教育发展规划纲要》，加快发展现代职业教育，深化办学模式改革，具有一定的参考、借鉴价值。

希望继续对本科及以上层次的职业教育进行系统、全面的研究，特别是对我省先期开展本科职业教育试点的4所示范性高职院校的教育教学质量、人才培养质量，进行跟踪研究和办学水平评价。

二〇一二年十二月二十日

专题三　京津冀协同发展背景下河北省职业教育发展研究

国内外的发展经验表明，一个国家或地区增强综合实力和核心竞争力的重要举措之一就是大力发展职业教育，不断提升职业教育的质量和水平。经济社会发展对职业教育提出要求并提供保障，职业教育为经济发展、社会进步提供有力支撑，这是发达国家和地区经济社会发展的基本规律和普遍经验。在我国，加快发展现代职业教育既是经济振兴和社会发展的迫切需要，也是实现新型工业化、信息化、城镇化和农业现代化，促进经济社会协调发展，全面建成小康社会的必然选择。

国家京津冀协同发展的战略规划，要求重新审视京津冀职业教育的发展，这为河北省现代职业教育体系建设提供了新的、更高的要求。因此，河北要充分把握国家层面大力推动协同发展的重大机遇，借鉴国内外发达地区职业教育发展的成功经验，打破行政壁垒和制度障碍，推进京津冀三地校际合作、校企合作，充分吸收和利用京、津丰富、优质的职业教育资源，实现资源共享和优势互补，全面提升河北省职业教育的层次、规模和质量，把河北这个职业教育大省建成职业教育强省。

站在京津冀协同发展的大背景下，区域职业教育的整体协同发展，在省际层面要设立京津冀区域职业教育发展的政府协调机构，建立政府层面的职业教育协调机制，明确京津冀区域职业教育发展战略，加强京津冀职业教育发展政策引导及法规保障，建立京津冀区域职业教育资源共享机制。

河北省职业教育要在京津冀协同发展战略下，深化与京津的合作，要打造比京津更有利于合作的职业教育体制；制定更多具有针对性和可操作性的政策措施，增强河北对京津各种优质资源和各办学主体的吸引力。校际之间要通过联合办学，实现京津冀职业教育共同发展；通过专业共建，增强区域内职业教育与产业的适应性；通过京津冀校际间、校企间的师资交流，提高我省职教师资的整体水平；通过基地共享，创新产教融合的职业教育办学机制；通过推进产学研合作，增强我省职业教育服务社会的能力。

应该看到，河北职业教育迎来了京津冀协同发展和国家建设现代职教体系的双重机遇。各级政府及教育主管部门要依据京津冀协同发展战略、河北省产业结构调整和承接京津外溢辐射的功能定位以及各地的不同产业体系发展重点等，研究制定职业教育结构优化、内涵建设的对策措施，从而满足京津冀协同发展对各类技术技能型人才的需求，实现人的全面发展。

一、河北省在京津冀协同发展中的功能定位

（一）京津冀协同发展的提出

2014 年 2 月 26 日，中共中央总书记习近平在听取京津冀协同发展专题汇报时，将京津冀协同发展上升为国家战略，并对三地协作提出了七项具体要求。

京津冀概念提出的时间虽然较早，但区域合作发展的成效一般。

2004 年，国家发改委启动了京津冀都市圈区域规划编制，采取“2＋8”模式，京津加河北省的石家庄、保定、唐山、秦皇岛、廊坊、沧州、张家口、承德 8 个地级市。这份规划编制历时 6 年，于 2010 年 8 月 5 日上报国务院审批。由于种种原因，至今没有发布面世。

2005 年 1 月，国务院常务会议通过的《北京城市总体规划（2004—2020）》提出，积极推进环渤海地区的经济合作与协调发展，加强京津冀地区在产业发展、生态建设等方面的协调发展。

2006 年，国家发改委为充分听取社会各界对区域规划的意见和建议，进一步提高区域规划的公众参与度，在其门户网站主页的“建言献策”栏

目开辟了“京津冀都市圈和长江三角洲地区区域规划建言献策”专题。

2011 年，国家发改委了启动首都经济圈的规划和编制工作。在 2012 年的区域规划审批计划当中，首都经济圈的发展规划位居首位，但进展一直较慢。

2011 年 3 月，国家“十二五”规划纲要发布，将“首都经济圈”纳入国家区域发展总体战略，并将打造“首都经济圈”作为推进京津冀区域经济一体化发展、支持东部地区率先发展的战略重点。

2011 年 12 月，国家发展改革委副主任杜鹰在新闻发布会上曾表示：“现在看来，京津冀地区的规划工作还没有完全做到位。”

图 3-1　京津冀都市市圈区域规划

（http：//zx.lf.gov.cn/zx2010/html/jjdt/1960html）

2014 年 3 月 5 日，国务院总理李克强在做政府工作报告时指出，要加强环渤海及京津冀地区经济协作。这是自 2004 年提出京津冀都市圈以来，“京津冀”作为一个词组第一次在政府工作报告中出现。

（二）京津冀协同发展过程中的国家政策引领

习近平总书记一直十分关心京津冀协同发展。2013 年以来，在 10 个月内分赴京津冀三地考察，多次就京津冀协同发展做出重要指示，强调解决好北京发展问题，必须纳入京津冀和环渤海经济区的战略空间加以考量，以打通发展的大动脉，更有力地彰显北京优势，更广泛地激活北京要素资源，同时天津、河北要实现更好发展也需要连同北京发展一起来考虑。

2013 年 5 月 14 日—15 日，习近平在天津武清区的农田、滨海新区生物医药研究院、中新天津生态城等地考察，就发展都市型农业、科技创新、建设资源节约型和环境友好型社会进行调研。他在调研时提出要谱写新时期社会主义现代化的京津“双城记”，希望天津加快发展现代都市型农业，滨海新区要试行重大改革措施，为全国改革发展积累经验，并提出加快发展服务业，形成与现代化大都市地位相适应的服务经济体系。

2013 年 8 月，习近平在北戴河主持研究河北发展问题时，提出要推动京津冀协同发展。

2014 年 2 月 25 日，习近平在北京市规划展览馆、玉河、第九水厂、北京市轨道交通指挥中心等进行调研，了解城市规划、环境治理、交通以及老城区改造情况。他强调，首都规划务必坚持以人为本，统筹人口资源环境，规划折腾是最大的忌讳。他同时提出，环境治理对北京是一个系统工程，而大气污染是北京发展面临的最突出的问题，因此要本地治污和区域协调相互促进，多地联动；要把解决交通拥堵问题放在城市发展的重要位置，加快形成高效绿色的综合交通体系。

习近平指出，北京要明确城市战略定位，坚持和强化首都全国政治中心、文化中心、国际交往中心、科技创新中心的核心功能，要调整疏解非首都核心功能，优化三次产业结构，优化产业特别是工业项目选择，突出高端化、服务化、集聚化、融合化、低碳化，有效控制人口规模，增强区域人口均衡分布，促进区域均衡发展。

从总书记的讲话中可以看出，北京的“经济中心”概念不见了，而且要把一些产业功能分离出去，说明北京要在京津冀政策规划中做出经济方面、产业功能、社会功能方面的让步。

2014 年 2 月 26 日习近平总书记在北京主持召开座谈会，专题听取京津冀协同发展工作汇报。习近平明确指出，北京、天津、河北人口加起来有 1 亿多，土地面积有 21.6 万平方公里，京津冀地缘相接、人缘相亲，地域一体、文化一脉，历史渊源深厚、交往半径相宜，完全能够相互融合、协同发展。推进京津冀协同发展，要立足各自比较优势、立足现代产业分工要求、立足区域优势互补原则、立足合作共赢理念，以京津冀城市群建设为载体、以优化区域分工和产业布局为重点、以资源要素空间统筹规划利用为主线、以构建长效体制机制为抓手，从广度和深度上加快发展。推进京津双城联动发展，要加快破解双城联动发展存在的体制机制障碍，按照优势互补、互利共赢、区域一体原则，以区域基础设施一体化和大气污染联防联控作为优先领域，以产业结构优化升级和实现创新驱动发展作为合作重点，把合作发展的功夫主要下在联动上，努力实现优势互补、良性互动、共赢发展。强调实现京津冀协同发展，是面向未来打造新的首都经济圈、推进区域发展体制机制创新的需要，是探索完善城市群布局和形态、为优化开发区域发展提供示范和样板的需要，是探索生态文明建设有效路径、促进人口经济资源环境相协调的需要，是实现京津冀优势互补、促进环渤海经济区发展、带动北方腹地发展的需要，是一个重大国家战略，要坚持优势互补、互利共赢、扎实推进，加快走出一条科学持续的协同发展路子来。

同时，习近平总书记就推进京津冀协同发展提出七点要求：一是要明确三地功能定位、产业分工、城市布局、设施配套、综合交通体系等重大问题；二是要自觉打破自家“一亩三分地”的思维定式，抱成团朝着顶层设计的目标一起做；三是要理顺三地产业发展链条，形成联动机制，对接产业规划，不搞同构性、同质化发展；四是要促进城市分工协作，提高城市群一体化水平，提高其综合承载能力和内涵发展水平；五是要加强生态环境保护合作，完善防护林建设、水资源保护、清洁能源使用等领域合作机制；六是要把交通一体化作为先行领域，加快构建快速、大容量、低成本的互联互通综合交通网络；七是要加快推进市场一体化进程，破除限制生产要素自由流动和优化配置的障碍。

（三）学术界对京津冀功能定位的理解

中华工商时报副总编辑、北京工商大学经济学院教授刘杉认为中央关于京津冀发展安排，实际包含了三个重要含义：一是协调京津冀区域发展，消除环境污染源，促进经济增长；二是解决北京“大城市病”，让北京放下沉重包袱；三是给河北还账，尽快让其摆脱落后局面。

一些专业人士提出，在北京、天津及河北形成“国际城市—国际港口—冀中平台”“研发—转化—生产”“高端制造—高端服务”等发展模式、发展亮点，必然大大推动京津冀的发展进入一个全新的良性循环阶段。

中央财经大学证券期货研究所研究员、中经产业基金理事会秘书长宏皓认为，京津冀协同发展应当是将京津冀地区的产业转型升级：北京的传统制造业都应当迁出北京迁到河北去，北京只发展轻资产的服务业，如金融服务、互联网企业等占地少的高端产业。天津应当以港口物流为主，打造世界上一流的物流企业，形成物流产业集群。河北成为制造业基地，将京津的制造业都转移到河北去，在河北形成一个个制造业的产业集群。在京津冀产业转型升级的同时，京津冀的农业产业也要升级，京津冀的农业要向大型现代化的股份制农场转型，通过现代化的大型股份制农场让农业产业升级，为中国及全世界生产安全的绿色食品。京津冀在各自的产业转型升级定位中必须通过金融创新，五年内将各自的产业打造成中国及亚洲一流的产业，用十年的时间将各自的产业打造成为世界上一流的产业，即在京津冀一体化的过程中完成各自的产业转型升级。这既能优势互补，更重要的是又打造了一个区域性可持续的、中国新的经济增长点，给中国经济转型升级提供一个历史性的机遇。

瑞穗证券亚洲公司首席经济学家、复旦大学经济学院客座教授沈建光认为，京津冀协同发展首先是京津冀三地户籍制度放开，统一用大首都户口，这是推动要素按照市场规律在区域内自由流动和优化配置的第一步。同时，京津冀公共资源共享，推进高考录取公平与教育医疗机会均等；其次是在京的非核心功能的政府机关、国企、事业单位外迁至天津和河北，包括部分央企总部、科教文卫机构，防止“巨无霸”的北京再度扩张。总之，从京津冀着手推动新型城镇化改革意义重大且难度较大，但如能取得突破，不仅体现了决策层推动新型城镇化的决心，为全国改革积累经验，也将极大发挥城市化对经济增长的拉动作用，可谓一石三鸟。

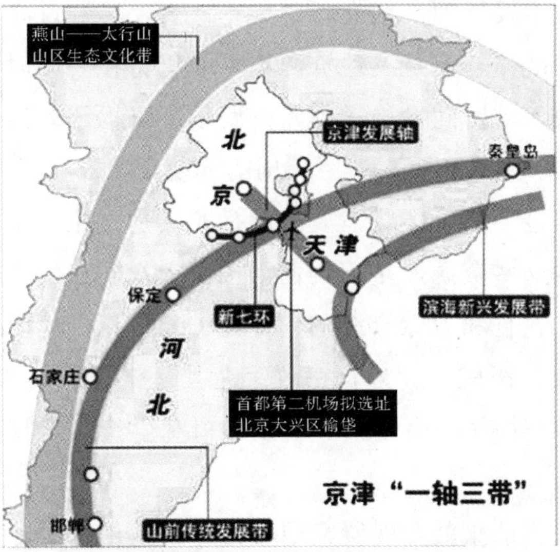

图 3-2　京津冀“一轴三带”示意图

（2010 年 5 月 21 日《燕赵晚报》）

吴良镛院士提出了“着眼首都地区，共建世界城市”，强调用“一轴三带”带动京津冀的协调发展的基本思想。“一轴”即京津发展轴，“三带”即滨海新兴发展带、山前传统发展带以及燕山——太行山山区生态文化带。“发展轴”和“发展带”都要以绿色开放空间加以分隔，采取“葡萄串”式空间布局，避免连绵发展。具体为：以京、津两大城市为核心的京津走廊作枢轴，以环渤海湾的“大滨海地区”为新兴发展带，以山前城镇密集地区为传统发展带，以环京津燕山和太行山区为生态文化发展带，共同构筑京津冀地区“一轴三带”的空间发展格局，提高首都地区的区域竞争力、资源环境承载力和文化影响力，推动京津冀地区的均衡发展。另外，以中小城市为核心，推动县域经济发展，扶持中小企业，形成“若干产业集群”，带动新农村建设，改变“发达的中心城市、落后的腹地”的状况。针对山区生态文化带发展，吴良镛院士还提出构筑长城文化带，要发掘张家口、承德地区的文化、生态资源，带动冀北和谐发展。

国务院发展研究中心资源与环境政策研究所副所长、博士生导师、著名经济学家、人本发展理论创立者李佐军认为，尽管京津冀区域协同发展已纳入国家经济战略，但是三地资源不匹配仍将在一段时间内持续。从目前来看，京津冀区域协同发展进程尚需要顶层机构统筹协调，三地也要有相应的机构对接。只有在更高一层机构的推动下，各项行动才能落到实处。其次，公共服务也要有一体化发展思路，尤其是文化、教育和卫生的一体化。目前区域内这些资源严重不均衡，按照十八届三中全会的要求，要进一步促进文化、教育和卫生资源的均等化、公平化，建设在硬件和软件上都标准化的学校和医院。此外，在政策尤其是土地、人才和科技政策上，京津冀地区要相互协调或者衔接，否则人口和生产要素相互流动就不能正常实现。

河北工业大学京津冀发展研究中心常务副主任张贵认为，打破京津冀一体化的关键就是要架构新的组织机构来保障京津冀协同发展，这是最根本的。有三套方案可供选择：一是维持现状，三地之间按照目前的情况运行下去；二是在国务院层面上设立京津冀办或京津冀协调小组等来进行协调和发展；三是把三地整合一个行政区来发展。

石家庄经济学院教授韩劲认为，要实现京津冀区域一体化，第一步就是均衡区域内的公共基础设施和公共服务的差异，这是基础的基础。实现教育、医疗等社会公共服务均等化，市政交通等公共基础设施均等化。而市场主导下的产业转移，则不能行政强制。如果以行政手段强行把污染和淘汰产业丢给河北，那河北就是“被一体化”。建议河北省各级政府相关部门要放长眼光把好准入关，切莫只图眼前利益。

民生证券宏观经济研究中心管清友认为，北京的思路是：原则上不再发展一般制造业，做大节能环保产业，加快发展新能源汽车产业，用互联网思维改造提升传统产业，推动移动互联网、物联网、云计算等产业加快发展。天津立足加快发展先进制造业和现代服务业，加快发展现代都市型农业，加快提升科技创新水平。河北产业结构调整的重点是：坚决化解过剩产能（钢铁、水泥等产能更加集中），加快推进工业转型升级（传统工业向高端装备制造业、信息技术等新兴产业转型升级），提升服务业规模和水平（休闲旅游、现代物流和金融服务等产业），实施创新驱动发展战略和促进农业增效农民增收。

综合分析上述观点，京津冀协同发展首先要解决的是由国家层面协调三地功能定位问题：北京依托人才、技术优势重点发展高端服务业，逐步转移低端制造业；天津则利用港口优势大力发展现代物流业，以及一些高端行业如电子信息、生物技术等先进制造业；河北依靠劳动力与资源优势发展原材料重化工、现代化农业等，并为京津提供高技术产业和先进制造业加工配套服务。

应该看到，京津冀协同发展任重而道远，虽然已经明确提出并上升到国家战略层面，但在时间和具体操作上一定存在很多问题，不可能一蹴而就。未来需通过全面深化改革，创新体制机制，加强顶层设计，明确思路，深入推进，最终推动京津冀协同发展目标的实现。

（四）京津冀三地的功能定位

2014 年 6 月，国家发改委初步将京津冀区域划分为四大功能分区，即西、北部生态保护和生态产业发展区（覆盖承德、张家口）、中部优化调整区（覆盖北京、天津、廊坊、唐山）、南部制造业与耕作业区（覆盖石家庄、保定、沧州）、东部滨海临港产业发展区（覆盖秦皇岛、唐山、天津、沧州）。在四大功能分区的基础上，京津冀的总体布局也已具雏形，即“两核三轴一带三重点”，“三轴”指京津塘主轴、京—保—石拓展轴、京—

唐—秦拓展轴；“一带”指沿海经济带，三个重点开发地区包括中关村、天津滨海新区、曹妃甸工业区。

7 月 13 日，由北京大学首都发展研究院牵头，联合京津冀三地研究部门共同编写《京津冀区域发展报告（2014）》发布。这个报告提出构筑“一主一副、三轴、四区、多中心、网络化”的空间发展格局、打造“京津科技新干线”，为国家及京津冀政府决策部门和研究部门提供了一个新的学界视角。

图 3-3　北京大学首都发展研究院提出的京津冀功能定位图

（2014 年 7 月 24 日《河北日报》）

报告提出，京津冀区域的总体功能定位应为全球最具竞争力和影响力的现代化、国际化、生态化的世界级大都市圈，全国的政治、文化、科教、国际交往中心和北方经济中心，具有全球影响力的国际创新中心，全国服务型经济中心区，以及转变经济发展方式的综合改革示范区。报告提出三地的功能定位是：未来相当一段时间内，北京特别是北京中心城区要“去功能化”，天津要“去加工化”，河北要“去重型化”。

北京属于典型的“知识型＋服务型”城市，在高端服务业、高新技术产业和文化创意产业等方面具有明显优势，应兼顾首都功能和城市经济功能。从产业功能链上看，北京主要应该是总部、研发和销售功能，非核心的生产制造功能应渐次退出。

天津属于“加工型＋服务型”城市，不仅拥有北方最大的综合性港口和沿海比较丰富的土地资源，还有良好的制造业基础和开放优势，也是人口上千万人的特大城市，在适度发展现代制造业的基础上，需加快壮大服务业，实现服务和制造双轮驱动。从产业功能链上来看，天津主要应该突出其生产研发和加工制造功能，在部分优势行业承担一定的总部功能。

河北属于“资源型＋加工型＋服务型”地区，采掘业、重加工工业和农副产品生产、加工业优势突出，但工业结构偏重，因此应加速从重化工业向加工业和服务业的转型，重点发展现代制造业、综合服务业、原材料工业和现代农业。从产业功能链上来看，河北现阶段主要是生产制造功能，在部分优势行业（主要是原材料工业、战略性新兴产业）承担生产研发功能。

当然，三地的功能定位并不是意味着北京高端，天津中端，河北低端，而是要明确网格化的区域分工，不排除相对落后的区域也有高端部门和行业的存在。比如在个别领域河北也应该有高端，像保定的新能源产业、石家庄的医药产业完全可以形成一个从总部研发到生产制造的完整链条。京津冀三地的十二五规划和三次产业分布从一个侧面说明了这些问题。

（五）河北省在京津冀协同发展中的功能定位

2014 年 3 月，《河北省新型城镇化规划》颁布，提出打造京津保三角核心区，做大保定城市规模，以保定、廊坊为首都功能疏解的集中承载地和京津产业转移的重要承载地，与京津形成京津冀城市群的核心区。把首都周边的一批县（市）建设成规模适度、特色鲜明、设施完善、生态宜居的卫星城市，构筑层次分明、梯度有序、分工明确、布局合理的区域城镇结构。

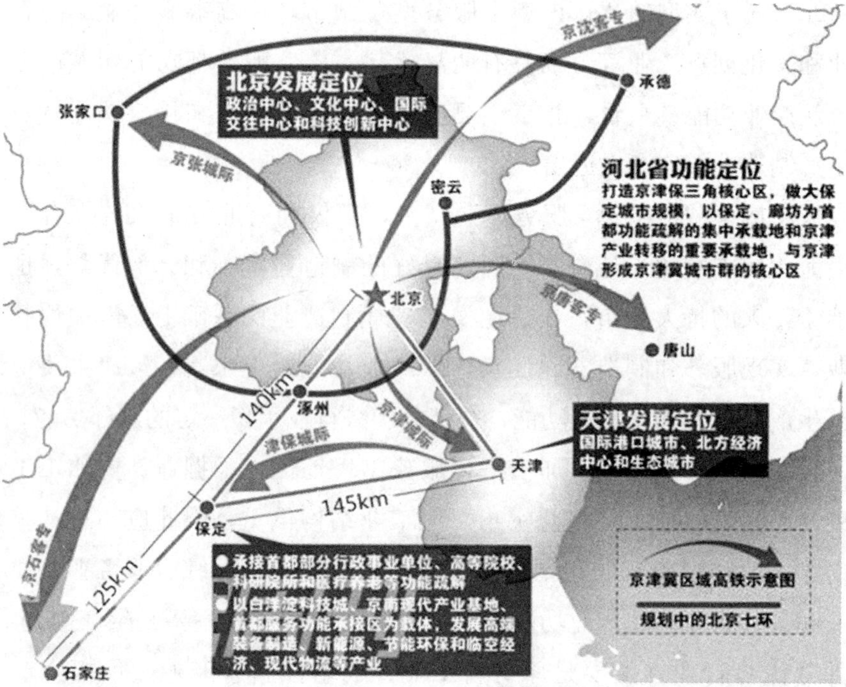

图 3-4　京津冀区域发展示意图（2014 年 6 月 6 日《南方人物周刊》）

落实京津冀协同发展国家战略，以建设京津冀城市群为载体，充分发挥保定和廊坊首都功能疏解及首都核心区生态建设的服务作用，进一步强化石家庄、唐山在京津冀区域中的两翼辐射带动功能，增强区域中心城市及新兴中心城市多点支撑作用。同时，重点建设四个支撑区：一是优化城市布局的支撑区；二是现代产业体系的支撑区；三是综合交通网络的支撑区；四是生态涵养保护支撑区。

2014 年 4 月，河北省委省政府出台了《关于贯彻习近平总书记重要讲话精神，加快推进京津冀协同发展的意见》对河北在京津冀协同发展中的任务作了具体的规划和部署：一要打造石家庄、唐山两翼副中心城市，使之成为首都经济圈产业发展的第二空间；二要做大保定城市规模，吸引北京外迁企事业单位；三要把廊坊建设成京津冀协同发展的示范区，吸引北京高端产业和企业总部的转移并打造科研及成果转化基地；四要打造特色功能城市，承接京津产业转移和服务。着重强调了产业对接（各设区市）的任务分解与细化，并且把环境治理和生态建设，以及基础建设的对接放在各项工作的首位。

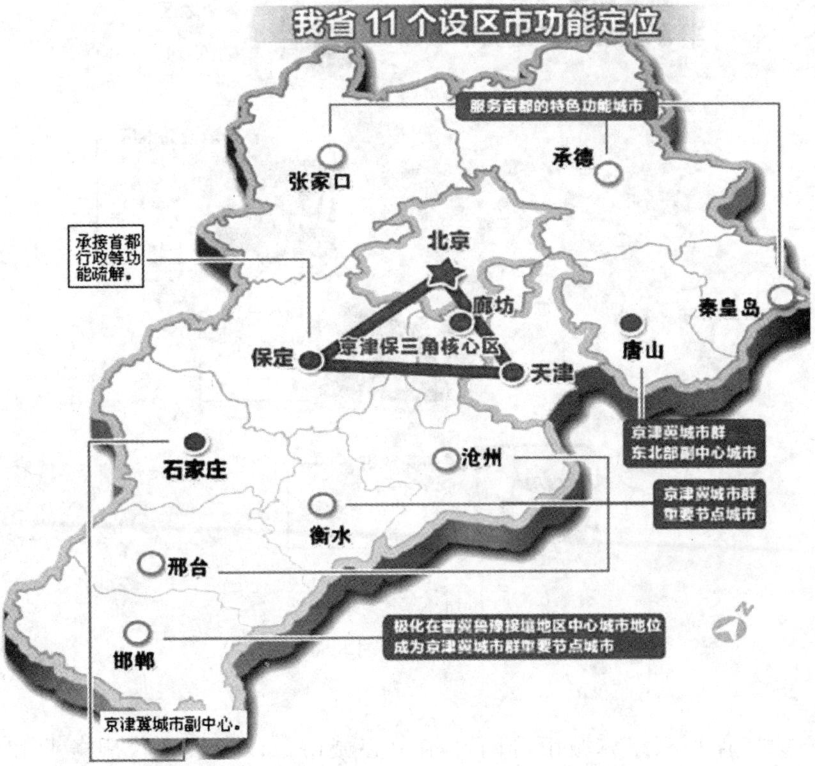

图 3-5　河北省设区市功能定位示意图

（2014 年 3 月 29 日《河北青年报》）

其中，保定市作为畿辅节点城市，利用地缘优势，谋划建设集中承接首都行政事业等功能疏解的服务区。做强产业支撑，以白洋淀科技城、京南现代产业基地、首都服务功能承接区为载体，发展高端装备制造、新能源、节能环保和临空经济、现代物流等产业，承接首都部分行政事业单位、高等院校、科研院所和医疗养老等功能疏解。着力做优城市环境，按照国际化标准抓好城市建设管理，提高综合承载能力，增强对驻京外迁企事业单位的吸引力。

图 3-6 河北省承接京津转移示意图

（2014 年 4 月 11 日《河北青年报》）

石家庄作为京津冀城市群南部副中心城市，以发展现代服务业和战略性新兴产业为主。同时，加快构建“一河两岸三组团”的城市发展格局。

唐山要建成京津冀城市群东北部副中心城市，产业上要重点承接北京石油化工、装备制造等新型重化工业和战略新兴产业的转移。

廊坊以生态、智能、休闲、商务为发展方向，大力发展现代业和战略性新兴产业。

沧州以承接北京装备制造、精细化工、新型特种材料等产业为主。并做好冀中南、冀鲁交界处的出海口。

秦皇岛要建成国际滨海旅游度假名城和重要的港口城市。

张家口以与北京联合申办冬奥会为契机，以保护生态环境为前提，完善城市服务功能，承接京津科研及成果转化，打造全国新能源示范城市。

承德打造国际旅游城市，加强与京津教育科研、医疗卫生、健康养老和战略性新兴产业的合作。

邯郸承接京津装备制造、现代物流等，建成中原经济区有重要影响的中心城市。

邢台承接北京新能源、新材料、精细化工、装备制造、新型建材、农副产品深加工等产业。

衡水承接首都食品加工、机械加工、纺织服装和教育、休闲养老等产业转移。

二、京津冀协同发展与河北职业教育

加快发展现代职业教育既是经济振兴和社会发展的迫切需要，也是实现新型工业化、信息化、城镇化和农业现代化，促进经济社会协调发展，全面建成小康社会的必然选择。京津冀地区作为我国优质教育资源最为集中的区域，拥有诸多职业技术学院和职业技术学校等优质资源。随着京津冀区域经济协同发展步伐的加快，实现职业教育与区域经济社会的协同发展已成共识。如何充分发挥京津冀职业教育的服务职能，有效促进和增强服务区域发展的活力与能力，这既是实现职业教育与区域良性互动发展的现实诉求，更是实现国家经济又好又快发展和社会全面进步的有益尝试。

近年来，国家高度重视现代职业教育发展，出台了一系列优惠政策。在经济发展和教育体制改革的大背景下，实现职业教育与区域经济协调发展成为人们的共识。同时，从近年来我国经济社会的发展过程可以清晰地看出，高素质技能型人才短缺已成为产业升级和企业发展的瓶颈之一，而职业教育因其人才培养的职业定向性、市场针对性以及价值功能的高效性，恰好能够有效地缓解这一问题。

（一）京津冀地区社会转型和经济发展对河北职业教育的影响

今后，将是河北省深入贯彻落实党的十八大和省委八届五次全会精神，加快转变经济发展方式的战略机遇期；是推动河北省经济社会跨越发展的重要阶段；是在京津冀协同发展过程中，以更高标准向区域一体化迈进的关键时期；是对接北京、天津，加快新型工业化、信息化、城镇化、农业现代化发展进程的重要时期。在“京津冀区域合作”程度日趋紧密、首都经济辐射力持续增强、“环首都经济圈”建设不断深入的大好时机，面对京津冀三地不同的产业布局，全新绘制京津冀协同发展大背景下的河北经济社会发展蓝图，全新布局河北现代职业教育体系，是历史给予的良好发展机遇。

表 3-1 京津冀三地十二五规划中优先发展产业表

地区	北京	天津	河北
优先发展产业	都市型现代农业、文化创意产业、旅游产业、电子信息、汽车、装备制造、医药等产业，新一代信息技术、生物制药、新能源、节能环保、新能源汽车、新材料、高端装备制造和航空航天等产业，金融、商务、信息、流通、科技服务	先进装备制造业、新一代信息技术、节能环保、新能源、生物、高端装备制造、新材料、新能源汽车、生产性服务业和生活性服务业、旅游业、海洋油气、运输、渔业等产业，现代能源产业	畜牧、果品等优势产业，钢铁、装备制造、石化等产业，新能源、新材料、生物医药、新一代信息、高端装备制造、节能环保、海洋经济、旅游、文化、商贸物流、金融保险、服务外包、会展等现代服务业

当然，客观地讲，我省是一个农业大省，在工业产业发展的带动下，逐步形成了今天的良好局面。例如，近年来我省产业结构调整成效突出，

长期在全省工业经济中屈居第二的装备制造业，如今已有多项经济指标反超“钢老大”，正在成长为全省第一大支柱产业。2013 年，我省装备制造业在利税、利润等多项反映发展质量的经济指标上已超过钢铁行业，名列全省第一。工业增加值、销售收入等增速也大幅领先钢铁工业。数据显示，2013 年，我省装备制造业累计实现利税 802.99 亿元，利润 552.72 亿元，而钢铁行业利税、利润分别为 302.97 亿元、163.56 亿元，装备制造业利润相当于钢铁行业的 3.38 倍。在工业增加值方面，去年我省钢铁行业累计实现工业增加值 2 401.29 亿元，仍居全省第一，但增速仅为 8.56%。装备制造业实现工业增加值 2 248.85 亿元，同比增长 14.55%，增速超过钢铁行业近 6 个百分点。预计到“十二五”末，我省装备制造业将在增加值上超过钢铁工业，成为全省第一大支柱产业。

表 3-2　2012 年京津冀三次产业结构比较表

地区	北京	天津	河北
地区生产总值(亿元)	7 879	12 894	26 575
第一产业增加值(亿元)	150.2	171.6	3 186.66
占 GDP 比重(%)	0.8	1.3	12
第二产业增加值(亿元)	4 059.27	6 663.82	14 003.57
占 GDP 比重(%)	22.7	51.7	52.7
第三产业增加值(亿元)	13 669.93	6 058.46	9 384.78
占 GDP 比重(%)	76.5	47	35.3
人均 GDP(元)	87 475	93 173	36 584

装备制造业的快速发展，得益于我省结构调整力度的不断加大和重点领域开发开放的顺利推进。装备制造业的快速发展，对我省实现绿色崛起具有重要意义，既有益于培育我省新的经济支柱，更有助于改变我省工业发展过于依赖资源能源消耗的现状。这一点，对我们分析河北省职业教育站位及改革发展方向意义重大。

第一，经济总量不断升级，内在竞争实力亟须增强。对照先进地区，我省经济的总量还有很大提高空间，产业集群发展速度还能进一步提高，以战略性新兴产业为主体的现代产业体系建设还要不断强化。工业化整体水平尚处低位，尤其是具备先进制造能力的领军企业还正在引进。面向生产制造和民生改善的服务业刚刚起步。这些重要领域的持续推进、科学发展，最终都要依靠职业教育的有效支撑。

第二，城镇功能已具雏形，承载及服务能力有待快速提高。作为定位于承接北京功能疏解的地区，新型城镇体系建设应着力确立以城市格局扩张为主线、以基础设施建设为重点、以重大项目招商为杠杆、以投融资平台为保障的发展模式。显然，这样的城镇化进程离不开本土职业教育的功能提升和层次提高。

第三，公共服务功能已经开始聚集和释放，民生保障能力迫切需要进一步增强。城乡一体化发展进入攻坚阶段，持续保持经济和民生同步发展的难度增加，城镇居民和农民收入改善工作任重道远。基本公共服务均等化程度仍需提高，覆盖城乡的社会保障体系亟待强化建设，社会管理和服务体制仍需进一步深化创新，而公共服务的主要内容与职业教育体系的功能定位是密切相关的。

由此可以看出，我省持续发展的最大的优势在于区位优势，在于产业的升级和协调发展，尤其突出在“二产”水平提高、“三产”规模扩大。推动经济持续发展、跨越发展的根本出路在于有一大批高素质技能型的适用人才，特别是在新型经济发展过程中，必须大量高技能型技术人才的广泛、深入参与，充分发挥人才的巨大效能。加快转变经济发展方式，关键是实现我国经济由主要依靠增加物质资源消耗向主要依靠科技进步、劳动者素质提高、管理创新转变，对加快培养高素质技能型人才提出了新要求。重点产业调整振兴计划的实施和新兴战略性产业的发展，急需一大批掌握精湛技能和高超技艺的高技能人才作支撑。同时，经济社会持续快速的发展也将是对人才观的强化和修正。人力资源是最大的资源，是永不枯竭的“金矿”。没有更高层次、更大规模的职业教育作为支撑，经济社会的发展将会变成无源之水、无本之木。

所有这些都充分说明，在京津冀协同发展国家战略全面实施和国家加快发展现代职业教育的大背景下，河北职业教育迎来了良好的机遇。社会经济发展和产业结构转型升级的政策对职业教育提出了新的要求，急需大量高素质技能型专门人才；公众对教育体制的不断考问也在推动着整个教育系统的反思与改革；职业教育自身的发展正在经历着深刻的变化，招生、办学、就业等各环节都要求职业教育能更好地适应社会发展的多样化需求。要在巩固中等职业学校的基础上，强化高等职业院校的引领作用，重点培养高端技能型人才。要优化职业教育的区域结构、专业结构和办学结构，实现全省范围内职业教育的均衡发展。创造条件鼓励在较大的园区设置职业院校；鼓励大型企业举办、中小微型企业参与举办职业院校。

（二）河北职业教育面临的机遇

多年来，我省的职业教育为经济社会发展做出了积极的贡献，为新型工业化、农业产业化培养了大量高素质技能型专门人才，特色鲜明的职业教育实现了坚持贴近地方产业，积极主动与行业企业合作，努力为经济社会发展服务的思想和理念。

主要表现：一是开展职业教育培训，为农村剩余劳动力转移，实现再就业和农村社会稳定服务；二是努力适应经济建设要求，不断调整专业设置、人才培养计划，壮大了产业工人队伍，为区域经济结构调整、转型服务；三是不断引进先进技术，转变生产方式，培养现代产业工人和新型职业农民，为提升现代化水平服务。进入“十二五”时期，经济社会发展主要是以加快转变经济发展方式为主线，以科技进步和创新作为重要支撑，深入实施科教兴国和人才强国战略，提高教育现代化水平，推动经济发展向主要依靠科技进步、劳动者素质提高和管理创新转变。在这个问题上，职业教育作为科技第一生产力和人才第一资源的主要结合点，具有特殊重要的作用。按照著名经济学家舒尔茨的人力资本理论，现代经济的发展主要取决于人口的质量，经济的发展促进和推动教育的发展，教育的发展又能促进经济的进步。职业教育有着明显的区域性特征，是直接服务于地方经济发展的重要推动力量。围绕《国家教育发展规划纲要》总体部署和要求，致力于培养和造就一大批具有精湛技艺的高技能人才，对经济社会的发展将起着不可替代的重要作用。

1. 京津冀协同发展与区域职业教育合作

职业教育在国家或地区的竞争中发挥着十分重要的作用，优质的职业教育是国家或地区核心竞争力的关键组成部分。经济愈发展，对技术、人才的依赖程度愈大，职业教育也因此正以其前所未有的积极作用推动着经济社会的发展。一个国家或地区增强综合实力和核心竞争力的重要举措之一就是大力发展职业教育，不断提升职业教育质量与国际竞争力。京津冀协同发展战略是我国自主创新的发展战略，是拉动中国经济持续增长和社会全面进步的强大引擎，而强大的职业教育则是实现京津冀协同发展区域内社会全面发展的重要途径和载体。

首先，经济社会发展对技术技能型人员的需求日益强劲。第一，走新型工业化道路，加快传统产业的升级改造，迫切需要提升技能劳动者队伍素质。第二，加快发展以现代服务业为代表的第三产业，迫切需要一大批掌握现代服务技能的人员。第三，发展低碳经济和绿色产业，迫切需要培养一批相关领域的高素质技能人才。这使得京津冀协同发展战略是区域职业教育合作的政策依据和理论基础，要求京津冀在经济社会的各个方面实现区域间良性合作、共谋发展，而区域间的合作方方面面，必然也包括职业教育合作，区域的全面合作必然要求职业教育也打破行政区划，实现资源共享、人才互认、共同发展。

可以清晰地看到，京津冀协同发展战略的实施、三地功能定位及调整，已经彰显了改革人才培养体系的强烈要求。一是河北省新型城镇化建设过程中的需要。对离开土地的农民进行的培训不能仅限于就业，更在于由农民到城镇居民素质的提升，应该以较快的速度推动“准市民”融入城市化社会形态之中；二是各类企业用工的需求在不断变化。随着产业转型升级和经济结构调整，对于员工的技术技能提出了新的要求，而当前的技术技能培养、培训显然滞后于岗位的变化；三是现代产业的发展将更多地依靠人力资本的优势，高素质技能型人才的质量和数量决定着产业能否健康发展；四是就业结构的变化要求一个更加现代的职业教育体系与之相匹配，否则数量庞大但缺乏创新意识和创新能力的就业大军，更有可能成为产业新城发展的阻碍。

表 3-3 京津冀三地人才发展规划纲要中的人才需求

区域	目前的科技教育水平	人才发展规划纲要中的人才需求
北京	有各类科研机构 685 所；每年获得国家奖励的成果占全国的 1/3；2010 年普通高等学校 89 所；高等学校专任教师 74 202 人；在校博士研究生 62 279 人；在校硕士研究生162 750 人；每万人拥有大学生 302 人	聚集一大批教育、科技、文化、艺术等领域的世界大师
天津	全国区域科技中心城市之一；拥有一批优势重点学科和国家级研发机构；2010 年高等学校 55 所；高等学校专任教师280 494人；在校博士研究生 7 523 人；在校硕士研究生 33 499人；平均每万人拥有大学生 340 人	在航空航天、石油化工、装备制造、电子信息、生物医药、新能源新材料、国防科技、金融财会、国际商务、城市规划、现代交通、物流运输、生态环保、现代农业等经济发展的重点领域，在教育卫生、文化艺术、宣传思想、防灾减灾、政法等社会发展重点领域培养和引进一批急需的紧缺的专门人才
河北	教育科技资源比较匮乏；科技水平落后；2010 年普通高等学校 110 所；普通高等学校专任教师 60 769 人；在校博士研究生1 950 人；在校硕士研究生29 502人；每万人中大学生人数为 154 人	大力加强钢铁、装备制造、石化、医药等工业产业人才队伍建设；大力加强电子信息、生物医药、新能源、新材料、环保等重点高新技术产业领域人才队伍建设；有力推进物流、金融、旅游、会展、房地产及交通运输、信息服务等主要现代服务业人才队伍建设

资料来源：京津冀三地的中长期人才发展规划纲要（2010—2020 年）

其次，京津冀协同发展背景下，职业教育的合作发展将为区域经济发展和产业结构转型、转移提供合适的人才和科学技术，促进区域各项合作的开展，引导京津冀协同发展功能区的形成和功能的充分发挥。区域职业教育作为一个系统，它与自身的内外部环境有不可分割的联系。对于区域职业教育内部系统而言，就是增强区域职业教育各个构成要素的活力；对于区域职业教育外部系统而言，就是要促进区域一体化协调发展，即促进京津冀的经济社会协调发展。因此，京津冀协同发展与区域职业教育合作是相互促进、相互依存的。京津冀协同发展对功能区的划分定位将对各区域的经济发展方向、产业结构调整产生影响：区域发展将从占用土地的外延扩张转向调整优化空间结构的内涵发展；区域经济发展日渐成熟会促使第二产业的低碳化和第三产业的迅猛增长；新兴产业及新能源、新材料必将不断涌现。这必然导致社会对各类专门人才需求的数量和质量均发生变化，作为人才主要产出地的职业院校，其学科专业的“菜单”、人才培养层次就要随之发生变化，职业教育结构就要跟随调整。

最后，在京津冀协同发展框架下，要实现经济一体化发展及资源要素的深层次整合与零障碍流动，必须依靠大量高素质技能型人才，而只有充分发挥京津冀区域职业教育的集群优势，区域职业教育展开合作，实施职业教育先导发展战略，才能为区域发展输送优质的科技蓝领人才，引领产业结构的调整与优化升级。京津冀职业教育必将以其他区域无法比拟的资源集群优势发挥辐射力和带动力，成为推动京津冀区域发展的巨大智力引擎。京津冀之间已有的合作为京津冀职业教育合作提供了很好的物质基础和保障，使得区域职业教育合作更有利的开展。因此，提高京津冀职业教育整体质量，增强区域职业教育创新知识、创新科技和培养创新人才的能力，打造与国家经济发展相适应、相匹配的职业教育区域新布局，充分发挥优质的职业教育资源所带来的集聚效应，为京津冀区域发展服务，是京津冀区域职业教育应担负的神圣历史使命。

2. 京津冀协同发展对职业教育的要求

京津冀协同发展作为国家发展战略，京津冀必将加快转变经济发展方式，调整经济结构，带动全国经济社会发展。这就要求区域职业教育结构也做出相应调整，从而为京津冀区域发展和京津冀引领全国发展提供人才和科技支撑。京津冀区域作为我国北方地区的经济中心，被定位为国家科技创新基地，现代服务业、高新技术产业及新兴产业基地。除各功能区不可或缺的生态保护外，主体功能区规划已对京津冀各地域的发展方向做出了规划，京津冀职业教育应依据主体功能区发展要求对自身结构做出相应调整，而调整优化河北省职业教育结构，发挥京、津两地职业教育外溢功能，形成资源共享机制，对促成京津冀深度合作发展和区域和谐稳定也具有十分重要的意义。

一是职业教育为区域发展培养实用型人才，提供优质人力资源，服务产业转移和升级。人才资源是经济社会发展的第一资源。走新型工业化道路，加快产业优化升级，全面提升我国企业核心竞争力，迫切需要大力加强高技能人才队伍建设。京津冀地区作为优质职业教育资源的聚集区域，职业院校理应在区域发展中发挥更大的优势，注重加强学生的实践能力、创造能力、就业能力和创业能力。针对职业教育不同类型和不同层次的特点，各院校在培养人才模式上应各具特色，共同构成区域发展人才培养的生态体系。在美国高校分布比较集中的区域，不仅汇集世界一流大学，同时也拥有众多地方教学型大学和社区学院。这些不同类型的大学承担着不同的人才培养任务。塔顶的研究型大学实行严格的选拔和淘汰制，培养少数精英；塔底的两年制社区学院大多开放入学，任何适龄人口只要愿意并交纳学费都可入校学习；而二者之间的四年制学院则既有培养少数精英的计划，也有普及性的教育计划。借鉴国外的经验，京津冀区域职业院校应结合实际，扬长避短，明确定位，制订行之有效的人才培养目标和培养模式，努力造就一大批高素质技能型人才，积极培养众多的社会急需且具有广适性的专业人才，为产业转移和升级发挥重要的作用。

二是职业教育为区域发展提供一定的科技支撑，发挥产学研结合的示范推广作用，加快新技术的引进、吸收和推广。改革、开放、科技创新是实现区域更好更快发展的根本性保障。随着产业升级和技术进步，特别是信息化、自动化技术的发展，具备高超技能、良好理论和技术知识素养、一专多能的高技能人才将成为高技能产业工人队伍的需求主体。京津冀职业教育应按照国家及区域内相关产业发展规划，充分发挥人才、技术、信息方面的优势，有效整合资源，积极参与各类企业的技术创新，努力构建校企合作新模式，加强与企业的长期合作，把资源优势真正转换为产品优势，实现产品与制作方式的优化升级，加快科技成果的信息化、网络化建设，努力提高各类产品与服务的科技含量，不断增强优质资源向区域延伸的聚集效应，切实在技术创新活动和区域产业发展中取得实效，真正使职业教育发挥应有的作用。

三是职业教育为区域发展提升人口素质、传承先进文化，在产业工人升级、农村劳动力转移中发挥重要作用。任何社会的进步都是经济、政治、文化协调发展的结果。京津冀地区是人才汇集、各种思想相互激荡的重要区域。职业院校作为综合性的文化组织载体，理应在教学、育人，人类文化资源的发掘、整理与研究，以及传播和创造先进文化等领域承担重任，使之真正成为区域精神文明建设和发展社会主义先进文化的策源地。同时，广大学生又是践行先进文化的主体，他们通过各种活动积极投身到区域社会进步中去，积极开展以弘扬社会主义核心价值体系为主要内容的社会实践活动。职业教育在向产业提供人才的同时也输入和推广着先进文化，在支持农村剩余劳动力转移的同时也建构着新型的城市文明。未来 10 年以至更长时间，我国人口老龄化程度提高，平均受教育年限延长，每年实际进入人力资源市场的新成长劳动力规模呈下降趋势。同时，随着工业化、城镇化的推进，农村人口将加快向发达地区和城镇转移，经济发展将更多依赖人口素质和劳动者技能的提高。

3. 京津冀区域职业教育合作存在的主要问题

当前，本科层次职业教育还停留在试验阶段，地方本科院校转型正待启动。基于经济社会快速发展的本质要求，京津冀地区特别是我省对职业教育的发展有迫切的需要。一是区域产业发展和提升需要相应结构的人才与之互通作为支撑，目前培养高素质技能型人才、满足京津辐射外溢的能力尚显薄弱；二是职业教育长期在低层次发展，必然禁锢其对地方经济的引领作用，使得技术研发、科技创新、产教合作等难以有效展开，加剧职业教育与地方经济的错位。

一是京津冀区域教育合作缺乏整体规划。尽管随着京津冀区域合作的不断深化，京津冀区域规划一直处于呼之欲出的状态，到目前为止《京津冀协同发展规划》仍处在加快报批的阶段，未见出台。京津冀协同发展有待通过区域整体规划，发挥突破行政区划界限、优化资源配置方面的重要作用来进一步促进和深化合作。具体到京津冀职业教育领域，由于目前的合作仍主要依赖于京津、津冀、京冀之间及京津冀三方共同达成的合作意向或合作协议，存在一定的随意性和非强制性。职业教育区域性合作规划的缺失直接导致京津冀区域职业教育合作尚未形成整体规划的长效合作机制，致使中央和地方两级职业教育管理体制及严格的省级行政区划的体制性障碍很难突破，区域职业教育发展的统筹规划协调困难，地方本位主义倾向明显而合作动力不足。

二是京津冀区域合作的职业教育先导作用尚未形成。随着京津冀协同发展进程加快，区域经济社会一体化发展将对区域职业教育提出新的更高要求。区域内职业教育对区域经济社会的人才支撑作用将更加凸显。由于京津冀各地职业教育主管部门和院校，特别是地方职业教育机构尚未转变办学观念，其发展定位、专业设置以及人才培养模式等多是从其属地经济社会发展需要确立的，尚未形成能够充分体现区域经济支柱产业发展的需要，体现区域经济新兴产业的发展方向，体现区域经济社会发展对人才素质的综合要求的区域职业教育体系。在专业设置、培养目标、培养规格、培养途径上仍难以适应区域经济社会一体化发展的新情况，职业教育对于区域经济社会发展的整体贡献力还亟待提升。

三是京津冀区域教育合作互利共赢局面尚未形成。京津冀区域内教育资源总量丰富且优势互补。北京教育资源发达，优质教育资源集聚，学科专业门类齐全；天津职业教育特色明显；河北省则有着丰富的办学土地资源、数量充足的生源。但是，目前区域内职业教育资源总量丰富的优势没有形成有效合力，两极分化现象较为严重，区域职业教育合作也基本上是以京冀、津冀合作的“输入型”合作方式出现，区域内职业教育资源要素市场还相对封闭，京津冀区域内职业教育资源的自由流动性明显不足，区域职业教育资源向京津等优势区域单向集聚的现象非常突出。京津职业教育优势资源对于较为落后地区和院校的辐射、带动作用尚未得到有效发挥，京津冀区域职业教育合作互利共赢局面尚未形成。

（三）河北省职业教育存在的问题

职业教育是培养适应地方经济发展需要的高素质技能型人才的基地，它的发展必须与地方经济发展相适应。在这个意义上，职业教育是地方经济发展的内生需求，必须根据地方产业结构的调整、生产技术的变化、经济增长速度来建立和发展职业教育。

随着经济转型和人们物质生活水平的日益提高，职业教育的现状与经济社会对职业教育的需求显得越来越不相适应：一是随着产业全面转型经济结构调整，现有职业教育已经难以满足社会经济对人才的需求；二是经济转型升级对从业人员的规格、类型、层次、数量等都提出了更高的要求，职业教育的发展明显滞后于县域经济的发展；三是办学主体单一，现有职业教育过于封闭，不能与企业、与现实社会保持沟通融合，单一办学主体无力承担过重的办学负担，很难适应人们日益增长的职业教育和培训需求；四是办学机制和人才培养模式单一，与产业企业用人需求相适应的技能型人才培养、培训机制不健全。虽然这些问题表现在职业教育领域，但是已经影响到了区域经济的发展步伐。

（四）京津冀协同发展背景下河北职业教育发展展望

《国家中长期教育改革和发展规划纲要（2010—2020 年）》和《国家中长期人才发展规划纲要（2010—2020 年）》明确规定职业教育以培养生产、建设、管理、服务第一线的高素质技能型专门人才为根本任务。职业教育是与经济联系最为密切的一种教育类型，要充分发挥职业教育在建设人力资源强国和教育强国的伟大进程中不可替代的作用。大力发展教育事业，加快发展现代职业教育，是全面建成小康社会、加快推进社会主义现代化、实现中华民族伟大复兴的必由之路。推动教育事业在新的历史起点上科学发展，加快从教育大国向教育强国、从人力资源大国向人力资源强国迈进，对职业教育进一步改革与发展提出了新的更高要求。

第一，面对转变经济发展方式等国家发展战略要求，职业教育必须全面提高人才培养质量。经济发展方式由高投入、高耗能、低技能、低附加值向提高技术含量、提升产品结构、提高产品附加值转变，对高素质技能型专门人才提出更高要求。职业教育作为培养高技能人才的主力军，必须全面提高人才培养质量，为加快发展先进制造业培养一大批具有精湛技艺和创新能力的高技能人才，为促进现代服务业发展培养一大批掌握现代服务技术的高技能人才，为加强基础产业、基础设施建设培养一大批适用型的人才。

第二，面对日益凸显的就业结构性矛盾，职业教育必须在改善民生、促进就业等方面发挥积极作用。当前和今后一个时期，我国的就业形势仍十分严峻，各种就业矛盾相互交织。在劳动力供大于求、产业优化升级的双重压力下，劳动者技能与岗位需求不匹配造成的就业结构性矛盾日益凸显，稳定就业依然面临重大挑战。就业是民生之本，职业教育对于全面提高劳动者素质和职业技能、培养符合经济发展和产业升级需要的高素质技能型专门人才、缓解就业的结构性矛盾、改善民生、使社会更加和谐，具有独特的作用。

第三，面对建设学习型社会的战略目标，职业院校必须抓住机遇，为社会成员多样化学习和发展提供服务。长期以来，职业院校主要面向适龄青年开展全日制学历教育。当前，在产业升级过程中迫切需要对在职人员进行技术更新培训；在推进城镇化进程中有大量农民工迫切需要接受培训以保障体面就业和生活；还有大量在职员工需要继续发展；未来 10 年以至更长时间，我国人口老龄化程度提高，新成长劳动力规模呈下降趋势。面对挑战，职业教育必须面向人人，充分发挥职业性和区域性的独特优势，主动服务学习型社会建设，满足社会成员多样化学习和发展需要，成为当地从业人员继续教育、社区教育、技能培训、新技术推广、先进文化传播的中心。

第四，面对“走出去”国家战略，职业院校应该积极融入其中，伴随产业企业走向世界。实施“走出去”战略，在世界范围内优化组合资本、技术、管理和市场资源，需要发挥人力资源优势，高技能人才具有不可替代性。对此，职业院校必须做好充分准备，将相关行业（企业）产品（生产）的国际通用标准融入教学内容，在各类企业跨出国门开展国际经济技术合作、境外投资、对外承包工程、劳务合作等活动中发挥积极作用。

经济社会的发展对职业教育的发展提出了较高的要求，这不仅为我们发展职业教育提供了十分重要的理论指导，也为建立和发展职业教育拓展了发展空间。我们已经认识到了转变经济发展方式、缓解就业矛盾、保障社会成员多样化学习需求及融合国际先进技术对职业教育的要求。以区域经济为基础，建立和发展现代职业教育体系，对带动经济结构调整、城镇一体化发展也必将起到积极的作用。

三、京津冀协同发展背景下河北职业教育发展的对策建议

长期以来，京津冀教育部门保持着密切的交流与合作，在人才培养、教育研究、师生交流、资源共享以及设立论坛等方面积极开展了有益的探索，建立了良好的交流与合作的基础。特别是近年来，围绕京津冀协同发展，三省市在教育领域的交流合作日益密切，在高校互派干部挂职锻炼、高校间开展协同创新，中职学校开展合作办学、教师培训合作等方面达成了多项合作与交流框架协议，各级各类教育深化交流与合作的原则、方向进一步明确，重点内容更加清晰，对推动三地教育发展，实现倍增效益，促进区域经济社会共同发展发挥了重要作用。但由于我省是教育大省，还不是教育强省，在改革与发展过程中还面临诸多现实困难和问题，和京津教育相比还存在着较大差距，特别是在职业教育领域，我省面临的挑战还十分艰巨，当大批的协同发展项目落地各市的时候，职业教育的不足就会显现，比如：生均财政投入相对少，各地发展不均衡，中等职业教育发展水平不高，高等职业教育的优质资源相对较少，高层次的职业教育总体发展水平还不够高，综合实力还不够强，职业教育层次结构调整和优化升级

的任务仍然十分艰巨，等等。职业教育要更好地服务京津冀区域经济发展和社会进步，就应保持政府、学校、区域社会之间信息传递的及时性和互动性，合理构建政府间的统筹协调机制、确定职业教育合作发展战略、建立职教合作的操作平台，形成一个良性的互动循环发展模式。通过这个模式，使得职业教育在政府和区域社会的共同协助下，达到职业教育服务区域发展效能的最大化，真正实现职业教育与区域的协同发展。

（一）省市层面要追求京津冀主体功能区职业教育的整体发展

1. 建立政府层面的职业教育协调机制

加强职业教育区域合作，促进职业教育区域一体化发展，根本目的在于服务于区域经济社会发展对人才和智力支持的需求，不断满足群众对优质职业教育的需求。要实现做强京津冀区域职业教育的战略目标，必须成立强有力的专门工作机构，为区域职业教育的互动合作提供组织保障。而且要打破职业教育合作的行政壁垒是一项复杂系统的工程，需要一个强有力的机构进行协调组织，以统筹规划区域职业教育资源，尤其当区域内省际职业教育的发展水平差距较大，他们之间开展区域职业教育合作，仅凭学校自发的力量远远不足，需要政府的积极引导，组建区域职业教育官方合作组织，以保证职业教育合作的顺利开展。

对于京津冀职业教育而言，必须充分发挥中央政府和三地省级政府的主导作用，由京津冀三地政府组建“京津冀区域职业教育合作协调委员会”，承担起协调、规划、管理等职能，下设协调管理工作委员会和专家咨询工作委员会，就合作的相关问题开展工作。各设区市可建立相应的合作协调机构，此机构对区域产业转移和承接与职业教育资源进行整体把握及统一规划，并对区域经济发展对人才的需求、职业教育发展趋势等进行系统分析，尤其是对职业教育的层次、种类进行统筹，最后形成决策规划。河北省应充分利用这次难得的发展机遇，通过积极的努力将京津冀区域职业教育合作的协调机构落到实处，积极整合区域优质资源，形成共同发展合力，提升区域职业教育的社会地位，促进河北省以及京津冀区域职业教育质量水平的提升。

2. 明确京津冀区域职业教育发展战略

职业教育合作发展战略是推进区域职业教育发展的指针。所谓区域职业教育发展战略，是指一定区域内的政府在一定时期为实现区域经济和社会发展的总目标而做出的有关职业教育的战略性、全局性、先导性战略规划。它既要考虑职业教育自身发展的规律，又要结合区域经济社会发展的实际，同时还必须契合区域发展的未来需求，遵循可行性与先进性、近期利益与长远利益、局部效益与整体效益、阶段性与衔接性相统一的原则，根据区域内政治、经济、文化等发展趋势，在科学分析区域内职业教育发展现状的基础上，通过对相关资料数据的科学分析及论证，提出区域职业教育合作发展的指导思想、发展目标及发展途径等，指导区域高等教育健康、持续的发展，积极推动职业教育的区域合作，并使之上升为国家发展战略。

河北应紧紧抓住京津冀协同发展的巨大机遇，利用贯彻落实《国务院关于加快发展现代职业教育的决定》的有利时机，着眼提升区域职业教育国际竞争力的战略高度，加强对区域职业教育整体战略规划的顶层设计，优化区域职业教育资源配置，增强持续发展能力，强化职业教育服务京津冀协同发展的能力。

河北省作为原材料重化工基地、现代农业基地和旅游休闲度假区域，是京津高端技术产业的加工、配套基地。特别是环京津地区的产业发展，要打造成京津冀一体化发展的对接区与先行区、产业集聚发展示范区。而依据京津冀三地的中长期教育规划纲要，未来河北职业教育发展要充分利用京津职业教育优质资源的溢出效应，形成本科、专科、中等职业教育相互衔接的职业教育体系，全面提高职业教育质量，建设职业教育强省，以更好地为区域经济社会发展服务。

3. 加强京津冀职业教育发展政策引导及法规保障

推进区域职业教育合作发展，实施区域职业教育发展的战略规划，是一项政策性极强的复杂的系统工程，离不开相关政策的扶持与引导，离不开区域内各省份的政策配合与协调。首先，应加强国家对京津冀职业教育合作的宏观统筹。理顺中央政府、京津冀合作主管机构、地方政府与学校四者之间的关系，形成政府宏观调控为引导，京津冀合作组织自行决策、社会各界广泛参与、学校自主办学的宏观合作管理模式。将区域职业教育合作发展列入京津冀协同发展的总体规划，进一步加强京津冀职业教育结构调整，加强京津与河北省职业教育的错位发展与资源共享，形成布局合理、比例恰当、发展均衡的职业教育结构区域体系。其次，强化京津冀三地地方政府对区域职业教育合作的协调管理。运用立法、规划、政策指导等手段对区域职业教育进行宏观统筹，确保区域职业教育发展与京津冀地方经济社会发展相适应。再次，完善中央及地方政府应对区域职业教育合作实行资金支持政策、税务优惠政策等，以实际行动支持京津冀区域职业教育合作。政府还应为区域职业教育合作战略的实施营造相应的法制环境。京津冀区域职业教育的合作，需要宽松的体制环境和完善的政策保障。因此，必须着力打破行政壁垒，扫清合作的体制性障碍，打造政府协调、市场监管、法律保护的合作后盾。最后，加强相关法规保障，为京津冀区域职业教育打造人才合理流动的绿色通道。

4. 建立京津冀区域职业教育资源共享机制

京津地区是我国优质职业教育资源最为集中的区域，对于整个京津冀区域职业教育而言，应充分利用京津优质丰富的教育资源的辐射作用，通过建立京津冀职业教育资源的共享机制，实现区域职业教育的共同发展。

通过建立京津冀职业教育资源的共享机制，提升区域职业教育整体质量。京津冀区域内有实力的职业院校云集，职业教育资源丰富，这为区域内职业院校的资源共享提供了厚实的基础。京津冀三地可就扩大教育资源共享实行一系列的共建行动，如共建职业教育专家库、共享实习实训基地、共同举办职业教育展览、联合举办职业技能大赛等，加强京津冀职业教育的合作。

（二）在体制、政策上更有利于对接京津，促进与京津的区域合作

1. 打造比京津更有利于合作的职业教育体制

应加强职业教育的宏观管理，落实学校办学自主权，深化体制改革，

破除现有体制中不利于京津冀职业教育区域合作的体制性障碍，为我省吸引京津优质的职业教育资源提供体制保障。

一要确立职业教育的在整个教育体系中的重要地位。历史上河北省中等职业教育曾经在全国是走在前列的。早在 1989 年，获鹿县（现石家庄市鹿泉区）率先创建了全国第一个县级职业教育中心，1995 年，推广确定了“县级职业教育中心办学模式”，在全省 135 个县建立了县级职教中心，开创了县县有职教中心的先河。河北省高等职业教育在全国也是走在前列的，在获得第一个全国国家批准的示范高职高专院校以后，到目前为止已有八个全国示范的高职高专院校和国家重点建设院校。这得益于各地区、各有关部门把发展职业教育作为经济社会发展的重要基础和教育工作的战略重点，得益于坚持以服务为宗旨、以就业为导向的职业教育发展道路。几年来，各级各类职业院校累计为社会输送了 300 多万名毕业生，完成职业培训近 1 亿人次，为全省经济社会发展做出了重要贡献。

围绕京津冀协同发展，各级政府要把发展职业教育作为贯彻落实科学发展观、实施科教兴国战略和人力强国战略的工作重点，作为转变经济发展方式、推动产业结构调整、促进区域协调发展的重要基础，作为构建合理教育结构、深度开发人力资源、促进人的全面发展的重要途径，作为缓解和供求结构矛盾、解决“三农”问题、保障和改善民生的关键环节，摆在更加突出的位置，切实抓紧抓好。

二要遵循职业教育发展规律，实现职业教育科学发展。大力发展职业教育，加快建设现代职业教育体系，应遵循职业教育规律和技能型人才成长规律，坚持以人为本，全面实施素质教育，培养德智体美全面发展的社会主义建设者和接班人。以服务为宗旨、以就业为导向、以提高质量为重点，面向人人、面向市场办学，转变职业教育发展方式，创新体制机制，深化教学改革，健全政策保障，着力提升职业教育的吸引力和现代化水平，为我省实现从人才资源大省向人力资源强省的转变提供强有力的支撑。

三要科学合理地确立河北省职业教育发展目标。在职业教育的规模上，要保证中等职业教育年招生规模与普通高中教育大体相当，高等职业教育年招生规模占普通高等教育的一半左右；在适应产业人才需求上，要对接京津产业转移和我省第一、二、三产业的大格局，逐步提高现代农业、先进制造业、现代服务业、战备性新兴产业等急需技能型人才的培养能力和水平；在办学体制机制上，要以建立政府主导、行业指导、企业参与的职业教育办学机制为基础，落实政府责任，强化统筹协调、权责明确、规范有序、运行高效的职业教育管理体制。形成社会各方深度参与，公办与民办共同发展的局面；在基础能力建设上，要对接企业生产，坚持与企业技术进步同步提高职业教育实训设备技术水平，要超前培养未来承接京津产业转移的高素质技能型人才，为京津冀协同发展储备人力资源。

2. 制定更多具有针对性和可操作性的政策措施

一要研究制定适合京津冀职业教育协同发展的一系列政策，如职业院校生均经费标准、办学标准、用人制度、校校合作、校企合作制度等，鼓励京津地区职业院校来河北办学或京冀、津冀合作办学。我省的一些地市已经有了中等教育、高等教育合作办学的宝贵经验，保定等地也已经开展了职业教育领域的实质性合作，应尽快总结经验，出台操作性强的政策保障措施，打破三省市在合作办学方面的政策壁垒和制度障碍。

二要强化跨省校企合作的政策、制度和机制建设，更主要的是调动企业的积极性，推进校企合作制度创新。支持京津地区职业院校与我省企业合作开展跨省校企一体化办学实践，探索企业接收京津职业院校学生实习实训和教师实践制度，吸引京津地区职业院校来冀共建共享生产性实训基地、产品设计中心、科技创新中心、工艺技术服务平台和技能鉴定站（点），合作培养师资，联合开发教材，实现跨省校企深度融合。

三要研究制定促进职业教育协同发展的土地、融资、人事等基础性政策，为京津冀职业教育合作提供综合的、良好的外部环境。由于北京、天津两大直辖市的特殊位置，使得河北省优秀人才不断流向北京和天津。虽然近几年随着河北省与京津两市教育交流与合作的进一步加强，这种现象有所缓解，但河北的洼地现象依然很严重。要实现京津冀职业教育深度合作战略设想，河北就要有相当的基础性措施，引导京津地区的企业、社会、院校、个人多渠道支持河北职业教育，形成既发挥自身优势又兼顾区域整体发展的各自的合理定位，也才能切实将我省围绕京津的区位优势充分发挥出来。

（三）校际之间要通过多种途径共同推进京津冀职业教育的协同发展

1. 联合办学，实现京津冀职业教育协同发展

充分利用京津的优质办学资源，推进多种形式的联合办学，是实现京津冀职业教育协同发展最直接的途径。考虑到职业教育的层次结构，可以开展相同层次之间的横向联合，也可以开展不同层次之间的纵向联合，不仅实现省内职业教育层次间的互联互通，而且促成省际各类职业教育的互联互通，从而使三地之间的职业教育机构充分交流，最大限度地发挥优质资源的辐射效益。

在本科职业教育层次，河北省还处于起步阶段。今后一个时期，将制定实施我省《普通本科高等学校转型发展试点工作实施方案》，引导部分本科高校向应用技术类型高校转型发展。因此要注意吸收京津高校的办学经验，在招生对象、专业产业融合、学生培养模式等方面，加强与京津地区高校的合作，确保本科层次职业教育的职业性和实用性。当然，也可鼓励京津高校来河北建设应用技术类型的分校或设置独立学院。还要利用河北本科规模优势和京津研究生培养优势，鼓励一批省属高校开展与京津高校的专业硕士、专业博士的联合培养，建立以提升职业能力为导向的专业学位研究生培养模式，探索建立符合职业教育特点的学位制度。

在专科职业教育层次，河北省充分利用京津优质的职业教育资源，解决自身的问题，通过坚持省政府对高职院校的统一协调，增强高职院校间的联动性，依靠行业办学，推行工学结合，并为职业教育发展提供政策、法规保障等方式，提高河北省高职教育的质量，使河北省的高职教育在数量上和质量上都成为河北省职业教育的优势，为区域经济社会发展服务。比如，实行校际之间联合招生、异地培养，在一些紧缺专业和特色专业实行合作培养，支持一些高职院校与京津地区本科高校开展 3＋2、3＋4、3＋2＋2 合作办学等。

在中等职业教育层次，一方面要加强与京津两市中职学校的联合办学，可以实行分段培养，对以产业转移而带来的技能人才短缺，也可由河北招生、京津培养。另一方面可以创造条件吸引京津职业学校来河北办分校，地方政府在土地、融资、人事等方面给予必要的支持。第三争取更多的职业学校与京津高校建立 3+2、3+4 培养合作机制，推进河北省中职学校与京津高校的中高职衔接。

2. 专业共建，增强职业教育与产业的适应性

京津冀经济社会的全面合作会带来各地发展方向的转型和产业的调整，各地对人才的需求也会随之有所变化，这就要求职业教育也要依次做出调整，为京津冀合作提供适合的人才。因此，我省应加强先进制造业、现代物流业及农产品加工业等相关的专业建设，增设提升环境保护的相关专业，重点支持应用清洁能源、低碳排放能源、节能环保、提升资源综合利用率的相关研究领域；加大土木工程、水利工程相关专业人才的培养力度，以适应我省对基础设施建设力度的加大和南水北调等水利治理的人才需求。

一要根据京津冀协同发展过程中的产业结构调整和企业用人需要，面向就业市场，建立符合行业企业人力资源需求、与区域经济结构相适应的专业体系。整体职业教育的专业结构要与河北省经济发展对各专业人才的需求相匹配，对照产业目录调整专业目录。逐步解决职业院校设置专业严重同质化的问题，分行业、分区域引导职业院校办出专业特色、形成专业规模。在政府主导下，发挥行业企业的引导和参与功能，建立职业院校专业设置的预测、预警机制，实现职业院校专业调整的动态共建平台。

二要在京津冀各自的特色专业上开展合作，实现专业建设优势互补。互相开放各地特色专业的培养方向、培养目标、培养方式、服务面向，在共享特色专业的溢出效应的同时，促进相关专业的共建共赢。尤其在京津冀协同发展，河北要打造“四个支撑区”的背景下，战略性新兴产业、现代农业、现代服务业将成为河北新的增长极。因此，河北职业教育要瞄准京津在这些领域的职教特色和优势，加强特色专业的市场定位，以培养市场需要的人才为目标，不断适应社会和学生自身发展的需求。要重视在新

兴市场开展调查，注意既要依靠企业和经济的发展，但又不能完全过度依赖。在深入调查研究区域经济建设和社会发展需求、生源与就业意愿取向情况、学校现有基础及与行业企业合作情况的基础上，认真深入的分析、论证，形成特色专业建设规划和科学的调整机制，使特色专业的开办与退出均有切实的依据、明确的原则和科学的机制；在专业建设过程中应注意相关专业的专业群建设，并确保职业教育的职业性、科学性与前瞻性。

三要有针对性地支持职业院校围绕新兴产业举办专业，促进职业教育与产业的协同发展。京津冀协同发展在我省各地市均有了明确的功能定位，功能定位将对产业结构产生显著的影响，也将对职教专业产生深刻影响。各级政府要把人才资源作为是第一资源，统筹各项事业发展与人才资源开发，特别是技能型人才的培养、使用和管理。地方在制定区域经济社会发展规划时，要统筹安排职业教育发展内容；行业部门制定实施产业发展规划，要同步开展行业人才需求预测和人才培养，推动职业院校、职业教育园区与产业园区协同发展，推进专业连和产业链之间的有效衔接，实现职业教育专业与产业的相互支持、相互协作。

3. 师资互派，通过京津冀校际间、校企间的师资交流，提高我省职教师资的整体水平

一是建立校际间师资交流平台。由于历史的原因，河北职教师资相对薄弱，而京津的研究生教育相对发达。河北省的高职教育和中职教育体量相对较大，可与京津采取对口支援的帮扶方式，从北京、天津的高校中选拔优秀教师或干部到河北的职业院校担当学科带头人，河北职业院校可选派青年教师到京津高校进修，也可派青年干部到京津高校挂职锻炼。通过这些方式提高职业教育师资水平。

二是支持省内职业院校教师赴京津企业参加企业实践。职业院校教师到京津企业实践，一方面增强教师的职业教育理念、技术技能结构，改善教师的教育行为，另一方面，京津冀协同发展带来的产业转移与承接势必对原有的教师产生冲击，引导和支持一部分教师到京津企业参加实践，熟悉和掌握相关专业的知识结构、核心技能，为产业转移顺利落地提供快捷

的人力支持。

三是鼓励京津冀校际间、校企间设立专业开发和课程改革联合攻关项目。深化专业和课程改革，通过课程设置体现必要的文化基础和职业知识的系统学习，体现职业能力的系统训练等客观要求，逐步建设课程体系更新调整的科学机制；课程改革需用先进的理念来引领，按照典型职业工作过程设计教学活动，在职业活动情境中展开教学活动，并高度重视学生关键能力的培养。要推进工作过程系统化的课程改革，既要有高水平师资的参与，也必须有企业工程师的广泛参与。每个专业必须有与之密切交流的企业技术与管理人员，各专业的课程改革、实训基地的建设、学校的专业文化等都应融入企业的元素，校企合作从物质层面的合作向人力、文化等层面的合作推进。

4. 基地共享，创新产教融合的职业教育办学机制

一要重视职业教育与产业的协同发展。在京津冀协同发展背景下，地方政府要推进教育链、人才链和产业链之间的有效衔接，建立经常性的职业教育与行业产业间的对话协商机制和工作平台，促进信息交流，拓展合作渠道，密切人才培养与行业企业人才需求的联系，实现职业教育与产业协同发展。

二要支持职业院校跨省共建高水平的学生实习就业基地，京津冀间互相开放优质实习就业基地。强化鼓励校企合作的政策、制度和机制建设，更主要的是调动企业的积极性，落实企业的法律责任，推进校企合作制度化。支持一批职业院校与企业合作开展校企一体化办学实践，探索企业接收职业院校学生实习就业和教师实践制度，引导企业与职业院校合作培养师资，联合开发教材，实现校企深度融合。

三要积极吸收行业企业参与职业院校的办学和教学管理。建立京津企业高层管理人员、技术团队与我省职业院校校长、骨干教师相互兼职任职的交流平台。通过引进企业设备、人员、技术，以企业生产和服务流程为导向，设计、建设学生实训场地和设施，使之成为生产性实训的重要场所。

四要扩大职业教育集团化办学覆盖面。结合我省装备制造、电子信息、

物流、新能源、新材料、新医药、现代农业、现代服务等产业，强化职业教育集团化办学的规模和质量，积极组建多种形式的职业教育集团，吸收更多京津地区的职业院校和企业融入我省职业教育集团。特别要鼓励示范性职业院校、行业组织和大中型企业牵头组建职业教育集团。推动职业教育集团化办学基本覆盖重点产业、大型企业、新兴转移产业和主干专业。加快建立适应市场经济体制的职业教育集团治理结构和决策方法，推动职业教育集团的务实性合作，促进集团成员之间资源共享、优势互补、合作共赢。

五要推进产学研合作，增强职业教育服务社会的能力。随着我省现代职业教育体系建设的不断推进，更高层次的职业教育将形成规模，职业教育以产学研合作直接服务社会的功能将得以释放。产学研合作是企业与职业院校面对共同利益，以市场需求为导向，以各自拥有的资源进行生产、市场开拓、科技研发、技术推广等的研发、经营活动，产学研合作对企业和职业院校都具有十分重要的意义。对于职业院校来说，既可以通过输出科研成果、技术和人才来获取资源，解决办学经费不足等问题，也可以通过让师生到企业实习来锻炼培养人才，避免人才脱离社会需求。

（四）加快河北特色现代职业教育体系建设

在实现中等职业学校、专科层次职业院校、本科层次职业院校以及专业学位研究生等层次上下贯通的职业教育体系框架结构的基础上，优化职业教育的区域结构、专业结构和办学结构，实现全省范围内职业教育的均衡发展，完善河北特色现代职业教育体系的特色架构。

在总体规划上，考虑省情和专业结构、区域分布，在环京津地区、省会城市、南部临近中原经济区 3 个区域，合并部分高职院校甚至普通本科学校，分别筹建北部、中部、南部 3—5 所省属本科层次的高等职业学校。创造条件在这 3—5 所甚至更多的院校，设立硕士层次乃至博士层次的高等职业教育培养点。

在区域分布上，各县（市）要继续按照国家标准至少办好 1 所中等职业学校（县级职教中心）；各设区市要根据经济和社会发展需要，规划办好市区内的中等职业学校，重点办好1所高水平的、符合当地经济发展需要的高等职业院校；全省要加强对国家中职改革示范校及国家级重点中职学校的指导，加强对国家示范性高职的指导，切实发挥这些学校的示范引领作用；创造条件鼓励在较大的设区市设置本科层次的职业院校，并依托省重点建设的普通高等院校逐步扩大技术技能型专业学位研究生的招生规模。

在行业分布上，对全省重点发展的产业，行业主管部门和行业组织应支持建设若干所产教对接的示范性职业院校；鼓励行业部门与地市共建职业院校。支持重点建设的职业院校和行业企业办好一批覆盖产业链的职业教育集团，实现职业院校与企业的紧密联系和深度对接。推进产学研结合，鼓励行业、企业与职业院校联合建立研发机构，联合进行科技攻关，突破行业关键技术、研发重大技术装备、开发新工艺新产品。大力推进顶岗实习，鼓励大型企业举办、中小微型企业参与举办职业院校。支持各层次的民办职业教育做强做大。

在专业结构上，职业教育的整体专业结构要与我省经济发展对各类专业人才的需求相匹配，对照产业目录调整专业设置。逐步解决职业院校设置专业严重同质化的问题，分行业、分区域引导职业院校办出专业特色、形成专业规模。在政府主导下，发挥行业企业的引导和参与功能，建立职业院校专业设置的预测、预警机制，实现职业院校专业调整的动态共建平台。

在学校类别上，除正规学历教育学校外，应该融入不同教育形式的学校，如成人学校、广播电视大学、函授学校等各种类型、各个层次的有关学校和教育机构，构建开放的现代职业教育体系。

在课程设置上，以中高职衔接为基础，综合考虑不同类型学校的衔接互通。互通的根本，是教育资源的共享和学分的互认以及升学、转学的灵活性。所有这些，必须使教材、课程、教学方法有前后贯通的密切衔接。

在概念认识上，对职业教育尤其是高等职业教育涉及的学校或教育机构范围，应该有一个权威的、新颖的、符合社会实际和教育规律的重新界定。相当一部分与就业联系密切的专业性学校，或综合性大学内的相关专业，按照培养方向、培养目标，自然地应该划归职业教育，如工科大学、医科大学、农科大学、师范大学等类学校或其相关的专业。这样做，不只是概念上的清晰，更是符合现代职业教育理念的要求。这样做，延伸了职业教育的层次，丰富了职业教育的内涵，提高了职业教育的地位，体现了职业教育培养模式、培养规格多样化的思想实质，将使我们的人才培养“立交桥”更加四通八达。

在推进地方本科院校转型发展上，要集中力量办好一批与区域经济结构匹配度较高、符合战略性新兴产业需要的应用技术型重点学科和特色专业；要按照省委提出的“四大攻坚战”建设若干有一定办学优势和特色的、具有良好发展前景和产生显著社会经济效益的专业群；要在京津冀协同发展中，加强区域合作，促进学科专业交叉融合，实现专业群与区域产业链的紧密对接，提升专业集群服务经济社会发展的贡献度和学科专业竞争力。

在校企深度融合创新人才培养模式上，主动求解企业技术和生产难题，与企业合作研发新技术，实现开门办学，服务企业，增强学校办学活力。抓好专业与产业对接，按照地方重点产业、支柱产业及龙头产业和战略性新兴产业对人才的需求为依据进行专业设置；抓好教学课程与职业标准对接，以企业生产中专业岗位标准制定符合职业教育特点的课程内容，确保学生学以致用；抓好教学内容与岗位要求对接，在教学过程中邀请企业人员参与教学改革，在教学内容设计上要以工作岗位的要求为依据，增强教学的针对性。

（五）省民盟盟员孙永华、省政协委员陈安国对推动京津冀教育协同发展的建议

京津冀三地教育理念不统一，教师资源配备不均衡，学生在学习理念、学习方法、学习习惯等方面存在差异。教育方面的差异，制约了三地教育的协同发展，也不利于京津冀协同发展这一战略的全面实现。所以，在京津冀协同发展战略中，推动京津冀教育的协同发展尤为重要。

一是要统一教育理念，开展联合办学。虽然素质教育已提出多年，但河北省一些地方仍没有脱离应试教育的模式。统一教育理念，就要求以京

津先进的教育理念引领、带动河北从教育主管部门到学校、老师、学生，在观念上进行一次革命，真正贯彻实施素质教育。一方面统一授课模式，在教师授课的同时，开展多种形式的社团活动和社会实践活动，在学习知识的前提下，培养学生多方面的综合能力，让学生感受到教育的幸福感。另一方面在评价方式上，建立完整、统一的形成性评价机制，不再是一套试卷决定学生的学习成绩，而是建立学生的成长档案，记录学生一学年的成长情况，以此作为对学生的考评依据。

二是把联合办学作为推动京津冀三地教育协同发展的有力支撑。建立一个以北京为龙头，天津为纽带，河北为教育实验基地的联合办学模式，以达到优势互补，培养造就高素质学生的目的。在联合办学中，可采用“1+1+1”的模式：即由北京、天津提供优秀的教育资源，在河北建立联合办学校区，以三至六年为一期，共享优质的教育资源。具体可以采用“办分校”“托管”“帮扶”“手拉手”等形式。在联合办学的各个校区中要做到“三统一”，即统一教材（包括练习册等教辅资料）、统一课程进度、统一考试。在授课过程中，可以采用“慕课”形式把优质的教育课程同步直播，在联合办学的校区进行推广，从而达到合理配置教育资源，让更优秀的教育资源惠及三地学生，发挥最大的教育效益。

三是要加强教师的交流、学习和培训，推广交换生活动。首先，师资力量的均衡是促进三地教育协同发展的决定性因素，加强教师之间的交流、学习不可忽视。可以通过“走出去，引进来”的形式进行教师之间的交流，既可以“走出去”学习先进的教育理念，也可以把优秀的教育资源“引进来”。同时，三地教师可以定期在北京、天津、河北三地开展讲座，分享各地的先进教育教学方式方法。其次，京津冀三地举办统一的进修，分期、分学科对教师进行培训。最后，加强京津冀三地教师的集体备课，以半个月为一期，每期以京、津、冀一地为主，提前准备出两周的课程安排，在集体备课中，展示课程的安排思路，相关音频、视频和课件、练习题以及学生可能出现的问题等。平时可以充分利用网络，召开视频会议，对教育教学中出现的问题及时交流、沟通。

还要在京津冀三地开展交换生活动。每个学期，京津冀三地各选出一部分学生相互之间进行交换，把学生分别分到相应年级的各个班里，学习对方先进的学习方法，良好的学习习惯，感受对方优秀的班级氛围，提高自身的学习能力。开展交换生活动可以让学生享受先进的教育理念和教育资源，开拓学生的视野和眼界，培养学生的创造力和综合素质，推动京津冀教育协同发展。

四是要吸引京津高校搬迁至河北，或在河北建分校。2013 年，北京市有 56 所普通高校，天津市拥有普通高校 55 所。河北省高等教育极其落后，尤其是高水平大学奇缺，目前 211 高校仅河北工业大学 1 所，还位于天津市。高等教育的落后，导致河北考生高考压力巨大，能够进入 211 或 985 高校的学生比例在全国处于低位，这也导致教育资源不足和人才外流，从而造成河北省科技水平难以提高。

要积极谋划，创造条件，吸引驻京、津高校搬迁河北，或在河北建立分校，既可降低京津的人口压力，又有助于提高河北的高等教育水平。同时，河北应积极与京津高校接洽，增加京津高校在河北的招生名额，以提高河北考生的录取率。

应逐步推动京津冀高校实验室，尤其是国家重点实验室，对区域内高校开放，实现高校间实验室资源共享、合作开发和研究。推动京津冀高校图书馆之间资源共享，建立馆际互借、文献传递的合作机制，甚至可以通过馆际合作实现校际学生自由借阅。

四、基于京津冀协同发展背景下的案例研究：关于固安工业园区建设与职业教育发展的调查分析

2013 年初至 2014 年底，课题组多次深入固安县及固安工业园区企业进行调研，直接感受到了这座产业新城职业教育的薄弱，体会到了产业新城建设对职业教育的迫切要求和热切渴望。我们深切感到，在加快发展现代职业教育的大背景下，有必要站在“未来城市试验区”的高度，从理论上对在固安这样一座集生产、生活、生态于一体的重点卫星城市进行“校企

融合”“工学结合”的大胆探索和积极的研究尝试，全面推进京津冀协同发展。

（一）研究样本（固安）的基本情况

固安毗邻北京，处于华北平原的北部。10 年前，固安县还是一个典型的传统农业县，粮食、蔬菜、畜牧、果品花卉等产业，一直是其经济的重要支撑和财政收入的主要来源。当时，固安的工业基础十分薄弱，以至缺乏技术含量的钓具、滤芯、塑料、肠衣这些低端加工业，都被誉为县域工业的“四大金刚”。直到 2002 年，全县地区生产总值才勉强跨过 30 亿元的台阶，全年财政收入也只有 9 619 万元，一度在廊坊 10 个县（市、区）中排在倒数的尴尬位置。

2002 年，在工业园区建设中，固安县在全省率先采取市场化运作模式，推行工业园区建设市场化和公司化管理体制。几年来，先后引进优质项目 370 个，完成投资 542 亿元，逐步形成了以京东方、东方信联、冀雅电子等企业为代表的电子信息，以正兴车轮、航天宏达、盛东邦等企业为代表的汽车零部件和以航天振邦、诚田恒业、嘉峰机械等企业为代表的现代装备制造等三大产业集群，汇集了大批名优龙头企业，构筑起固安县域经济发展的全新格局。到 2012 年底，全县地区生产总值达 92.7 亿元，财政收入达 19.38 亿元，三大产业占比调整到 18∶38∶44。

2013 年以来，在党的十八大精神和省委八届五次全会精神指引下，固安县紧紧抓住京津辐射外溢和渤海湾成为开放重点的双重机遇，广泛吸纳科技成果转化，加快实现“无中生有”，积极培育经济发展的新优势，成为京津城市功能疏解的新空间、承接高端产业要素转移的新基地、央企项目布局的首选地。

按照“解放思想、改革开放、创新驱动、科学发展”的总要求，固安县大力推动产业结构升级与创新发展，积极打造“二三产”联动的区域产业结构体系，全力构筑产业升级的良性生态，加速从“工业立县”迈向“产业强县”，加快推进“固安制造”向“固安创造”全面转型。随着肽谷生命科学园、航天科学城等建设的开展和相关高端企业的入驻，生物医药、新一代信息技术、航空航天制造三大战略性新兴产业正在引领新一轮产业升级，助推固安实现区域经济的新跨越。

固安县的产业体系在实现产业转移、产业整合、产业孵化“三连跳”过程中，县域经济的转型升级特别是战略性新兴产业的发展，对高素质技能型人才显示出愈来愈迫切的需求，众多企业对员工队伍素质的要求也越来越高。

经济和教育是相互促进、共同发展的。现代职业教育对经济社会的主动对接和超前谋划，也是实现经济、社会协调发展的重要举措。职业教育的职业属性和产业属性，决定了职业教育服务区域经济转型和发展的特定功能。随着固安县域经济的转型升级特别是战略性新兴产业的发展，势必导致社会劳动力分配结构发生变化。为改变社会劳动力分配结构的不合理状态，促进就业结构的良性发展，就需要有更高层次、更大规模的现代职业教育体系与之相匹配。

1. 固安的区域背景

固安县隶属于河北省廊坊市，人口 45.9 万人，位于廊坊市西南部，北京市南侧，地处环渤海腹地和“首都经济圈”的核心层。以“产业新城”为发展定位，已经成为京冀深化合作、统筹发展的最前沿，正在以全新经济生态，完成从首都产业外迁承载平台到京津冀统筹发展核心区重要组成部分的嬗变。在新一轮的经济发展热潮中独具魅力。

固安县紧盯京南“卫星城”发展空间，在工业立县、项目壮县、园区强县、环境兴县发展战略的基础上，经济发展保持强劲势头。2012 年全县地区生产总值完成 92.7 亿元，同比增长 12.1%；财政收入完成 19.38 亿元，同比增长 45.9%，全社会固定资产投资完成 92.6 亿元，同比增长 22.1%；规模以上工业增加值完成 19.7 亿元，同比增长 17%；社会消费品零售总额完成 32 亿元，同比增长 14.1%；城镇居民人均可支配收入达到 22 468元，同比增长 13%；农民人均纯收入达到 9 204 元，同比增长 14.3%。全县经济总量快速增长，质量、效益明显提高，综合实力显著提升。

2. 固安产业结构特点

固安县坚持在项目引进和建设中调结构、促转型，产业结构进一步优化，2012年，农业、工业、服务业比例调整到18∶38∶44。工业高级化趋势进一步增强，产业集中度不断提高。依据大北京地区的产业现状，由世界知名设计公司的著名规划大师对工业区进行设计，形成了目前的三大产业格局，工业区北区以电子信息产业为主，将成为中国信息产业基地的一部分，随着京东方、雷梦无限等一批批在业内有着巨大潜力的企业的投产，工业区北区的产业定位已经形成；工业区南区以汽车零部件产业、机械加工产业、民生产业为主，美国亚新科、韩国泰昌、正兴车轮、华翔泰亨、达肯重工、阿尔西制冷等一批业界领先企业已签约入驻。整个产业新区复合规划了中国北方电子信息产业基地、中国北方汽车零部件产业基地、高端装备制造业基地，以“产业之区、休闲之地、空港之都、宜居之城”为内涵的“三城六区”的城镇化格局初步形成。

随着固安工业区的快速发展，固安先后获得“跨国公司最佳投资开发区”“中国最具投资价值十大环保园区”“中国最具投资潜力省级十强开发区”“2009年度最具品牌影响力产业新区城市”等荣誉称号，固安工业区的知名度和影响力得到进一步提升。

（二）固安职业教育基础

固安县的职业教育以中等层次为主，包括固安县职业技术教育中心、固安县职业中学、固安县劳动技工学校、京安学院等四所学校，固安县农业广播学校也在近几年开展中等职业教育和培训。但总体来看，固安的中等职业教育以职教中心和职业中学为主。

1. 固安县职业技术教育中心

固安县职业技术教育中心是国办中等职业技术学校，建校于1993年，地处固安县城内。学校占地面积230亩，建筑面积84 000平方米，总投资1.5亿元人民币。开设学前教育、机电技术应用、电子技术应用、数控技术应用、财务会计、计算机、市场营销、工业与民用建筑等8个专业。建有近20个专业实习实验室，设备总值达400余万元。教职工67人，专任教师43

人。在校生合计 720 人。

2. 固安县职业中学

固安县职业中学建于 1958 年，位于固安县柳泉镇，106 国道西侧，省级重点中等职业学校。学校占地面积 85 亩，建筑面积 15 600 多平方米，教学设施完备。开设学前教育、计算机、汽修机电、畜牧兽医、农林、音体美特长、文秘、外事服务八个专业。有教职工 115 人，其中专任教师 72 人。在册学生 2 321 人。固安县的中等职业教育为固安 10 年快速发展做出了积极的贡献，主要表现在：一是为农村剩余劳动力转移培训，实现再就业和农村社会稳定服务；二是努力适应工业园区的建设要求，不断调整专业设置、人才培养计划，壮大了产业工人队伍，为县域经济结构调整、转型服务；三是不断引进农业生产先进技术，转变农业生产方式，培养现代新型农民，为提升农业现代化水平服务。

但是，10 年的社会经济转型和人们日益提高的物质生活水平，对职业教育提出了更高的要求，职业教育的现状与人们对职业教育的要求不相适应：一是随着固安县由“工业立县”向“产业强县”“固安制造”向“固安创造”的全面转型，现有职业教育已经难以满足社会经济对人才的需求；二是经济转型升级对从业人员的规格、类型、层次、数量等都提出了更高的要求，职业教育的发展明显滞后于县域经济的发展速度；三是办学主体单一，现有职业教育过于封闭，不能使职业教育与企业、与现实社会保持沟通融合。单一办学主体无力承担过重的办学负担，很难适应人们日益增长的职业教育和培训需求；四是办学机制和人才培养模式单一，与产业企业用人需求相适应的技能型人才培养、培训机制不健全。虽然这些问题表现在职业教育领域，但是已经影响到了区域经济的发展步伐。伴随着固安快速发展的园区经济，建立科学合理并以高等职业技术教育为引领的高、中、初衔接的现代职业教育体系，是固安县经济社会发展所需也是固安职业教育发展的必然要求。基于此，项目建设将从培养服务产业新城、服务新兴经济实体的新维度出发，以创新的职业教育思想、教育理念来发展职业教育，建立直接服务区域经济的高等职业技术学院，这对推动经济社会的发展和推动现代职业教育的发展都具有非常积极的意义。

（三）固安经济社会与职业教育

固安工业园区企业发展的整体环境优良，属大北京成本洼地。开发区拥有丰富的自然资源，拥有充足的劳动力供应，完善的生产、生活配套设施，具备科学的产业规划和良好的产业发展基础，提供24小时全程无忧管家式和全面系统的金融支持平台等产业配套服务。已有多家国内外知名企业投资固安，并取得了良好业绩，更有着广阔的发展前景。

1. 固安工业园区对职业教育的需求

固安县10年产业集聚，人才需求旺盛，已形成电子信息、高端装备制造、汽车零部件三大核心产业。投产企业178家，在职员工4万人，即将投产企业108家，需求产业人员约3万人。未来10年面向新兴产业和空港经济，固安将形成五大百亿产业集群，需求装备制造、航天科技、电子信息、生物医药、临空经济五大领域产业人才约20万人。

可以看到，固安县工业园区的发展已经对人才培养体系发展表现出强烈的要求。一是产业新城建设的过程本质上是一个新型城镇化过程，对离开土地的农民进行的培训不能仅限于就业，更在于由农民到城镇居民的素质提升，应该以较快的速度推动“准市民”融入到城市化社会形态之中；二是各类企业用工的需求在不断变化，随着产业转型升级和经济结构调整，对于员工的技术技能提出了新的要求，而当前的技术技能培养、培训显然滞后于岗位的变化；三是现代产业的发展将更多地依靠人力资本的优势，高素质技能型人才的质量和数量决定着产业能否健康发展；四是就业结构的变化要求一个更加现代的职业教育体系与之相匹配，否则数量庞大但缺乏创新意识和创新能力的就业大军，更有可能成为产业新城发展的阻碍。所以，建立自身的高、中、初各类职业人才培养基地乃至科学合理的职业教育体系势在必行。

过去几年里，在固安县工业园区的带动下，固安县域经济发展成就卓著：全县GDP由2001年的32.3亿元跃升至2012年的92.7亿元；财政收入从2001年的9 685万元跃升至2012年的19.38亿元；三大产业占比到

2012年达到18∶38∶44，一产占比明显下降，二、三产占比明显上升。截止到2013年5月底，固安工业园区签约引进亿元以上项目132个，项目总投资499.8亿元、2.29亿美元。累计完成地区生产总值217.1亿元，完成工业总产值312.8亿元，实现财政收入28亿元。固安工业园区已成为打造县域经济发展的强大引擎。

表3-4列出了2005年至2011年固安县工业园区经济发展概况，包括园区总产值、工业产值占比、人均生产总值及园区财政收入。以固安工业园区的经济数据说明了固安县由传统的农业县向工业县蜕变的过程。

表3-4 固安县工业园区经济发展概况

项目 时间	工业园区GDP(亿元)	占固安GDP比重(%)	人均GDP(元)	财政收入(万元)
2005	1.5	5.00	7 142.86	1 300
2006	2.1	4.00	10 000.00	1 806
2007	5.9	14.70	28 095.24	3 891
2008	15.3	32.70	72 857.14	6 500
2009	20.2	38.00	96 190.48	23 922
2010	30.7	50.00	146 190.48	34 210
2011	51.7	67.1	240 465.11	52 300

未来10年，将是固安县深入贯彻落实科学发展观，加快转变经济发展方式，主动承担起廊坊市“大三点”发展格局的战略机遇期；是推动固安经济社会跨越发展的重要阶段；是在“环首都经济圈”建设进程中，以更高标准建设京南卫星城，向区域一体化迈进的关键时期；是固安县对接北京、对标昆山，加快新型工业化、信息化、城镇化、农业现代化发展进程的重要时期。在“京津冀区域合作”程度日趋紧密、首都经济辐射力持续增强、“环首都经济圈”建设不断深入的重要时期，全新绘制固安经济社会发展蓝图，全新布局固安职业教育发展体系，是历史给予固安的良好发展

机遇。

当然，客观地讲，固安属于从农业县起步，是以工业产业发展为主要带动作用，逐步快速地形成了今天的良好局面。但未来经济社会发展蓝图的全面实现，迫切需要高等职业技术教育的有力支撑。

第一，经济总量不断升级，但内在竞争实力还需增强。对照先进地区，固安县域经济的总量还有很大提高空间，产业集群发展速度还能进一步提高，以战略性新兴产业和临近空港型产业为主体的现代产业体系建设还要不断强化。工业化整体水平还在低位，尤其是具备先进制造能力的领军企业还正在引进。面向生产制造和民生改善的服务业刚刚起步。这些重要领域的持续推进、科学发展，最终都要依靠职业教育的有效支持。

第二，城镇功能已具雏形，承载及服务能力应快速提高。作为定位于承接北京功能疏解的卫星城，固安县正在加快构筑“未来之城、生态之城、智慧之城、幸福之城”的城镇体系，着力确立以城市格局扩张为主线、以基础设施建设为重点、以重大项目招商为杠杆、以投融资平台为保障的发展模式。这样的城镇化进程离不开本土职业教育的功能提升和层次提高。

第三，公共服务功能已经开始聚集和释放，民生保障能力要进一步增强。城乡一体化发展进入攻坚阶段，持续保持经济和民生同步发展的难度增加，城镇居民和农民收入改善工作任重道远。基本公共服务均等化程度仍需提高，覆盖城乡的社会保障体系亟待强化建设，社会管理和服务体制仍需进一步深化创新。而公共服务的主要内容与职业教育体系的功能定位是密切相关的。

由此可以看出，固安县持续发展的最大的优势在于区位优势、在于产业的升级和协调发展上，尤其突出在“二产”水平提高、“三产”规模的扩大。这就要求固安紧抓机遇、乘势而上，迅速走上蓬勃发展之路。推动经济持续发展、跨越发展的根本在于有一大批高素质技能型的适用人才。在新一轮发展中，有职业精英广泛、深入的参与，才能充分发挥人才的巨大效能。同时，经济社会持续快速的发展也将是对人才观的强化和修正。人力资源是最大的资源，是永不枯竭的“金矿”。没有更高层次、更大规模的职业教育作为支撑，经济社会的发展将会变成无源之水、无本之木。

2. 区域经济一体化发展对职业教育的需求

经过十年努力，固安县从零起步实现了从农业生产区到工业发展园区的跨越。

(1) 产业规模达到百亿级，未来更可达千亿级水平；

(2) 产业集群初步形成，形成了装备制造、电子信息、汽车零部件等三大主导产业集群，航天产业、生物医药等新兴产业格局初现；

(3) 商业和生活配套快步跟上，园区内建成五星级酒店，展览馆、幸福广场等商业设施；

(4) 城市环境良好，园区内有大面积绿化，生态环境和空气质量好，以过硬的城镇环境吸引人才创业发展；

(5)“政府主导＋企业运作”的园区建设模式运行顺利。

蓬勃发展的新兴产业集群，加速了对高素质技能型人才的需求。对照发达地区工业园区建设内涵，可以看到固安工业园区在产业结构、企业规模、创新能力、教育培训等方面的问题，突出表现在人才培养能力有差距和高技能人才储备的不足上，见表 3-5。

2011 年，河北省政府为全省主动承接北京市产业功能调整和产业升级，在环北京区域积极打造“环首都绿色经济圈”。固安工业园区紧紧抓住北京市产业升级和产业外溢的良好机遇，积极承接北京产业外溢功能，正是借助得天独厚的区位、交通优势和雄厚的工业基础，大力推行产业升级，打造固安新兴产业示范区。

新兴产业示范区和固安工业区交相辉映。新兴产业示范区借助工业区产业发展基础，主要打造航天航空产业、生物医药产业、总部研发产业等高新技术产业基地。工业区乘势进行新一轮产业升级，进一步加快产业升级速度，强化园区配套服务建设，已经初步建成星级酒店、创业大厦、中央公园等高端配套服务功能，以建设全球高端产业新城为目的，未来将逐步完善教育、体育、文化娱乐、会议会展等服务环境。

表 3-5 苏州工业园区、固安工业园区建设内涵对照表

	苏州工业园区	固安工业园区
产业结构合理性	服务业占比约 35%，2017 年发展目标 50%	大部分项目都为制造业，服务业刚刚起步，已具雏形
领军企业数量	现有 86 家世界 500 强企业，投资项目达到 145 个	有若干家国内龙头企业，投建项目 23 个
产业链关联度	主导产业形成了完善的上、下游产业链，效益高	企业之间正在形成产业链上下游的关联，产投比处于低位
科技创新能力	已建成 8 个国家级科技成果转化基地	已有“肽谷”等正在搭建创新孵化平台，处于突破起步阶段
交通便利性	已建立高速、铁路、水路、航空和轨道交通联运路网	空中交通建设刚起步，高速、快速已形成路网系统
商业生活配套	中国首个商务旅游示范区，生活配套齐全；建有现代国民教育体系	衣食住行条件具备，医院、学校等生活配套开始建设
科研融资平台	建有“科技创新网”等创新平台；创业投资基金、发行企业债等多种融资手段	科技成果转化和创新机构正在发展，融资平台和支持需要进一步加强
高等教育和培训	拥有多个大学科技园，有完备的职业人才培养体制和体系	义务阶段教育比较完备；初、中级职业教育稳定发展；高等职业教育有待发展
园区能级	全国首批“国家生态工业示范园区”；综合发展指数位居国家级开发区第二位	省级开发实验区，综合发展空间广阔

工业园区和新兴产业等示范区将成为推动职业教育发展的重要力量，园区为职业学校的发展提供优良的实习实训基地，职业学校为园区发展培养高素质技能型人才，这是其他地区职业教育难以企及的优势。

表 3-6 的调查表明企业员工流失率以及岗位层次需求情况。随着产业园区招收吸纳新员工数量的逐步增加，外来人口的数量不断提高，这一生源总数值还将快速增加。

表 3-6　固安县部分企业情况调查表

序号	企业名称	员工规模（人）	员工流失率（年百分比）	岗位需求	能力要求
1	京东方（河北）有限公司	3 460	40	电算系统 设备技术员 现场管理 技术操作员	大专学历 大专学历 大专学历 高中中专
2	深思新材料有限公司	62	17.5	机械加工制造 工艺流程控制 产品质量检验 生产计划统计	高职高专
3	汉和机械制造有限公司	150	40	机械制造与加工	大专以上
4	沃克流体控制有限公司	130	10	电子商务 市场营销 仓库及物流 机械设计制造 成本会计	大专学历 大专学历 中专以上 大专学历 大专学历
5	正兴车轮有限公司	900	30.6	数控技术 技术 CAD	大专学历 工程师类
6	华电天仁控制设备公司	188	30	新能源 环保节能	所需大专人才为主
7	北瑞达医药科技有限公司		36	财务管理 生产技术 设备保障	高职人才 中技人才 高职人才
8	萨牌电器有限公司	150	0		
平均			25.5		

固安工业园区、新型产业示范区已入驻投产企业，仅每年需要更新的员工即达万人以上。目前已具备条件，很快即将投产的企业陆续需要产业人员达 3 万人。因此，固安本土规模以上企业的就业岗位十分充裕。

同时，由于毗邻京津，廊坊的“京津冀电子信息走廊，环渤海休闲商务中心”的发展定位，河北省的“环首都绿色经济圈”建设和“环渤海经济战略”，北京的第二机场建设，也为高职教育的就业提供了颇具吸引力的机会，能满足各类人群的就业需求。

在国家、省、市大力发展职业教育的大背景下，固安职业教育正处于良好的发展时机。社会经济发展及有关产业结构调整的政策对职业教育提出了新的要求，各行各业都在呼唤技能型人才大量涌现；公众对教育体制的不断考问也在推动着整个教育系统的反思与改革；职业教育自身的发展正在经历着深刻的变化，招生、办学、就业等各环节都要求职业教育能更好地适应社会发展的多样化需求。以兴办固安高职为龙头，持续、高效地为各行业、产业、企业提供高素质技能型人才，实现教育、经济、社会的协同发展。

专题四　河北省新型职业农民教育培训研究

随着我国工业化、城镇化步伐的加快，农村地区农户群体快速分化，相继出现了种养大户、科技示范户、经营和服务型农户、半工半农型农户以及非农产业农户等。与此同时，农民也快速地职业化，出现了产业工人、专业技能人员、社会服务型人员、家庭农场主等。但是，直接从事农业生产的劳动者素质问题日益突出。有关研究将其归纳为四个问题：一是数量萎缩。农民工数量已达到2.5亿，而且还在以每年900万—1 000万的速度递增，反之留在农村的务农农民，尤其是高素质的青壮年农民则急剧减少。二是结构失衡。留守农村农民以老年人、妇女居多。三是素质堪忧。务农农民中，小学、初中文化程度占到70%以上。四是后继乏人。农村新生代劳动力绝大部分在结束求学后选择“跳农门”进城务工，务农农民成了国民素质的“低洼地带”，高效率农业设施设备难以利用，高水平农业科技成果难以转化，成为制约农业发展、农村繁荣的瓶颈问题。这些问题，已经引起国家的高度重视和社会各界的广泛关注。2012年中央一号文件突出强调加快农业科技创新，首次提出要大力培育新型职业农民，政府工作报告也提出要采取有效措施，稳定农业生产经营队伍，积极培育新型农民。

职业农民的产生已是历史发展的必然，但新型职业农民教育培训却是一个新生事物。从长远来看，培育有科技素质、有职业技能、有经营能力的新型职业农民，就是培育粮食安全和农产品有效供给的未来，就是培育农业现代化的未来，就是培育社会主义新农村的未来。很多发达国家在推进农业现代化进程中都将培育职业农民作为推动农业发展的核心力量，都将涉农职业院校的教育培训作为培育新型农民的重要手段。由此而言，培育新型职业农民，现代农村职业教育将承担重要的现实任务并发挥不可替代的重要作用。

从2014年底到2015年上半年，我们对全省6个设区市、15个县、30个乡镇、60多个自然村的300多户农户开展入户调查和座谈，对现行农民职业教育培训进行比较研究，完成了《河北省新型职业农民教育培训研究》专题调研报告。本报告比较全面地反映了我省涉农职业教育概况和职业农民教育培训现状，提出了我省新型职业农民培训的政策性建议，为教育行政决策提供了重要的参考依据。

如何调整涉农职业院校定位与培养模式，使农村职业教育深度融入当地产业，满足区域经济社会发展需求，促进农民潜能开发和素质提高，切实为我省社会主义新农村建设服好务，是当前推进职业教育内涵发展的重要任务之一。同时，新型职业农民培养模式改革和创新不仅是现代农村职业教育发展的热点，也是推进现代农业发展的难点，我省教育部门将围绕这一问题，继续组织力量进行深入的探索研究。

一、研究概述

（一）研究的意义

一般而言，在工业化进程中，农业为工业部门的扩张和工业化的发展提供重要的资本积累，而其本身却会暂时处于相对困难、相对落后的窘迫局面。从我国目前的情况来看，一方面，总体上进入了工业化的中后期，城市化进程加快，繁荣景象初现；另一方面，广大农村地区的经济社会发展却极不平衡，“三农”问题成为关系国民素质、社会稳定、国家富强的重要问题。得到公认的是，中国社会主义现代化建设成功与否，取决于农业、农村、农民问题的解决程度，“三农”问题也因而在中华民族伟大复兴的历史征程中处于极其重要的位置。这就首先要求我们必须下决心解决贫富悬殊、城乡和地区差距过大等问题。

人是生产力的第一要素，农村经济社会的发展进步、实现农业现代化，重要的是对农村地区人力资源的开发和利用，确保让大量的高素质农村人口、农村人才留在农村，为农村和农业发展所用。党的十八届三中全会做出的推进新型城镇化建设的重大决策，有利于促进城市和农村共同发展，实现城乡共同富裕；有利于农村物质、精神和政治“三个文明”建设；有利于在农村创建社会主义和谐社会。新型城镇化建设过程中新农村建设需要的人才，主要来源于农村后备力量，来源于新生代农民。因此，重视和培养农村后备力量，培训新型职业农民，将巨大的、潜在的力量转化为推动农村生产力发展的重要力量，是建设社会主义新农村的首要基础。

当前，农村职业教育发展遇到了一个瓶颈，优质的农村职业教育资源出现了“滞纳”现象。一方面，涉农职业院校招收不到直接为“三农”服务的学生，教育教学仍停留在传统体制的培养模式中，造成了培养者与被培养者脱离，培养的对象与使用脱节，培养的内容与实际脱节，农村职业教育直接服务农村发展的功能正在退化乃至丧失；另一方面，农村人力资源素质上的突出问题并没有得到真正有效的解决，农村对人才需求状况没有根本改变。就本次调查的情况来看，仍然存在着农村地区农民科技素质整体水平较低、农村技术人员匮乏、文化层次较低的问题，农民思想教育以及自身教育不到位，普遍受到传统观念的禁锢和经济条件的制约，因循守旧的观念仍然存在，对实现新农村建设目标构成极大的障碍。

做好新型职业农民的教育培训，是办好农村教育、实现农业现代化的基本要求，是建设社会主义新农村的直接需要，也是亿万农民群众学有所教、实现全面发展的迫切需求。新型职业农民和农村后备力量的教育培养，是整个农村教育的重要组成部分，关系到整个教育事业能否协调发展，关系到全民素质的整体提高和建设人力资源强国的目标实现。教育的难点在农村，发展的重点在农业，人口素质提高的重点和难点在农民。随着我省新农村建设步伐加快和农业产业化经营的深入发展，出现了对农业人才、农村人才的高度渴求。但是，目前我省培养农村人才的渠道单一，教育结构不尽合理，知识陈旧，观念落后，导致我省农村适用人才不足，出现了后备力量令人担忧的局面。因此，探索和研究从多层面、多形式教育培训新型职业农民，储备农村后备力量，促进社会主义新农村建设，推进新型城镇化建设，不仅具有理论价值，更具有重要的实践意义。

（二）新型城镇化与职业教育

新型城镇化是指坚持以人为本，以新型工业化为动力，以统筹兼顾为原则，推动城市现代化、城市集群化、城市生态化、农村城镇化，全面提升城镇化质量和水平，走科学发展、集约高效、功能完善、环境友好、社会和谐、个性鲜明、城乡一体、大中小城市和小城镇协调发展的城镇化建设路子。新型城镇化的“新”，就是要由过去片面注重追求城市规模扩大、空间扩张，改变为以提升城市的文化、公共服务等内涵为中心，真正使我们的城镇成为具有较高品质的适宜人居之所。一方面，在城市的形成、扩张和形态塑造过程中，人的活动始终贯穿其中；另一方面，城市从它开始形成的那一刻起，就深刻地改变人类社会的组织方式、生产方式和生活方式。城镇化的核心是农村人口转移到城镇，完成农民到市民的转变，而不是建高楼、建广场。农村人口转移不出来，不仅农业的规模效益出不来，扩大内需也无法实现。因此，新型城镇化主要表现为城镇数量的增多以及各城市内人口规模不断扩大。城镇化过程伴随农业活动的比重逐渐下降、非农业活动的比重逐步上升，以及人口从农村向城市逐渐转移这一结构性变动，同时也包括既有城市经济社会的进一步社会化、现代化和集约化。

我国在改革开放以来的30多年时间当中，城市空间扩大了二至三倍。据统计，截至2013年，我国的城镇化率达到了52.6%。我省经过多年的发展，城镇化率也已达到46.5%，但离国家平均值还有很大差距。因此，我省的新型城镇化还有相当大的发展空间。调查表明，我省的城镇化相对比较落后，主要原因是面临一些突出的矛盾和问题：一是大量农业转移人口难以融入城市社会，市民化进程滞后，作为产业工人的主体，农民工及其家属未能在教育、就业、医疗等方面享受城镇居民的基本公共服务；二是土地城镇化强于人口城镇化，城市发展过度追求宽马路、大广场、新城区、开发区和工业园区，而人口密度偏低，由土地换来的财力很难用于人的城市化；三是城镇空间分布和规模结构不合理，主城区人口压力增大，但小城镇、新城区人口不足、服务功能不够；四是城市管理服务水平不高，基本的城市公共保障都无法保证，教育、医疗、居住、交通等问题严重。

毫无疑问，城镇化已成为中国现代化进程中面临的一个大战略、大课题。河北省是一个人口大省、经济大省，要想在转变经济发展方式、破解城乡二元结构、统筹协调发展的征程中走得更快更好，就必须强力发动新型城镇化这个引擎。随着各地城镇化建设的发展，产生了大量新的就业方向、就业岗位和用工需求，尤其是以服务业为主的第三产业，急需大批适应新的就业方向、就业岗位、就业能力的技能型人才和高素质劳动者。这就需要在政策导向上，向技能型、操作型人才倾斜，大力发展职业教育。

目前，我省的职业教育从国民教育体系总体上看，还是教育事业中的薄弱环节，主要表现在发展不平衡，投入不足，办学条件比较差，办学机制以及人才培养的规模、结构、质量还不能适应经济社会发展的需要。一是普通教育长期以来一直被看作是“正统”“主流”的教育，处于“主体”的强势地位，职业教育处于明显的弱势状态。职业学校教育体系残缺不全，职业培训力度不够，职业学校教育与企业培训缺乏沟通体制和机制。二是职业教育向普通教育的渗透与沟通存在困难。普通教育强调学科本位，以“升学”为导向的模式，与实践和职业生活联系少；职业教育与普通教育之间的沟通是单向的；中、高等职业教育衔接不紧密。高等职业教育的主要生源是普通高中毕业生，所以其人才培养模式的设计是以普通高中毕业生为基准的，造成了中高职的课程脱节，课程内容重复并且层次不清。高等职业教育始终摆脱不了终结性教育的束缚，也体现不出自身特点，质量和效益均受到极大影响。三是目前我省的高等职业教育以专科层次为主，本科以上层次的职业教育还在试验阶段。因此，建设具有河北特色的现代职业教育体系，推动我省职业教育事业科学发展，转变职业教育发展方式，必须创新体制机制，深化教学改革，健全政策保障，着力提升职业教育的吸引力和现代化水平，为我省实现从人力资源大省向人力资源强省的转变提供强有力的支撑。

不可忽视的是，随着城镇化的迅速发展，大量农村劳动力特别是具有较高素质的青壮年农村劳动力从农业转向非农业，从乡村流动到城镇，农户兼业化、村庄空心化、人口老龄化趋势明显。农户兼业化会使农业越来越不受重视。由于农业比较效益低，农户兼业获得的收入要比务农获得的收入高，并且相对比较轻松，家里的“一亩三分地”少收入一些甚至颗粒无收对家庭生活影响也不会太大，农业在家庭经济生活中的重要性就会逐渐降低，就会越来越不受重视。村庄空心化造成农业农村发展的巨大障碍。人转移走了，农村的住房闲置了，土地撂荒了，基础设施报废了，农业农村发展也停滞甚至倒退了，不仅造成农村土地等资源的巨大浪费，还对农业农村建设和城乡统筹发展造成了巨大的障碍。人口老龄化导致未来“谁来种地”成为全社会关注的焦点问题。现在种地的农民年龄越来越大，总有一天他们老了，种不了地了。而年轻人普遍不愿意留在农村，更愿意进城打工和生活，即使留在农村，也不愿意种地或不会种地。未来“谁来种地”、农业农村怎么发展、国家的粮食安全怎么保障、13 亿多中国人的吃饭问题怎么解决等，引起政府与社会各界的普遍关注和忧虑。

（三）研究的原则、内容和方法

在社会主义新农村建设和现代农村职业教育发展的双重发展背景下，坚持“从农民中来，到农村中去”的教育培训原则，坚持实用、多元、双向的课堂教学改革模式，重视农村职业教育的实效性、季节性、层次性特点，开展实施新型职业农民教育培训与学校发展相结合的研究。研究内容主要包括以下几个方面：

一是调查我省在新农村建设过程中新型职业农民后备人才基本情况。在农村社会状况、农村职业教育现状、农村人才需求分类、比较、培训和就业方向等方面获得第一手资料，为课题深入研究打下基础。

二是揭示新型职业农民教育培训运行规律。研究新型职业农民教育培训具有的特殊性以及与传统体制下的模式有何不同，解析影响其发展的主要因素以及与当地经济发展的关系，深刻、全面认识农村后备力量教育培训在我省农村职业教育中地位的重要性和必要性。

三是新型职业农民教育培训模式试验。找到教育培训体系运行中内在的、必然的、科学的运行规律，建立有效的教育模式。

四是为教育培训模式的选择和优化建立科学的评估体系。通过研究实践拟取得如下成果：第一，厘清我省当前新农村建设中有关人才使用和培训的基本情况，找出制约农村职业教育效果的因素，提出完善农村职业教育的方略。第二，探究我省农村经济社会发展中对知识类型、专业方向等的需求，因材施教培养后备力量；分析农村人员结构、知识层次、学习内化能力等方面数据，探索适合农村后备力量的教育培训模式。

五是在农村职业教育实践中验证并优化教育培训模式，使其能更好地发挥作用，从多层面优化教育培训模式。

（四）研究的创新点

一是从新型职业农民教育培训的维度出发，研究当前形势下的农村职业教育，为农村经济发展提供人才储备。

二是为当前农业职业院校改革提供一种新的思路。农业职业院校曾经在为农村人才培养方面做出了巨大的贡献，但是近些年来，农业职业院校、涉农专业逐渐萎缩。在这种情况下，特别需要突破传统体制禁锢，转变农村职业教育理念，改革教学目标，适应市场要求，优化职业教育培训模式，促进农村人才培养有更大发展。

三是建立健全农村教育培训效果的评估体系。没有评估就没有改进，就不会制定出科学的计划。评估的结果也是各级管理服务部门必须掌握的资料，但目前在对农村职业教育的评估方面基本上还是空白，或借用其他评估体系，不利于为现代农村职业教育发展提供独有的便利条件。本研究尝试建立起了适合我省农村后备力量教育评估的专门指标体系。

二、新型职业农民教育培训研究的理论勘定

在我国农村数以亿计的农民中，有数以千万计的种粮、种菜、养殖业等的技术能手，有数以百万计的种植、养殖大户，他们有能力不断学习和掌握新知识、新技术，具有开拓创业精神和能力，支撑着中国农业的发展。

优秀的农民就是农村人才，他们既是生产者，又是经营者，也是技术员和经纪人。

（一）新农村建设与农村人力资源开发

马克思主义经济学认为人是劳动的主体，自然是客体，人的劳动在社会经济活动中有着极其重要的作用。人力资源概念的基本内涵包括人的智力、学识、技能、道德等因素，人力是通过在改造自然的过程中提高的。我国农村集中了数量最多、潜力最大的人力资源群体，是我国经济增长可靠的、持久的动力源泉。加快农村人力资源的开发，教育培训亿万农民，使其潜在的人力资源能力转变成现实的劳动力，是社会主义新农村建设这一历史任务实现的根本要求。

新型职业农民和农村后备力量教育培训的内容，囊括了可支持农村经济社会发展众多教育内容，主要集中在地位、实施方式、组织体系、农民心理素质和技能素质的培养方式、教育模式建构、优化教育培训方式的选择、培训效果的评估体系建立等方面。这一教育培训应从人员层次、技能要求、类型分化、学习能力相异等方面试验来建立模式，在选择中优化提高，以实现教育资源的效用最大化。教育培训的具体模式是实现教育思想的载体，将起到把知识、技能传授给农民的桥梁作用。教育培训模式不是一成不变的，随着培养对象的不同、教育者的不同、外部因素和环境的不同都会使培养模式有所调整变化。我们可以从课堂形式改变、教材的改革、教学方法的改变、教学手段的改变等方面实现教育培训的目的。通过对教育模式的评估，我们可以科学地选择出适合本地域农村的教育培训的方法。也就是说，人力资源开发利用的实现从不拘泥于一种永不改变的教育形式。

（二）文化资本理论与新型职业农民教育培训组织形式选择

法国社会学家皮埃尔·布迪厄（Pierre Bourdieu）把资本划分成经济资本、社会资本和文化资本三种形式。“文化资本”泛指任何与文化及文化活动有关的有形及无形资产，影响着社会收益和经济生产率。农民文化资本的积累深刻影响着自身学习行为，最终影响到农村社会和经济的发展。农民文化资本是农民所特有的文化、知识、风格与习性，包括语言、品位、知识、技能、艺术、举止仪态等。布迪厄强调，文化资本是通过各利益主体间（教育者与被教育者之间）的交互关联不断累积，建立良好的人际关系能更好地促进教育质量的提高。在市场经济的冲击下，农村社会的文化资本存量相对来看越来越少，相互之间的交流与学习也越来越少，这种状况严重影响着农民素质的提高，对本来就处于弱势地位的农民非常不利，需要进行外来干预和输入。

文化资本可划分成身体化形态、客观形态及制度形态三种基本形式。身体化形态指行动者通过家庭环境及学校教育获得并成为精神与身体一部分的知识、教养、技能、观念等文化产物，能够通过学习来积累知识、提高文化修养。但是，如果这些知识与修养没有经过充分的吸收和消化并最终转化成为行动者精神与身体的一部分的话，那么它就很有可能流于表面形式，成为一种仅仅用来装点门面的临时性知识。所以身体化形态知识的获取，既无法由其他人代理执行，也不可能不加任何修正地以完整的形态出让或传授给他人。客观形态即物化状态，具体地说就是书籍、绘画、古董、道具、工具及机械等物质性文化财富（Biens Culturels）。显然，物质性文化财富越丰富，或者其质量越高，表明他拥有的客观形态文化资本就越多。如果行动者的身体化文化资本，不投入到具体的市场中去的话，那么是无法作为一种文化资本发挥作用的。文化资本的制度形态，就是将行动者掌握的知识与技能，以某种形式正式予以承认，并通过授予合格者文凭和资格认定证书等社会公认的方式将其制度化。这无疑是一种将个体层面的身体化文化资本，转换成集体层面的客观形态文化资本的方式。

从以上文化资本的三种形态中我们不难发现，农民文化素质的获得和层次的提高，必须有相应的教育培训模式和手段，并且由于文化资本的积累是一个艰苦而漫长的过程，在社会场域内农民的学习机会少，他们只有依靠来自社会的教育投资，才能完成自己的文化资本积累，这是现在值得高度重视和认真开展相关研究的一个有意义的课题（见表 4-1）。

表 4-1　农民文化资本积累体系与培训模式构建

组成	含义	主要内容	相应培养模式
身体化形态	教育内容的吸收，然后转化为行动者精神与身体的一部分	知识、技能、教育、观念、态度等	教育者与行动者面对面交流沟通。引导教育者进入课堂，接触被教育者
客观形态	身体化文化资本投入到具体的市场中去，发挥文化资本的作用	书籍、绘画、古董、文化用品	行动者道德、情操、审美能力和鉴赏能力培养。将农民请进课堂，提升文化层次
制度形态	将身体化文化资本转化为客观形态的保障方式	体制机制建立、体系形成、政府扶持、效能评价	教育者体制建立，行动者受到教育保障措施。政府保障与投入

（三）农村生产力发展的原动力

农村生产力的发展，农民是最根本的、能动的、起主导作用的因素。农民是农业生产的主体，农民的文化科学知识、生产经营和劳动技能是创造物质财富的基础，是实现社会主义新农村建设的基础。但我们“必须看到，人力资源并不是有了一定数量的人口就能自动生成的，而是需要去开发和建设的”（江泽民，2001 年 5 月在 APEC 人力资源能力建设高峰会议上的讲话：加强人力资源能力建设促进亚太地区经济繁荣）。农民的文化资本是农民掌握和使用生产力要素之一，越来越社会化的大生产必须以人的全面发展为前提，所以，农村社会的持续发展要以农民思想、技能的提高为动力。

学校和其他教育主体，特别是担负农民技能和精神文明建设的农村职业教育院校，更有义不容辞的责任，这要求涉农职业院校要不断地更新教学内容，改进教学模式，关注农村社会的发展，始终把增强农民素质、培养农村后备力量作为新农村建设的立足点。农村后备力量的教育培训，和以往的扶贫支教有很大的不同，不是流于形式的宣传，而是农村职业教育办学理念的转变和提升，是新理念的形成和教学模式的积极探索和改革。在此过程中，政府在推动教育培训活动的开展、运行和效果评估，起着重要作用，离开政策的支持，农村后备力量教育培训的进行将变得异常艰难。

（四）新型职业农民教育培训主体的构成

学校尤其是农业职业院校，应该是新型职业农民教育培训的主体，是农民思想、技能的培养者，是农民文化资本的积累者。农业职业院校的教育职能，也只有通过农村社会目标的实现才得以实现，否则就无法体现自身存在的必要性。农业职业院校的知识储备、教育传授的经验，是社会教育资源长期积累的财富，是农民掌握知识、提高思想的源泉。学校对农民传授知识、技能是权利，也是其责任。传授的方式、质量、数量的多少、效果等内容，是评价院校办学优劣的重要标准。长期以来，农业职业院校在办学理念、教学体制、教材编排、教学方式和模式上，与普通的义务教育学校非常相似，甚至是脱胎于普通办学体制下的产物。招生方式、管理方法、教学模式、办学评价方面等诸多内容和普通学校来比较，是参照了普通学校的义务教育做法，这本身就不符合职业教育的发展规律。现代职业教育，尤其是现代农村职业教育和农业技能的培训，培养对象在农村，培养的人才也要留在农村，其为农村经济社会发展的采用、贡献才能体现出农业职业院校的办学水平和成绩。因此，农业职业学校在对农民进行教育培训方面，与普通的义务教育学校相比，都该有自身明显的优势和特色。

农民是农业院校以及其他教育部门的客体，是教育培训的对象。只有以知识和技能为纽带才能将农业职业院校与农民联系起来，成为与政府共同指向的培养目标。一方面，学校的教育培训功能只有通过农民表现出来，政府的政策效应和制度效率也是通过农民才能得到真实的反映；另一方面，农民的基本诉求、农民的期望与整个社会的发展保持同步，实现共同发展。他们会采用理性的手段和方法，去改善自己的基本生活经济条件。在这样的过程中，农民对政府和学校都有期望，见图 4-1 所示。

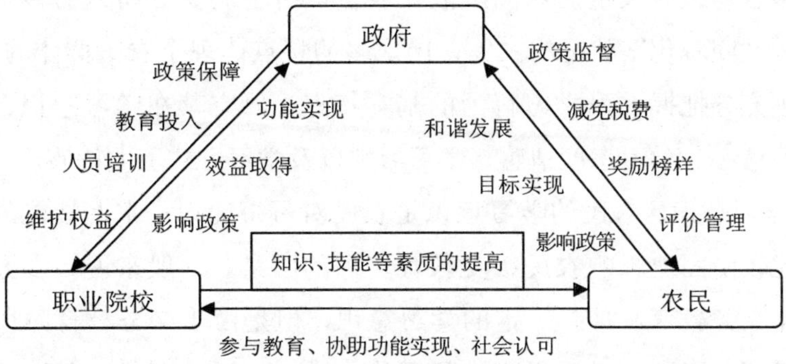

图 4-1　政府、院校、农民在教育培训体系的角色互动示意图

政府及其有关部门在三者之间的作用非常重要，政府的行为具有主导性。政府的政策效应只有通过其他两者的功能的实现来体现的，政府为其他两方提供了政策、人力、财物的物质保障。同时，政府有关部门在其中又起着调节和评估的作用，来保障农村后备力量教育培训工程的顺利推进和实现。

（五）农民学习行为的特征分析

随着社会主义新农村建设步伐的加快以及农业产业化经营的发展和农业结构调整的深入，出现了农村技能型人才日趋短缺的现象。加强农民教育培训，培养大量“有文化、懂技术、会管理”的新型农民，是解决这个问题的根本举措。但是，目前面向农民的教育培训还存在着一些问题，主要表现在：没有抓住农民学习行为的特点，没有从农民学习心理的层面来研究教育培训活动，因而造成了教育培训内容不适用、教学方法陈旧、教学手段落后、教育模式雷同的局面，导致对农民的教育培训针对性、目的性不强，效果也不太理想。因此，了解和掌握农民学习行为的特点，探索和研究农村后备力量教育培训的有效模式，对于促进社会主义新农村建设具有深远的现实意义。

农民与在校学生的最大差别表现在两个方面：一是人数众多，区域特点明显；二是人员层次多，且因农村社会生活方式而有着较大的相互影响。

人数众多容易造成大量的农民闲散在农村，由于缺少劳动力的转移途径而最终变成“固着化”状况的农民；层次多的特点体现了农民群体的复杂性，因此必须充分把握农民学习行为的基本特点，研究其在学习意识、学习兴趣、学习信心、学习态度情感、学习习惯以及学习方式上的特质。

1. 学习意识。农民的学习意识是农民对习得知识、掌握技能的潜在看法，是比较坚固地影响农民接受教育培训的因素。一般来说，多数农民经过了九年义务教育，具有一定的学习意识，但是由于义务教育阶段没有接受职业教育，回到农村后很难满足现代生产、生活的要求，所以普遍存在着学习意识淡薄、抵触接受技能教育的情绪。

2. 学习兴趣。农民的学习兴趣是农民对学习的一种积极的认识倾向与情感状态，是影响农村后备力量开发利用的重要因素。农民对知识掌握的兴趣，是建立在能改善自身生活状况并能满足不断增长的物质文化需要基础之上的。农民的学习兴趣也体现在教育者实施的教学过程中：在教学模式上，倾向于直接交流和手把手地传授方式；在教学方法上，喜欢多次重复的“整体学习”方式，将每一次学习内容都当成一个整体进行反复练习、多次重复；从教学知识点本身看，他们的兴趣集中在简短或能用通俗语言表达的材料上。

3. 学习信心。农民的学习信心是其对学习信念的坚定程度，是决定学习能否取得成效的关键因素。一般来讲，青年农民由于刚出校门，表现出对农业职业技能学习和掌握的不积极态度，而且他们在学校学习时表现出的信心不足的心理会转移到农业职业教育培训上来，这需要帮助他们认识到农民的教育培训是以实际动手能力为主的教学方式，可以反复学习而不必接受学不好时的惩罚，使他们的学习信心慢慢增强。对于处于“固着化”状态的农民来说，影响他们学习信心的主要因素是日常生活的不规则，如果学习模式和方法得当，他们的学习信心可以很快树立。

4. 学习态度和情感。这是农民对学习较为持久的肯定或者否定的行为倾向，是农民在学习过程中感受到的积极的或者消极的体验。农民学习态度和情感的积极方面，是农民在长期生活中经历磨炼形成的。调查中得到的基本印象是，成家后的农民，由于受到家庭和生活的磨炼，对学习的态度比较积极，对学习有积极的情感。他们对能改善实际生活并且能解决实际问题的知识和技能最感兴趣。如：学了果园管理技术，就能改变自家果园的落后状况，能增产增收，那他们的态度就积极；再比如：已经到了一个乡镇或地方企业上班了，此时由于工作的要求，需要会计知识、农产品营销知识，这时的他们就表现出乐于接受教育培训的情感状态。

5. 学习习惯。学习习惯是农民在学习过程中经过反复练习形成并发展的，成为一种个体需要的自动化的学习方式。调查基本印象为：一是青年农民的学习习惯不如长期在农村劳动的农民；二是农民的学习习惯主要表现为从众性强、自觉性差，传统性强、创新性差，知识经过别人验证后才容易内化，不注意知识的积累，随学随用，学成后一旦不用，很短时间就会荒废。

6. 学习方法。农民有自己的学习方法，并且表现出群体的复杂性。如果没有通过亲身的实践活动，学校或者其他的教育机构很难把握住农民的学习方法，所传授的知识技能必然不易被农民接受。将抽象知识形象化、口语化的学习方法效果很好。

（六）教育培训效果的评价与评估

对教育培训效果的评估，在整个教育培训过程中占有重要地位。正确、科学的评估，一方面可以促进教育培训机构改进自己的教学，增强培训效果；另一方面，评估的结果能帮助培训管理机构掌握更好的决策信息，从而来调整教育培训力量，改变或完善政策，加强薄弱环节，避免政策的“马太效应”，实现农村教育的公平。目前，农村后备力量的教育培训效果的评估还处于缺失的阶段，有必要尽快建立健全相关评估指标体系、要求，促进农村职业教育的全面发展。农村教育培训的评估具有地域性的特点，各地的培训体系，尽管在一般原则要求上是相同的，但是在细节方面又表现出了很大的不同。

美国学者柯克帕特里克（Kirkpatrick）在1959年提出将培训的效果按照深度和难度两个维度分为四个层面进行评估，比较准确地从数字上反映出了教育培训的效果，成为在全世界各种教育效果的评估中应用较广的理论指导模式。有的人还对“柯氏模式”做了补充和扩展，其内涵仍未脱离柯克帕特里克的基本要求。但是，将“柯氏模式”应用到农村教育培训的效果评估上很少，模式中的指标体系的建立和内涵赋予，权重系数的设定等方面都处在摸索阶段。

第一个层面的评估，是对学员反应的评估，也称为反应层评估，是最基本的、最简单的评估。评估的内容主要是学员对传授知识的内容、教师、教学方法、教学设施和场地等方面的印象，可以采用问卷法、小组讨论法等简单的调查方法获得评估数据。但是用学员反应来评估教育培训效果，容易出现以偏概全、主观性强的缺点。

第二层面的评估，是对学员学习效果的评估，又称为学习层评估。主要评估学生掌握了多少知识和技能，评估分为三个方向：一是对掌握知识的评估，学生对讲授的知识理解、记忆达到什么水平，可以通过试卷考试来进行；二是对学员掌握技能的评估，可以在现场进行职业技能的考评定级来进行；三是对学生态度的教育评估，评估学生在培训以后对农村社会的评价和行为倾向。该层面的评估会给学生和教师带来压力，容易出现农民学员辍学，教师不愿下乡授课的问题。

第三层面的评估，是对学生行为改变的评估，因此，也称为行为层评估。主要评估学生经过知识和技能的教育培训后，在工作中的行为和职业表现方面有多大程度的改善。对农民学员行为改变的掌握，职业教育培训部门一般来说很难控制，评估工作有难度，很多教育培训的评估工作到此出现难题。可以采取观察法、调查法、资料分析法等方法，但时间较长，影响因素较多。

第四层面的评估，是对教育培训产生的效果的评估，也叫绩效层评估。主要评估教育培训是否产生了积极的变化，对提高农民思想、道德和技能水平起到了积极的作用，并且侧重经济情况的改变和思想道德水平提高方面，比如表现在：村容村貌改变、治安案件减少、集体活动参与度增加、家庭经济收入提高、农民经济行为改变等方面。可见，该层面的评估时间更长，需要必要的技术和手段，积累地区数据，必须得到有关方面的合作，分辨教育培训与结果之间的关系。

柯克帕特里克评估模型，从四个层次出发，较为准确地评估了教育培训的效果。第一、第二层次的评估较为简单，后面的研究中我们将在通过教育培训过程中的一些具体案例加以分析和说明；第三、第四层次的评估较为复杂，对于这个问题，我们做了些改进，分析如下：农民后备力量的教育培训效果的评估，就是要看经过教育培训后，农民在多大程度上改变了知识（Z）、技能（J）、态度（T）这三类主要的素质（S），在多大程度上得到了提升。可以建立这样的函数：素质提升度＝权重系数·（知识增加＋技能提高＋态度改变），也即$\triangle S=C\cdot(C1\cdot\triangle Z+C2\cdot\triangle J+C3\cdot\triangle T)$。C为总权重系数，C1、C2、C3为各个因素系数。

三、国内外对农民进行培训的概况

（一）国外农民职业教育培训的做法及其对我们的启示

许多发达国家由于国情和资源禀赋不同，选择农业现代发展道路也不同，但有一个共同点，就是都将培育职业农民作为推动农业发展的核心力量，都将涉农职业院校的教育培训作为培育职业农民的重要手段，很多做法值得我们学习借鉴。

1. 韩国“新村运动”中的人才培养

20世纪70年代开始，韩国掀起了促进农村发展的“新村运动”，目的是动员农民改变落后的农村社会发展的状况，共同建设农村社会。经过几十年的努力，终于使韩国农村摆脱贫穷与落后，经济得到快速发展，社会也逐渐趋向和谐和均衡发展。这场在韩国掀起的促进农村发展的新村运动中，农民教育，特别是青年农民的教育问题占据极其重要的位置。

“韩国的新村运动，是在农业萎缩、农村衰退、社会颓废的大背景下，农民得到政府、学界和城市居民有组织的支持和呼应而发起的自助、致富活动，也是城乡、经济社会均衡发展的成功尝试和具体实践，这是韩国新村运动的最大财富和成就。”（王思明，《新农村建设：背景、成效、问题和启示——中日韩的比较研究》，中国农史，2007第2期，39—47）。韩国政府认为：“农民的觉醒是乡村改造得以成功的关键，要通过一种具有感召力的活动和能使国民喜闻乐见的、容易接受的形式，激发农民的自立、自助、自强精神，让千百年来宿命的绝望和失意所统治的农民觉醒，使国民长期受抑制的、潜在的、良好的社会道德再次迸发出来，从而释放出建设乡村、管理乡村的无穷潜能。”（邬志辉等，《精神培育：新农村建设背景下农村教育的使命》，东北师范大学学报（哲学社会科学版），2008第1期，13—17）

韩国“新村运动”不仅仅改变农村社会结构，更为重要的是通过挖掘民众中潜在的“美”和“善”，弘扬民族的传统美德，弥补工作的疏漏和社会发展的盲区，疏解民众的不良情绪，以促进社会和谐。为培养以“韩国精神”为核心的农村运动新型人才，他们建立了专门的教育和培训的渠道和方式，培养了大批新村运动的骨干指导员，教育全体国民树立勤勉、自助、协同、自立的新村精神和民主市民意识，开设了精神教育、地区政策指导、女性社会指导、公职伦理等课程。韩国前总理，新村运动中央会会长李寿成曾表示，搞任何思想道德教育，必须要有载体，否则大家只能空谈而不会有实际行动。

韩国政府充分意识到在农业生产以及在获得农业、渔业竞争力方面，农业生产的主体，也就是农户和渔民的技术、技巧和管理能力比其他因素都要重要。必须通过培训提升农户和渔民的经营能力。农户培训计划的目标在于重点通过先进技术和管理能力的培训提升农民在产业主体中的地位。在2013年以前扶持20万个有先进技术和管理能力的农业专家。对不同规模的农户进行系统的培训，通过提高年度预算提升培训质量。

2. 日本职业农民教育培训

日本是一个岛国，人口密度大，国土面积狭小，耕地资源少。从自然条件看，日本的农业资源条件与我国相比并无优势，但日本农业现代化程度却远远超过我国。日本政府十分重视农业发展和农民教育，对农业和农村制定了一系列优惠政策以及对农民众多的保护和扶植措施，并且培养出了大批农业科技人才、农业技术推广人员和适应现代农村建设的高素质农民。

日本的农民培训由国家统筹规划，政府农业部门与相关部门分工指导和协作，以教育系统为农民培训的主体，农业改良普及事业系统和农协予以配合。文部科学省系统的农业教育包括初等教育（小学）、前期中等教育（初中）、后期中等教育（高中）、高等教育（短期大学、大学），并主要在后期中等教育和高等教育中实施。农林水产省和各县所管辖的农业大学校（非学历教育）是对日本高等农业教育的有益补充。农业改良普及中心是日本农民职业教育体系中不可忽视的重要组成部分，对农业技术普及推广、农业劳动者素质的提高具有重要的促进作用。日本农民培育的主要特色是以农协为主导，农协是农户与市场、农户与政府之间的中介和纽带。日本农协作为世界范围内公认的最为成功的农业组织形式之一，对于以小规模农业经营为主要特征的亚洲生产模式有很好的借鉴意义。

日本政府为推动环境保全型农业建设，通过建立生态农户为载体，从政策、贷款、税收上给予支持，以提高生态农户经济效益和社会地位。1993年，日本实行注册农户制度，国家向注册农户承诺对他们的支持政策，旨在改善农业经营状况、推进农业规模经营、提高农业经营效率的重要农政改革措施。认定农业者农地的取得、农业生产设备机械等的配备及必要资金由国家、县、市补助利息，实行低利融资。主要有农业经营基础强化资金、农业近代化资金、农业改良资金。为了农用地的集聚利用，农业委员会对其实行农地调整的支援。对于扩大一定规模的农业者，农业用机械、设施、家畜、树木的折旧比例增加，可以包含相关经费，税制上可享受优惠。

3. 欧盟职业农民教育培训

欧盟是世界上具有重要影响的政治和经济区域一体化组织，支持农业及农民发展一直是欧盟总体经济政策的基石，农业及农民政策在促进经济发展方面起着至关重要的作用。欧盟各国政府非常重视农民培训工作。他们建立了具有自己特色的培训模式，其中最大的特点就是把农民培训与证书制度有机结合起来。这种农民培训模式的建立与实施，不但满足了农民对培训的需求，切实提高了其科技素质，而且也对世界上其他国家农民培训体制的建立产生了重大影响。

欧盟以家庭农场为主要农业经营单位进行农业生产。这些地区的农业生产对技术的要求较高，农场规模较小且分散，但是他们有先进的科学技术与发达的现代信息技术。根据这些特点，欧盟各国提出了政府、学校、科研单位、农业培训网四者有机结合，通过普通教育、职业教育、成人教育等多种形式对农民进行教育培训的欧盟模式，代表国家为英国、法国和德国。

欧盟农业政策在促进欧盟经济特别是其农业发展方面起着至关重要的作用。在农业领域实施共同政策是欧盟走向产业一体化的第一步。CAP（欧盟共同政策）中有关农民发展的支持对象主要包括：青年农民、小农户、活跃农民。

4. 国外农民教育培训对我们的启示

一是对农民教育培训以立法保障。通过立法形式建立农民培训体系，保障农民教育培训的顺利开展，保证农业后继有人，是各国的普遍做法。美国通过《莫雷尔法》《哈奇法》《史密斯利费法》等农业法律，保证每个州都有专门教育培训机构和农业技术合作推广站，实行农业教育、科研、推广“三位一体”，开发农村人力资源。

二是农民教育培训以青年农民为主。各国普遍农业劳动力缺乏，青年农民作为农业的后继者，被各国列为重点培育对象。

三是农民教育培训管理以政府为主导。很多国家都以政府资金投入为主渠道，保证农民教育培训需求。法国实现农民按需培训，农民可以自选培训内容、培训时间，培训不仅免费还发给补贴。日本、韩国农协在农业教育方面也发挥着重要作用。目前，美国农民普遍接受过高等教育，德国所有农民即使受过高等教育也必须再经过不少于三年的农业职业教育。

四是开展多层次、多形式的农民教育培训。为适应不同农民的需求，各国展开了高、中、低多层次、多形式的农民教育培训，具有很强的针对性和实用性。

五是重视职业农民认定管理。经过培训和农民职业资格认定才能从事农业工作并给予相应补贴是很多国家的普遍做法，为将来的政策扶持奠定了基础。实行农民资格考试，确保宝贵的农业资源让高素质的农民来使用和经营。英国的农民职业资格证书分为农业职业培训证书和技术教育证书两大系列。法国农民培训的职业资格证书有四种，德国有“合格证书”和“农场师傅证书”两种。加拿大推行“绿色证书”制度，不获得绿色证书不能成为农民，不能继承或购买农场。

六是保障农民教育培训经费。各国将政府投入作为农民教育培训资金来源的主渠道，能有效保障农民教育培训的可持续发展。给予持证农民政策优惠，保证农民的务农积极性。如有权购地租地，有权申请建立企业和经营农场，可以得到政府提供的低息贷款，创办农场第一年可以得到政府资助和补贴，初始几年减免税收，受过农业教育的子女在继承农场上享有优先权等。

七是制定完善相关支持职业农民培育的政策。各国在不同发展时期，根据本国具体情况，对农业予以政策支持，并加以及时调整，对农民培育起到了重要作用。

（二）国内农民职业教育培训发展概况

每个办学模式均是在社会发展到一定历史阶段，不断探索、完善的结果，这些办学模式在一定历史条件下，促进了学校的长足发展和农民技能素质的持续提高。但是，随着社会的进步，办学模式在学校发展过程中遇到这样那样的问题，办学模式也随之在不断地发展、改革、创新中取得更新和升华，进而保证了学校持续、快速、健康的发展。

1. 发展状况。从 20 世纪 90 年代以来，我国相继开展针对农村不同的人群进行教育培训的活动，取得了重要成果。在培训内容和目标上看，农村文化建设是以邓小平理论、“三个代表”重要思想和科学发展观为指导，紧紧围绕发展经济、建设小康的目标，坚持“精神文明重在建设”和“一手抓繁荣、一手抓管理”的方针，加强农村文化工作队伍和基础设施建设，活跃和丰富农民文化生活，满足农民日益增长的文化生活需求，提高农民的思想道德素质和科学文化素质，为农村的经济和社会发展提供强大的精神动力、智力支持和思想保证，加快有中国特色社会主义新农村建设的步伐。

（1）绿色证书工程

该工程开始于1990年，1994年全面推开，旨在培养骨干农民制度，按照农业生产岗位规范要求开展培训，现已培训3 000万人。计划达到每8户农民就有一人参加绿色证书培训。

（2）跨世纪青年农民科技培训工程

农业部、财政部和团中央共同组织实施，主要对优秀青年开展以科技为主的综合性培训，培养农村致富带头人和建设社会主义新农村的中坚力量。到2005年已培训800万人，基本达到每个村民小组就有1名或2名青年农民参加培训。

（3）农民创业培训工程

主要培训外出返乡的青年、种养大户、农机大户、科技带头人、农村经纪人、专业合作组织领办人、农业企业经营创办人和有志于农村创业的大中专毕业生，时间不少于1个月（主要培训内容：政策法规、创业理念、创业技巧、市场营销、人力资源管理、农产品品牌创建、循环经济、农产品质量安全、合作组织等知识）。

（4）阳光工程

主要是对农村富余劳动力转移就业进行引导性和示范性培训，提高农民进城务工就业素质和技能，促进农村富余劳动力合理有序流动。近两年，阳光工程培训以发展粮食生产，保障主要农产品有效供给和增加农民收入为目标，以提高职业农民科技素质、推广应用现代农业科技和解决生产实际问题为关键，整合各级各类培训资源，多层次、多渠道、多形式开展农业职业技能培训和农业专项技术培训，极大提高了广大农民的生产能力和经营水平，为我省粮食生产连续10年丰收、农民收入连续10年增长、农业科技进步贡献率逐年提高、农业农村经济保持平稳较快发展提供了技术和人才支撑。

（5）农业远程培训工程

运用现代教育手段，加大传播覆盖面，快捷有效地向广大农民提供技术、信息和咨询服务，使农业科技成果迅速走进千家万户。

（6）新农村建设双带头人培养工程

通过实施“送教下乡”，使农村的大批基层党员干部、专业户、复转军人等有志青年，特别是2008年金融危机以来从各地返乡的农民工，接受正规的中等职业教育，提高综合素质，掌握生产经营技术，成为具有一定技能、可自主创业或再就业的新型农民，成为新农村建设“留得住，用得上”的技术人才，其中的优秀分子成为农村改革发展和科技致富的带头人。

（7）一村一名大学生工程

依托农业大学的“一村一名大学生工程”是由教育部批准，全国承认的2年制普通高等专科学历教育，选拔考试由学校自主命题，考生不参加全国统一高考，自2003年招生以来已培养3 700余人，他们在新农村建设中发挥了重要作用。

（8）大学生村官计划

选聘到村任职高校毕业生，以全日制普通高校大学本科以上学历和中共党员（含预备党员）的应届毕业生为主。通过笔试、资格复审、体检、公示后，确定选聘人员并经培训后正式上岗。选聘的高校毕业生是中共正式党员的，一般安排担任村党组织书记助理职务；是中共预备党员或非中共党员的，一般安排担任村委会主任助理职务；是共青团员的，可安排兼任村团组织书记、副书记职务。村官系非公务员身份，由县级组织人事部门与高校毕业生签订聘任合同，在村工作期限一般为3年。

2. 需要改进的有关问题。以上所简述的农村人力资源开发和利用工程，是在不同的侧面、不同层次开展的，而且在特定历史时期为农村发展起到了不可估量的作用，有关方面也进行了系统的发展和研究。但是从总体上看，各项工程不太全面和深入，时效性太强、阶段特征明显、持续性不足，还不能完全满足农村对人才发展的要求。

首先，从教育培训的主体上看，没有明确的主导性主体，各主体相互独立，主体之间没有建立起合作协调的长效体制，各培训主体服务对象范围狭窄，培训人数有限。分散的培训资源显然降低了教育培训的效率。更有因教育培训项目管理和执行机构确认的利益争执而出现基层教育培训机构无所适从的局面，教育培训的混乱在一定程度上也影响了培训的效果。

第二，从教育培训的内容来看，比较单一，很多教育模式脱离农民群众学习动机，没有充分掌握农民的学习特点，仅从教育者本身所具有的优势出发来推进教育培训工程的，农民的积极性和创造性没有充分发挥。很多教育培训的方式农民并不认可，结果和目标背离。

第三，没有科学的评价机制，更多的形象工程理念和不科学的政绩观，过度地包装导致很多工程往往有始无终，即使是在工程的起始阶段也是形式强于内容，内容为形式服务，有的工程起步即结束。

第四，教育培训的运行成本较高，受项目管理体制的制约，教育培训的组织和管理几乎是在很单一的组织机构内运行，从教育培训的主体选择、培训对象的发动、培训内容的筛选、补偿资助的落实、项目的监督管理等，都完全是封闭操作，结果导致重复、低效、不均衡、难监管等问题，无形中放大了培训成本。

（三）我省农业职业教育发展现状

农业职业教育与“三农”有着最直接、最紧密的联系。几十年来，农业职业教育长期坚持为“三农”服务的办学宗旨，为农业和农村培养了大批专业技术人才和高素质的劳动者，为农业发展做出了积极贡献。但随着市场经济的发展，尤其最近几年农业职业教育出现了一系列发展失调的问题。总体来看，农业职业教育的主体机构出现分化，办学条件普遍较差，与农村经济的发展不相适应，农业职业教育与社会主义新农村建设、发展现代农业和促进农民增收出现了严重的不相适应。主要表现在：

一是农业职业教育规模整体来看呈下降趋势。农业高职在高校布局调整中或撤或并或改，独立设置的农业高职大大萎缩，如原邯郸农业高等专科学校、张家口农业高等专科学校均已并入普通本科高校。2012 年，河北工程大学开设专科层次农林牧渔大类专业 3 个，招生 57 人，在校生 247 人，分别占全校招生和在校生总数的3.82%和6.11%；河北北方学院开设专科层次农林牧渔大类专业12个，招生359人，在校生1 484人，分别占全校招生和在校生总数的18.64%和24.43%。2012年，全省高职专科层次农林牧渔大类专业招生3 692人，在校生11 036人，分别占全省招生和在校生总数的2.20%和2.11%。

原属中等农业职业教育的主体机构即中等农业学校、农业广播学校、农村职教中心也出现分化。目前，坚持举办农业类专业的中等农业职业学校的就仅以中等农业学校和农业广播学校为主，县职教中心涉农专业举步维艰。20世纪90年代，我省有13所中等层次的农业、农机校，其中有4所是国家级重点中专。90年代后期至今，农业学校（含农机、水产类中专）逐渐萎缩，学校数量急剧减少，目前只有石家庄、邢台、邯郸3所农业学校，且发展很不平衡。2012年，全省中职学校农林牧渔类专业招生89 602人，在校生306 214人，分别占招生和在校生总数的29.91%和32.78%。

而在农村劳动力中，接受过短期培训的占20%，接受过初级职业教育或培训的占3.4%，接受过中等职业教育的占0.13%，没有接受过职业技术培训的高达76.4%。目前我国农业科技推广人员中，初中文化程度以下的占60%，平均万亩土地仅有0.8个技术人员，万名劳动力仅有0.16个技术人员。就当前基层农业技术推广体系来看，断层趋势越来越明显，这显然不适应现代农业的需要。

二是农业职业教育与行业部门沟通渠道不畅、管理体制不顺。这些年来，一些地方政府、教育部门缺乏科学论证与统筹规划，未充分征求农业部门的意见，简单地将现有的农业院校“升格”“归并”“下放”了事，个别地方甚至盲目取消涉农办学主体，且相应政策又不配套，从而引起学校人心涣散，导致教育资源流失，优秀教师流失严重，教育质量难以保证，进而直接影响到中等学校自身的吸引力、竞争力。河北省在高等教育布局调整时，有六所农校升格为高职归教育部门，三所农校离开农业行业，两所学校并入高校，目前独立设置的三所均归地方政府管理，农业职业教育体系出现了严重的失调。高等、中等、初等农业教育各自为政，农业教育、农业科研、农业推广各成体系，多头管理、缺乏联系导致有人才需求的找不到人，农业教育资源却在闲置。

三是办学条件普遍较差，服务农村经济的功能相当薄弱。由于历史的原因，相当部分农职院校的办学经费严重匮缺，资金渠道单一，学校经费十分困难。办学经费困难所带来的负面影响是严重的，不仅导致教学设备更新困难，实训基地建设也大大滞后于现代农业的发展，农业优质品种的开发、实验、示范和推广等活动难以开展，对农业和农村经济服务的功能相当薄弱，和发达省份相比，我省的农职院校由于投入严重不足，建设基础差，自身融资能力、偿债能力差等因素，加之生源少，教育成本相对较高，一些新型、先进的教学设备无力购进，一些先进、科学的教学手段无法应用。

四是激励政策不强，学生不愿学农、农民难以上学。受历史、经济诸因素的影响，以及农民群体特殊的文化心理、决策模式等局限，造成涉农专业受到冷落，农村孩子不愿学农，“以农为主”的农业职业教育对广大农民青年的吸引力越来越弱。调查发现，90后的新一代农民工，其中不到5%想回农村，原因是农村家里房子大，城市居住条件太差，另外有些人家里是农机专业户；80后一代的农民工，想回家的也不到10%，农村“两后生”多为独生子女，“跳出农门”的愿望强烈。虽然国家出台了涉农专业及农村家庭经济困难学生免费政策，但涉农专业招生增势不明显，还不可能从根本上调动学生学习农业的积极性。

五是农业类毕业生就业难，创业更难。1990年以来，随着农业产业结构的调整，县区和乡镇对农技人才需求的结构和层次都发生很大变化。再加上乡镇机构改革，财政供养单位减员缩编等，使农业类毕业生原有的就业市场基本消失殆尽。农业部经管司对100个监测县进行统计，1997—2001年，每年只有8%的县乡农业事业单位增人。而2002—2006年间，每年只有5%的县乡农业事业单位增人，新增人员中相当一部分（甚至60%）属非农专业。加之农业类毕业生由于行业、专业、传统观念等因素限制，其出路相对较窄，就业难度较大。特别是种植类专业毕业生几乎没有就业市场，难以找到专业对口的工作，不得不改行另谋出路；其他专业的毕业生，由于社会和用人单位的偏见，也很难找到合适工作。这反过来直接影响到农业职业院校的招生，形成了恶性循环的态势。就是从事农业生产一线的毕业生也因缺少土地、资金等资源，很难得到社会的支持，扎根农村创业更难。

六是农业职业教育内涵发展制约因素较多。农业职业教育人才培养质量仍然受现行教育体制的制约。在师资培养上，单靠学校自身组织导致真正的双师型教师奇缺，教师的教学与科研、生产不能紧密结合。再加上人事制度的约束，目前无论是高职还是中职都出现了“老、旧、差”的状况。在专业设置上，严格的管理使得学校难以及时根据产业状况调整专业布局，原有的专业被边缘化，新兴农业产业需求的专业又跟不上，尤其是农业高职，涉农专业已经陷于惨淡经营的境地。

七是农业职业教育体系不协调，影响职业教育健康发展。由于“三农”问题的复杂性，如农民组织程度低、生产经营分散、产品品种多样、农业产业化水平低等多种因素，决定了农业职业教育在服务方向、办学模式、管理模式等方面的复杂性。我国目前农业职业教育结构畸形，高等、中等、初等农业职业教育比例不协调，不同地区之间差别也很大。而且各层次办学机制缺乏灵活性，与农业、经济等部门及乡镇缺乏经常性的联系、沟通和合作，职业教育与生产实际相背离。一些农业职业学校脱离农民实际需求，专业设置、教学内容、培养模式与农村经济发展实际需要不适应，以致造成专业设置重复、资源浪费，甚至出现各类学校之间的恶性竞争。

四、对农村人力资源状况的调查分析

我国农村集中了数量最多、潜力最大的人力资源群体，是我国经济增长可靠的、持久的动力源泉。通过推进社会主义新农村建设，可以加快农村人力资源的开发，使亿万农民的潜在人力资源能力转变成现实的劳动力，拉动整个经济的持续增长；同时农村人力资源的开发和利用对新农村建设也具有巨大的促进作用，没有农村人口的广泛参与新农村建设是不能想象的。

抽样选取河北省中南部有代表性的平原地区农村，采用入户调查和问卷调查的方式，进行农村人力资源状况调查，定量和定性分析现阶段农村人力资源的开发和利用潜力。调查分析表明，农村职业教育在农村人力资源开发和利用的过程中起到十分重要的作用。

地处河北平原腹地的邯郸、邢台、石家庄、衡水、沧州、保定等地，拥有人口优势和地域优势，人口数量大，开发和利用潜力大。但是，与全国经济发达地区相比，比较效益还很低，差距越来越大，这与当地的生产环境分不开的，在这些地区主要靠发展农业经济及一些相关产业来增加农民的收入，抵御风险能力差，缺乏自然矿藏资源开发利用优势，导致经济效益长期在低水平徘徊；再者也与农民缺乏组织，缺乏技术优势，不能充分利用现有资源，竞争力低下有关。为更有效地开发和利用人力资源优势，我们在一些地区进行了调查，希望能为当地或者类似的农村地区提供借鉴，解决建设新农村的一些实际问题。

（一）调查的方法、范围和对象

调查采用三种方法，一是入户调查：主要在邯郸、邢台地区。设计三种调查表，分别是农户调查表、村委会调查表、镇（乡）政府调查表，利用寒假组织了近 50 名经过培训的学生，到选定村的农户家里进行面对面的调查。二是问卷调查：主要在衡水、石家庄等地采用，通过筛选调查对象，获得当地从事农村工作人员的帮助和支持，完成调查。三是重点地区调查：对于有代表性的地区或农户、经济组织，课题组成员亲自到镇（乡）、村委会和农户家里进行反复访谈。

调查选择了河北省中南部的邯郸、邢台、石家庄、衡水等 4 市 15 个县 30 个镇（乡）60 多个自然村近 300 多户的农户。选取的农户按不同家庭类型包括主干家庭、联合家庭、核心家庭、残缺家庭；按经济收入水平来选，有经济条件优裕的农户，经济条件一般的农户，经济条件差的农户；并且注意到了性别劳动力差距大的家庭，也兼顾调查了村干部家庭，在城里有人上班的家庭。调查回答对象主要找户主或者 20 岁以上的家庭成员，能清楚表达意思的人。

（二）调查结果

1. 总数量庞大，家庭可支配劳动力资源少

农村人口占该地区总人口比例高，在70%—80%之间，总量巨大，达2 231.28万人以上（2 948.7×75.67%）。但是具体到家庭的情况是：“固着化”状态的劳动力很多，占到家庭成员的75%以上；可由家庭支配的劳动力却很少，平均只有20%左右，有的家庭根本没有（见表4-2）。联合家庭、主干家庭数量较多，核心家庭和残缺家庭少。“固着化”状态的劳动力，指的是不能出外打工，进入当地工厂或企业做工，主要是做些日常轻体力农活，照顾老人，照看孩子，处理家务或上学等，成固着状态。可支配劳动力是指农忙时务农，农闲时处于闲散状态具有良好身体状况，家庭牵挂少，具有多方劳动潜质的人，家庭可以拿出来从事包括农业生产但更多的是其他方面的工作，为家庭创造更多利益的人。农业生产率的提高造成农村人力资源的剩余，大部分处于有待开发和利用的人力资源能力建设状态。

表4-2　农村家庭人口数量状况调查表

	总人口（万人）	被调查农户数	被调查农户家庭平均人口	可支配劳动力
邯郸	844.3	280	4.8	1.1
邢台	664.6	16	4.2	1.3
石家庄	924.1	10	3.9	1.0
衡水	415.7	5	4.6	1.2

2. 素质提高较快，多数人愿意学习，一半以上的人有过一次创业行为

被调查对象的基本质量情况：89.6%的人身体健康，初中以上人口达60%，文盲比例11.5%左右，文盲的比例低于全国平均水平，群体受教育水平略高于全国平均值。从每人每年消费的肉、牛奶、鸡蛋等副食品的量逐年增加来看，人们的身体素质也逐步提高（见表4-3）。生活环境质量的

稳步提高，开始对新信息、新技术敏感，有掌握的要求，但没有学习的有效渠道。出去打工的人主要从事建筑业、服务餐饮业等依靠体力和经验的工作，可以看出科技素质和经营管理的素质差，更高层次的培养和培训有开发利用的空间。有强烈的致富愿望，手工作坊或家庭能承担了的技术受到广大妇女的欢迎。在2006年将近60%以上的人学过一种技术，30%以上的人出外打工或学习过，8%的人自己创过一次业，如开服装店、饭店、手工作坊、农产品浅加工等，2%的人获得了成功。

表4-3　农村农民生活环境质量调查表

项目 \ 时间(年)	2004	2005	2006
每千人拥有的诊所数(个)	1.5	1.8	2.1
每千人接受过培训数(人)	564	633	768
每百人拥有技术员人数(人)	1	2	2
每百户拥有电话机数(部)	16	52	68
每百户拥有的电脑数(台)	0	1	4
每百户拥有的汽车数(辆)	0.2	0.8	2
每户拥有电视机数(台)	1.1	1.2	1.2

3. 人力资源分布不平衡，可调节空间大

从事农林牧养劳动方面人员占48.6%，其中传统种植业78%，养殖业和农产品加工比例小；出外打工人员占25%以上，其中有85.6%从事建筑业，个体经营等类型的城市服务业（见表4-4）。一年闲散在家的人占60%以上，其中3.1%的人员专门料理村里的红白喜事。在肥乡县天台山镇任堡村调查时发现，该地经济协会发展较好，是由村委成员和几个受过高中以上或专门培训过的人组织的，吸引周边十几个村的劳动力来补充不足，但是该村仍有20%的人口在外打工，不比在本地参加协会收入高。可见，优化农村人员配置空间很大。

表 4-4　农户家庭人员质量调查表

被调查农户数(户)		邯郸	邢台	石家庄	衡水
		110	10	8	3
被调查家庭总人口(人)		531	41	33	16
文化程度	文盲	78	6	2	3
	小学	149	12	8	3
	初中高中	301	22	23	10
	技校及以上	3	1	0	0
有特长人数		58	9	11	2
健康人数比例(%)		89.6	87.8	93.9	93.7
人均耕地面积(亩)		1.2	1.4	1.3	1.8
从业状况（人）	农林牧养	257	21	14	10
	工业、作坊或建筑	47	5	8	2
	交通运输	2	0	2	0
	商业餐饮	49	3	3	0
	其他	176	12	6	4
2006 年外出打工人数		186	11	10	4
2006 年人均打工月数		5.6	6.0	7.3	4.8

（三）农村人力资源状况分析

1. 农业机械化程度越来越高，劳动力剩余越来越多。近几年来，随着国家的农机购买补贴政策的落实，农机跨区作业，本地的大型农业机械数量和质量的提高，新品种、新技术的推广实施，使得农业生产率逐年提高，农民在田里的劳动时间减少，造成大量的劳动力剩余。据调查，以家庭为单位的农活劳动时间每年不足 40 天，也就是说，对一个普通的 4 口家庭来说，两个劳动力从事田间劳动的时间不足一个月。可以相信这种趋势会越来越显著。

2. 出去打工的范围选择越来越少，本地的收入逐步提高。国家不断大力加强农业的基础地位，各种惠农政策的实施，农业税的取消，农业补贴的逐年提高并且落实到位，使得农民的种粮积极性极大提高，出外打工的人数这几年呈现下降趋势。出外打工的选择职业范围也在变小，主要从事城市建筑、城市家庭维修等一些城市补充性的工作，外出打工的收入近3年来增长缓慢，有相当部分的农民工回流到本乡，就近打工或者参加农业劳动，农村劳动力更加剩余。有一部分人通过在外地学到了一技之长，掌握了新的致富信息和技术后选择回乡创业。

3. 能人效应明显，新兴协会发展前景好。农民是最容易受到伤害的群体，法律意识的匮乏和维权能力低下使他们不能有效地抵御市场风险，个体化的农民处于市场风险的顶端和利润的末端，这就必然产生相应的组织来化解风险。农村群众的自治组织起到了这种作用，在农村社会发展过程中，是一种必然。农村中的能人，指有一定的农业知识，有创业的思想和能力，能为当地的经济发展起到促进作用的人。他们多数人具有高中或以上学历，有过在家培训和出外学习的经历，头脑灵活，肯钻研，示范作用强，是村里的风向标。乡村领导依靠能人能很快地建立起农村的经济组织，以协会的形式带领大家致富。当前，新的协会发展快，一方面将本地的农户组织起来，将剩余劳动力组织起来，增加农户的经济收入；另一方面协会的发展吸引周边村镇的闲散劳动力到本地打工，实现在农村内部的劳动力的转移，既提高了收入，也创造了很好的社会效益。

4. 妇女是农业劳动的主力军。农村妇女每年从事的农业劳动的天数为60天，对家庭收入的贡献率为41.6%，妇女几乎可以从事农业领域的所有劳动，这主要是农业机械化程度的提高使然。在生产、经营方面仍然有很大的潜力，空闲时间在200天的以上的为64.5%，90%的人想学到一门能在农闲时间从事的一项工作，如缝纫、刺绣、手编等不出乡村就能创造出效益的实用技术。

5. 经济越发展，农村职业教育的作用越明显。根据对30户人均土地面积相等农户及对经济团体的专题调查显示：农村职业教育对农业经济发展呈现正相关性，农村职业教育时间长短与家庭经济收入贡献率的“斯皮尔曼等级相关”系数为0.73。调查到的农村经济协会的主干成员都是接受农村职业教育时间长的人，经济组织的发展主要靠这些人组织和领导。家庭成员教育的平均年限与家庭生活质量状况相关，教育水平高的家庭更加注重子女的教育和培养，重视子女教育使家庭更容易摆脱贫困。一方面，农村职业教育的作用从心理到行为改变劳动者，具有一定的心智技能；另一方面劳动者对新事物、新信息敏感，具有正确的认识态度，接受也较快。

6. 道德和法律意识薄弱。被调查农村地区中的文化道德状况令人担忧，农民的精神生活单一、单调且带有不健康因素，文化出现停滞、道德出现迷失现象。法律意识淡薄，打架、斗殴、偷窃现象时有发生，庄稼不成熟就有人偷盗，治安需要加强。这在一定程度上反映了农村精神生活的缺失。精神生活和经济生活的边缘化，使农民与现代社会主流要求分离，这种状况亟待改变，否则会影响到农村经济的发展乃至整个国家的发展。“个人顾个人”、光勤劳不能致富的思想在少数地方有泛滥的倾向，有些人有依附于宗族势力来获得政治权利倾向，或者走向宗教。从这个侧面也说明了开发和利用农村人力资源的必要性和迫切性。

五、农村人口素质与家庭收入的关联性调查分析

农村职业教育在提高农民的其素质、文化素质、伦理道德观、法律意识等方面具有不可替代的作用。在现代农村职业教育中，将社会主义核心价值体系融入是必需的，同时也是社会主义新农村建设的要求。社会主义新农村建设对农村人力资源开发和利用的要求是培养“有文化、懂技术、会经营”的新型农民，这就使得农村职业教育必须与农民需求衔接，建立完整的教育反馈体系，从而有利于农村职业教育与农民素质的相互促进和发展提高。

农民家庭总收入以及增长率与农户家庭成员综合素质有关，农村人口素质的高低与其受到的农村职业教育相关联。运用统计学中的等级相关分析计算方法，定量地分析农村职业教育与农户家庭总收入的相关关系，农村职业教育与农村人口素质呈现强正相关。在强调农村职业教育重要性的

同时，还要注重其他因素的作用。

一般情况下，经济的发展与人口的素质是相关的，经济发展水平反映人口素质的高低，农村农户的经济收入反映农村职业教育实施的情况和效果。农村职业教育对人口素质提高的作用也可以通过经济发展水平得到体现。我们课题组在河北省肥乡县天台山镇调查时得出这样的初步印象：农户的家庭收入与很多因素有关，如家庭成员的身体素质、性别比例、出外打工的时间、家庭的风气、村庄的风俗习惯、道德水平、农村治安等因素，但是最终决定家庭收入的是农户成员产生致富行为的动机、需要、行为等心理方面的因素。动力发源于其内在力量，而其心理素质的提高依赖于广义上的农村职业教育不断地持续地对农民施加影响和强化提高。

（一）农村人口素质因素与农户收入因素相关性调查与计算

英国统计学家、心理学家斯皮儿曼在已有的统计计算方法基础上提出了自己的等级相关计算方法，主要应用在心理学统计测量领域，但是我们在分析农村职业教育与农村领域很多因素之间的量化关系时发现都能得出很合乎实际的结果。“斯皮儿曼等级相关”理论适用于变量少，变量属于等级性质的具有线性关系的资料，当统计数据小于 30 时，计算较为简便，适用范围较大，结论较为可靠。课题组运用“斯皮儿曼等级相关”分析了 30 户人均土地面积基本相等农户显示：农村人口受教育时间与农业经济发展呈现正相关性，见表 4-5；农村职业教育时间长短与家庭经济收入贡献率的“斯皮尔曼等级相关”系数为 0.601，见表 4-6。

表 4-5　随机抽取 30 个家庭教育时间与家庭收入相关性分析表

被测序号	人数	土地（亩）	人均（亩）	人均受教育时间（年）	小麦（斤）	玉米（斤）	棉花（斤）	其他收入（元）	家庭总收入（元）
1	3	4.4	1.46	6	4 000	1 800	900	900	7 610
2	3	4.5	1.5	8	1 400	1 400	1 500	1 000	6 850
3	6	8.6	1.43	6.5	7 500	1 100	0	3 000	9 770
4	4	6	1.5	7.3	2 000	2 000	0	3 000	6 000
5	4	5.7	1.43	5.3	6 000	710	1 750	0	9 672
6	6	8.5	1.42	5.3	3 600	4 500	0	0	6 030
7	5	7	1.4	7.3	4 000	4 800	0	4 000	10 560
8	4	5.8	1.45	7.5	4 800	6 000	500	5 600	14 890
9	8	11.5	1.44	6.3	5 600	6 700	3 500	0	17 920
10	2	3	1.5	5	2 100	2 400	0	2 400	5 760
11	4	5.6	1.4	11	4 000	4 500	3 000	7 250	21 100
12	4	5.7	1.43	6.5	6 000	4 000	3 600	1 000	17 600
13	5	7.2	1.44	6.8	5 300	4 000	4 500	2 600	20 890
14	4	5.6	1.4	1.3	3 200	3 000	0	0	4 660
15	4	5.8	1.45	9	1 000	1 000	3 000	1 200	10 200
16	4	5.9	1.48	7.3	1 600	1 600	800	3 000	7 400
17	5	8	1.6	6.2	2 700	3 000	2 000	0	9 260
18	3	4.2	1.4	8.3	4 500	5 000	4 000	0	17 100
19	4	5.7	1.43	9.3	2 100	3 000	1 000	8 750	15 030
20	2	3	1.5	5	2 100	2 600	0	0	3 500
21	3	4.2	1.4	8	4 500	6 000	1 500	0	11 550
22	4	6	1.5	4.5	3 600	1 000	1 200	5 000	11 580
23	4	5.8	1.45	5.3	5 000	0	0	0	4 000
24	6	8.5	1.42	8.7	4 800	6 000	1 000	5 000	15 540
25	4	6	1.5	9	5 500	4 000	0	12 000	19 200
26	2	3	1.5	5	2 400	3 500	0	0	4 370
27	6	9	1.5	5	4 500	5 000	500	0	8 350
28	4	5.8	1.45	5.8	5 400	6 000	1 000	0	11 020
29	6	10	1.67	6.8	800	800	1 600	4 000	9 200
30	5	7.8	1.56	6.8	8 000	8 000	0	0	12 000

说明：以河北省肥乡县天台山镇 22 村为调查取样对象。教育时间的计算：文盲＝0 年；小学＝5 年；初中＝8 年；高中＝6＋6＝12；中专＝13 年；出外打工 1 年＝1 年；14 岁小孩和 70 岁的老人不在统计之列。农产品价格换算：小麦 0.8 元/斤，玉米 0.7 元/斤，棉花 2.5 元/斤。

表 4-6　30 户农户调查结果等级相关性计算说明表

被测序号(N)	家庭总收入(元)	时间 X	收入 Y	Rx	Ry	D=Rx−Ry	D^2	Rx・Ry
1	7 610	6	7 610	20	21	−1	1	420
2	6 850	8	6 850	8	23	−15	225	184
3	9 770	6.5	9 770	17	16	1	1	272
4	6 000	7.3	6 000	12	25	−13	169	300
5	9 672	5.3	9 672	24	17	7	49	408
6	6 030	5.3	6 030	23	24	−1	1	552
7	10 560	7.3	10 560	11	14	−3	9	154
8	14 890	7.5	14 890	9	9	0	0	81
9	17 920	6.3	17 920	18	4	14	196	72
10	5 760	5	5 760	28	26	2	4	728
11	21 100	11	21 100	1	1	0	0	1
12	17 600	6.5	17 600	16	5	11	121	80
13	20 890	6.8	20 890	15	2	13	169	30
14	4 660	1.3	4 660	30	27	3	9	810
15	10 200	9	10 200	4	15	−11	121	60
16	7 400	7.3	7 400	10	22	−12	144	220
17	9 260	6.2	9 260	19	18	1	1	342
18	17 100	8.3	17 100	6	6	0	0	36
19	15 030	9.3	15 030	2	8	−6	36	16
20	3 500	5	3 500	27	30	−3	9	810
21	11 550	8	11 550	7	12	−5	25	84
22	11 580	4.5	11 580	29	11	18	324	319
23	4 000	5.3	4 000	22	29	−7	49	638
24	15 540	8.7	15 540	5	7	−2	4	35
25	19 200	9	19 200	3	3	0	0	9
26	4 370	5	4 370	26	28	−2	4	728
27	8 350	5	8 350	25	20	5	25	500
28	11 020	5.8	11 020	21	13	8	64	273
29	9 200	6.8	9 200	14	19	−5	25	266
30	12 000	6.8	12 000	13	10	3	9	130
Σ						0	1794	8558

说明:N 为等级个数,D 为等级差数,Rx 和 Ry 为等级序数,r 表示相关系数。根据表中可知:$N=30$,$\sum D^2=1794$,$\sum Rx\cdot Ry=8558$。代入公式:

$r1=1-[6\Sigma D^2/N(N\times N-1)]=0.601$；

$r2=3/(N-1)\times\{[4\Sigma Rx\times Ry/N(N+1)]-(N+1)\}=0.601$

得出等级相关系数为：0.601。

2012年家庭总收入与家庭成员平均受教育时间相关关系量化计算方法和结果为：采用“斯皮尔曼”等级相关，两组数据是否正态分布也无法确定，若用级差相关计算，条件不满足，故选用等级相关计算如上表。

（二）家庭总收入与家庭成员平均受教育时间的相关性分析

从以上计算可以得出两个因素的相关系数为0.601，依据表4-7分析得出的结论，两者是强正相关。

表4-7　相关系数值的大小与相关程度的描述

程度 项目	相关性及解释										
相关系数r	1.00	0.80	0.60	0.40	0.20	0.00	−0.20	−0.40	−0.60	−0.80	−1.00
状态描述	完全正相关	非常强正相关	强正相关	中等正相关	弱相关	无相关关系	弱负相关	中等负相关	强负相关	非常强负相关	完全负相关

农村职业教育与农业经济发展水平为正相关，与家庭收入贡献率的关系为正相关，家庭成员教育的平均年限与家庭生活质量状况呈正相关。另外我们对经济团体的专题调查调查到的农村经济协会的主干成员都是接受农村职业教育时间长的人，经济组织的发展主要靠这些人组织和领导。家庭成员教育的平均年限与家庭生活质量状况相关，教育水平高的家庭更加注重子女的教育和培养，重视子女教育使家庭更容易摆脱贫困。一方面，农村职业教育的作用从心理到行为改变劳动者，具有一定的心智技能；另一方面劳动者对新事物、新信息敏感，具有正确的认识态度，接受也较快。在调查中还发现：农村职业教育的停滞状态与农户家庭经济增长率为负相关，比如我们对河北省临漳县某一个村庄里的10个农户跟踪调查后分析得出，在农户家庭相对稳定的一段时间内，如果农户成员在家种地时间较多，

出外打工时间短甚至没有的情况下，农户收入明显降低，出外的意愿也明显降低，很容易再回到“固着化”状态。这一方面说明出外打工收入是种植业收入的有效补充；另一方面也说明农民致富需要持续的不断发展的农村职业教育活动，而这也是我们把出外打工看作是农民接受教育，改变和提高自己本身素质的一个重要方面。这种停滞状态持续的时间越长农户在此阶段经济收入增长得越慢。

（三）对影响农户收入的其他因素的分析和建议

农村职业教育时间长短与家庭经济收入贡献率是相关性而不是因果性。因此大力发展农村职业教育只是农村经济发展、提高农民的收入解决“三农”问题、推进新农村建设的一个方面，而不是全部，更不能当作一劳永逸的举措。农民增收、农村经济的发展是长期的，是各方持之以恒的关注和投入，有关各界涉农部门应该发挥积极作用。一是正确认识对农村地区人力资源的开发和利用。认识开发农村人力资源对整个国民经济发展的重要性，没有农村的富裕就没有国家真正的富裕强盛。有关行政部门要切实加强领导，加快农村人力资源的开发利用力度，尽快提高开发的层次，建立起科学的、系统的、法制化的、农村人力资源开发和利用体系。二是提升农村职业教育的水平，使更多农村人口接受到教育。这种教育从广义角度理解，建立健全农村农民维权组织，保障农民出外和在家进行经济活动的权益，提高人口质量，提高农民文化程度，提高农民道德水平，使潜在的劳动力变成现实的生产力。注意培养科技带头人，提高农业科技人员的比例。三是注意了解农村人力资源的闲置状态和流向。一方面由于闲置得不到开发造成浪费；另一方面缺少监控和引导造成社会问题，同时使得较高素质的劳动力缺乏，本来就为数很少的农村科技人员还干非所学，又造成人力资源的浪费。四是各级行政部门加强对农业的财政投入，加强农村治安和环境建设，使在农村的人能积极致富，出外的人能带回来技术、资金、信息和市场，带动本地农村经济的持续快速的增长。

六、河北省农村职业教育培训实证研究

（一）河北省农村剩余劳动力的现状

1. 农村人口总量大。

农业人口数量巨大，但农业本身需要的劳动力却越来越少，剩余劳动力需要转化的途径，在转化过程中，有没有教育培训的经历，就显得很是不同。从农民从事的行业结构的情况看，52.6%从事农林牧副渔业，制造工业行业17.8%，建筑业9.9%，批发零售业及其他第三产业14.4%，其他行业占5.5%。从事非农产业的有47.4%，主要集中在科技含量低、基本素质要求低的行业。

2. 文化素质较低。

农村受教育的程度很低。农村劳动力整体文化程度存在着显著差异，呈纺锤形分布，初中、高中毕业生比例为60%，文盲的比例为11.5%，群体受教育水平略高于全国平均值。造成这种情况的主要原因，一是受教育机会和培训的机会供给不足，从学校毕业后，就很少接触到教育了；二是农民自身生活有困难，为了家庭的生活而不愿意支付学费，对于很多农户家庭来说，让孩子上技校中专，还不如外出打工学一门手艺来得实惠。越来越多的农村青年没来得及完成初中或者高中学业，就辍学打工了，导致村镇学校的生源越来越少，教育水平下降，形成了恶性循环。

3. 职业素质差。

从学校辍学或者毕业后，没有接受过职业教育或者劳动技能培训的人数占92%以上，掌握的农业技能和经营管理技能都以农民自传自教为主，主要集中在建筑业、餐饮服务业等依靠体力和经验的工作，科技素质和管理经营素质差。从这个侧面也可以看到，农村后备力量的教育培训空间很大。70%以上的被调查的农民有很强的致富愿望，留守在农村的妇女特别希望到手工作坊或者劳动强度较低的就近农场做工，学习如开服装店、饭店、农产品加工等技术。

4. 技能型人才紧缺，企业需要较高技能的人才。

农村劳动力供需脱节，“有事没人干，有人没事干”的结构性矛盾突出。一方面农村劳动力中有大量的剩余劳动力，有大量的隐形失业的人员大军，他们大都缺乏一技之长，思想保守，故步自封，小富即安，逐渐成了农村的弱势群体；另一方面，随着农村产业化的调整，人才向城市流动，乡镇企业、私营企业、城市工商业、建筑业等的发展，用工量增大，需要更多的青年和有一技之长的人员。这种结构性的矛盾是由于现存的劳动力素质低，教育培训缺失造成的。

（二）河北省农村职业教育培训的实现途径

1. 阳光工程。

阳光工程是由政府公共财政支持，按照“政府推动、学校主办、部门监管、农民受益”的原则组织实施。旨在提高农村劳动力素质和就业技能，促进农村劳动力向非农产业和城镇转移，实现稳定就业和增加农民收入，推动城乡经济社会协调发展，加快全面建设小康社会的步伐。

2012 年国家下达河北省阳光工程示范性培训任务 17.7 万人，其中，农业职业技能培训 8.7 万人，农业专项技术培训 9 万人，共安排培训补助资金 6 120万元。按照国家关于加大阳光工程资金配套力度的要求，2012 年省财政安排配套资金 1 700 万元，各设区市、项目县落实配套资金 378.8 万元，全省共安排阳光工程项目配套资金 2 078.8 万元。在各级财政的大力支持下，我省利用各级配套资金增加阳光工程示范性培训任务 8.5 万人，进一步扩大了项目实施规模，使更多的农民从中受益。据统计，共举办农业职业技能培训班 1 304 期，培训职业农民 9.8 万人；举办农业专项技术培训班 1 279期，培训骨干农民 16.4 万人。超额完成了国家下达的培训任务。为我省现代农业发展和新农村建设培养了一支结构合理、数量充足、素质优良的现代农业产业大军。

2013 年国家下达河北省阳光工程示范性培训任务 19.92 万人，其中，农业职业技能培训 6.2 万人，农业专项技术培训 13.6 万人，农业创业培训 0.12 万人，共安排培训补助资金 6 120 万元。按照国家指令性计划指定的培训范围，2013 年我省对 690 个高产创建示范点、57 个蔬菜生产重点县、63 个畜牧大县、8 个渔业生产大县的 11.17 万名骨干农（牧、渔）民开展了农业专项技术培训；对 24 个国家级专业合作社、63 个农机专业合作社、26 个农机大县、15 个病虫害统防统治示范社、40 个“美丽乡村”试点村的6 000 名职业农民开展了农业职业技能培训；对 4 个国家级新型职业农民培育试点县、24 个国家级专业合作社的 1 200 名种养大户、家庭农（牧）场主和农村创业青年开展了农业创业培训。

在培训中重视理论联系实际，使农民在学习中能够由浅入深地掌握新知识、新技能、新技术和新信息；突出实践的重要性，促进农民主动地从劳作中学、从经验中学，通过农民之间的交流、观摩及相互学习，实现提高知识水平、生产技能和创造力的目的。把新型农民培育作为业职业院校的基本任务，也只有这样，农业职业院校、农村职业教育才能回归农业、农村和农民中来，办学特色也才能彰显出来。

阳光工程取得的成效：

一是培训体系进一步完善。阳光工程培训基地是承担农村劳动力培训的载体，是实施阳光工程培训的关键。各地遵循“公开、公正、公平”和优胜劣汰的原则，按照省主管部门的要求，严格各项工作环节，严把认定条件，履行认定程序，积极组织开展了培训基地认定工作，形成了以农业广播电视学校、农业职业院校和基层农业技术推广机构为主要依托，广泛吸收农业高等院校、科研院所、专业合作组织和农业龙头企业参加，从省到市、县、乡、村相互衔接的阳光工程培训体系。

二是培训方式进一步创新。承德市推行先考察参观、后课堂教学的培训模式，组织参训学员到高效农业产业示范园区参观学习，使学员切身感受到现代农业技术带来的增产增收效果。廊坊市实行理论知识由教师讲解，实地操作由生产技术专家指导，参观学习由培训基地统一组织，经验做法由农民相互交流的“四级教学法”，有效保证了培训质量。邯郸市采取集中授课、面对面培训，进村入户指导，现场观摩等行之有效的方式，及时解决农民生产实际中存在的困难和问题。秦皇岛市利用现代多媒体手段进行理论授课，把培训内容系统地编制成学员能看易懂、形象直观的演示课件，易于农民学员理解和接受，提高了学员学习的积极性。

三是培训质量进一步提高。注重调研即以学员产业发展需求为导向，坚持围绕产业开设专业，以培训提升学员科技素质，助推产业发展。优选师资即建立阳光工程培训师资库，选聘专业水平高、教学能力强、培训和实践经验丰富的农业专家或基层农技骨干作为培训教师。精编教材即围绕当地主导产业发展，编写出内容新颖、技术先进、通俗易懂的统编教材和乡土实用教材。遴选学员即以种养大户、家庭农场、农民专业合作组织、农业社会化服务体系的骨干农民为重点培训对象，增强培训的针对性。强化管理即制定开班申请制度、班主任制度、签到制度、考勤登记制度、考试考核制度，确保培训工作井然有序。跟踪服务。建立电话和手机短信服务平台，与学员建立长期联系，及时解决他们在生产中遇到的技术难题。

四是培训效果进一步显现。邢台市在高产创建培训中，主推两晚增产技术，即通过适当推迟玉米收获时期和小麦播种期，使小麦、玉米充分发挥增产潜力的节水、稳产、高效栽培技术。通过培训，两晚技术推广率达到95%以上，经技术人员测产，2012年玉米每亩增产50公斤以上。石家庄市以粮食高产创建栽培集成技术推广为重点培训内容，根据高产优质、节本增效、资源节约、环境友好的原则，强力推进规模化经营、标准化生产、产业化发展，做到产前、产中、产后一条龙服务，提高了新品种、新技术的入户率和到位率。承德市通过实施阳光工程培训项目，有力地促进了食用菌、马铃薯、蔬菜、中药材、肉禽、生猪、肉奶牛七大优势特色产业的发展，产业结构调整步伐加快。

阳光工程存在问题：

一是农村劳动力后继乏人。随着大量农村青壮年劳动力外出转移就业，目前我省许多地方留乡务农的以妇女和中老年为主，小学及以下文化程度比重超过40%，对新技术、新知识的接受能力较差。

二是培训任务下达滞后。由于培训任务下达较晚导致部分专业的实践环节错过农时季节，对农民进行现场示范、实践教学活动受到限制。

三是培训任务指标少。统计数据显示，我省农村中受过系统专业技能培训的农民不到10%，国家下达的培训任务远远不能满足我省农民的培训需求。

四是培训设施投入不足。只有项目培训经费，没有培训设施投入，部分地方培训条件和培训手段比较落后，急需改善。

2. 新农村建设双带头人工程。

开展“送教下乡”，实施“新农村建设双带头人培养工程”，是贯彻落实科学发展观，进一步解放思想，创新职业教育办学模式的积极探索；是发挥专业、师资和技术优势，为我省新农村建设提供最直接服务的有效途径；是切实减轻农民负担，让改革开放成果惠及广大人民群众的重要举措。目的是面向农业，面向农村，面向农民，培养适应社会主义新农村建设及农村经济社会发展需要的，热爱农业农村工作，熟悉党的农业农村政策，具有农业生产经营管理能力和带领群众致富能力的综合型、复合型、实用型的农村技术和管理人才，成为“农村改革发展带头人”；培养与社会主义新农村建设要求相适应的，有文化、懂技术、会经营，在农村生产一线“留得住、用得上”的技术人才，成为具有综合职业能力的“科技致富带头人”。

2009—2012年，以河北省现代农业职教集团和拥有涉农专业的部分省级重点以上骨干学校为主体，以县级职教中心、农广校和电大分校为阵地，教学点可设在乡镇成人学校、联办单位的培训中心、职业培训学校等，方便学生就近学习。根据农村生产实际和学生现实状况，合理安排教学活动，集中学习与生产实践相结合，农闲时间集中上课，农忙时间兼顾学习和工作。学员要求初中毕业或具有同等学力，年龄45周岁以下，自愿报名，学校统一录取，实行注册入学，享受全日制中职学生待遇，招生纳入当地年度中职招生计划，计入当地年度招生统计范围。学完规定的全部课程，经考试考核成绩合格后，颁发中职毕业证书。

这一活动取得的成效：

开展“送教下乡”，实施“新农村建设双带头人培养工程”，彻底改变了传统的农村职业教育培训模式，既为农村职业教育发展探索了一条有益的途径，也一举扭转了农村中职教育的被动局面，开创了发展农村职业教育的新模式。

（1）创新职教理念。以什么样的理念来架构农村职业教育，决定了农村职业教育的成败与强弱。开展“送教下乡”，实施“新农村建设双带头人培养工程”，打破了农村职业教育原有的制度约束，让农村职业教育回归到了其本真，应该说，这是对农村职业教育的一种解放。一方面是把局限在城镇的职业教育资源面向农村开放，另一方面是让农民在低成本条件下直接与优质的教育资源实现互动。这将最终导致农业生产力的提高、农村面貌的提升和农民素养的提质。各地“送教下乡”办学成果对此已有很好的诠释。

（2）创新生源渠道。从 20 世纪末开始，严重萎缩的中等职业教育生源，把相当一批中职学校拖向低迷。涉农专业更是苦不堪言，河北省每年中职招生 40 多万人，而涉农专业的学生只有几千人。我国农村大量的农村从业者是往届初高中毕业生、复员军人和返乡农民工。他们既有一定的文化基础、有学习生产技术的需求，且因家庭生产、生活所迫等原因，离不开固有的土地。送教下乡即以从业农民为生源市场，让从业农民在家门口就可以进学校、学技术、强素质，农村职业教育有了源源不断的潜在生源。近几年“送教下乡”招生规模年年突破的事实充分证明了这一渠道的价值。

（3）创新办学空间。开展“送教下乡”，将办学点设在农村，将教学安排在田间、地头、温室、大棚、圈舍、池塘等农业生产的操作现场，无疑是对传统职业教育教学的一种大力度的改革，教学做的彻底融合。不受场地的限制、没有粉笔的灰尘，却有了生产的现实问题，真实的农业生产技术需求不仅解决了农民生产中的难题，也锤炼了下乡教学的专业老师。基层教学点的设置成了师生共同提高的重要载体。

（4）创新办学机制。组织实施“送教下乡”为办学机构提出了新的要求，以原有的内部运行机制显然满足不了“送教下乡”管理的需要。近几年，有关学校纷纷成立了“送教下乡”内部管理机构，专职维护“送教下乡”的运行，使得“送教下乡”的师资配置、设备调剂、设施调整、学员管理、经费落实、监督检查等能够稳步推进。

（5）创新教学方法。学以致用、问题导向、实践至上应该说是“送教下乡”教学方法的基本原则。省教育厅在总结初期“送教下乡”办学经验的基础上制定了各专业的指导性教学计划，形成了2+3的基本教学模式，即送教下乡教学班每周集中上两天的专业理论和文化基础课，其余三天在老师指导下现场实践，根据动植物生长过程中不同时期所需要的饲养管理和田间管理技术，采用“理实合一”的教学方式实施教学，专业理论和实践教学合二为一。

（6）创新教学内容。学校根据地方产业布局调整专业设置和专业方向，在省定指导性专业教学计划的框架下，合理制定适合县乡产业实际的实施性专业教学计划，教学安排与生产周期互相契合，在完整的生产周期活动中组织理论和实践教学。教学内容也充分体现地方特色，既有省定统一的特色教材，也有市县产业特色的乡土教材，还有教师专业特色的校本教材。

（7）创新评价方式。从农村人才成长的基本特点出发，以学生结合在乡生产经营项目进行专业学习的实际情况为依据确定考核标准，力求其真实、准确、科学地体现学生的整个学业成果。既考核学生在学期间专业知识、技术、技能和基本素质的提高程度，也考核学生在学期间思想政治表现、从事专业化生产经营的业绩和在当地农民群众劳动致富过程中的示范、带动情况。特别着重考核学生在学期间的生产经营情况，要求规模有扩大、产量有提高、品质有提升、收入有增加。以生产成果衡量学习效果的标准，可以说是衡量技能型人才标准的突破。

面临的问题：

开展“送教下乡”，实施“新农村建设双带头人培养工程”，一度成为农村中职教育破解中职教育难题的突破口，但在几年的运行过程中也出现了一些问题，这些问题既有宏观层面的体制、政策原因，也有微观层面的机制、操作原因。

从宏观层面看，一是对“送教下乡”办学制度的认定不一致，用传统意义上的全日制办学来考量，明显不合要求，结果就有了不同的认识和理解，进而影响了其持续发展。二是用既有的中职教育管理体制和政策来调整“送教下乡”的办学行为，出现了一系列冲突，行业之间、部门之间甚至学校之间产生了不均衡、不协调。三是政策执行过程中的执行主体行为变化频繁，对招生产生了巨大影响。政府财政支持的到位程度也最终影响了学校的积极性，个别缺额较大的学校甚至波及教学活动。

从微观层面看，一是一些学校过度追求规模效益，大量招生致使教学的时间、内容、效果大打折扣，结果没能得到农民的认同甚至出现反感。二是对资助政策的依赖使得学校工作的重心偏离教育培训。三是部分学校的教学设施、师资力量满足不了农村产业的要求，教学活动摆脱不了传统模式。四是现场教学、分散教学对教学的监督检查提出了更高的要求，现有的管理机制还无法实现严密管理。

3.“学校＋合作社＋农户”模式。

赵县综合职业教育技术教育中心校针对“三农”问题，探索“学校＋合作社＋农户”的办学模式，受到广大农民的一致好评，促进了职业教育的大发展和农民素质的大提高。

赵县既是农业大县，又是梨果强县，经济发展主要依靠农业。全县现有耕地75.73万亩，果品种植面积25.02万亩，全县53万人口中近40万从事农业生产，3.5万人外出打工。作为传统农业大县，种植结构主要是小麦、玉米、梨果特色产业以及食用菌、蔬菜等；养殖产业主要以猪、牛、鸡为主，分布在全县不同区域。目前全县的农民合作社有386个，涉及的粮食种植总面积77 995亩，果品种植26 331亩，瓜菜种植9 509亩（均为大棚种植），食用菌种植501亩，芦笋种植860亩。市场对农产品的规模化、产业化、标准化的需求，使得农民迫切需要新的专业知识和新技术支撑，需要在生产实践中进行科学化、规模化、信息化的种植、养殖和经营，需要有创业的指导和支持。学校坚持在完善农民经济合作社纽带功能和提高辐射能力上下功夫，走出了一条以合作社为平台，以培养新理念、掌握新知识、新技术为内容的送教下乡新路子，构建了“学校＋合作社＋农户”

的办学模式。

农民合作社是在农业部门指导下，经工商部门注册登记，农民自发组织的区域性群众组织，在农业生产上有着广泛的引领性和群众基础。通过与县社联系，在学校和县社的宣传发动下成立386个合作社。有的合作社成员由几个变成几十个甚至上百个，共分为良种繁育、新品种推广、食用菌种植、畜禽养殖、梨果种植与储藏等15大类。合作社的形式非常灵活，可以集中力量办大事，也可以自己分养、分种，大的合作社有400余户家庭参与，小的有三四户，共同探讨生产技术、共同解决存在的问题，产生了一定的规模效益，带动了全县农民学技术、学经营管理、在家门口创业致富的积极性。

为保证更好地为农民合作社服务，一是学校建立了与合作社带头人定期走访、定期座谈制度，及时了解农民在生产经营中的所需所求，有针对性地开展送教下乡工作；二是通过校信通、完善学校网站、组成专家咨询团等建立了新知识、新技术咨询和推广机制，并在学校网站上设立送教下乡专栏、建立电话联系点等方式，加强与农民合作社的交流，及时提供急需的技术、知识指导；三是定期聘请专家到合作社指导工作，帮助他们解决在实际生产中遇到的问题，同时要求学员到相近的专业合作社听取指导，实现了以点带面的辐射指导，促进了农民素质和科技水平的提高。如学校帮扶的三旺奶牛、永安良种繁育、赵县精品果园、赵县众利食用菌等专业合作社都收到了良好的经济和社会效益。

由于招收的学员年龄差距大，文化知识结构参差不齐，工学矛盾突出，本着为农村服务、为农民服务的宗旨，邀请专家、当地技术员，组织学校专业教师，到教学点（主要是依托乡镇成人学校作为教学点）、到田间地头、猪舍、鸡舍和大棚里，特别是到相关的合作社里指导百姓生产，使学员在生产中学到最实用的技术和知识，增强教学效果。通过建立班委会，以农民合作社带头人作为班长或者是小组长组织本村、本社人员共同学习，集中进行技术指导。有的合作社已成立了由十几个党员组成的党支部，如赵县格瑞梨果种植专业合作社，成为农村合作社中的一大亮点。

学校除正常地组织课程教学外，在实践教学上因季施教、因类施教，针对各专业学员的不同需求，适时外聘一些专家教授，并组织专业课教师到有规模的合作社所在地，为农民讲解专业实用知识，提供专业技术指导，解决了农民多年来未解决的困难与问题。在聘请河北农大、河北科技师院的教授基础上，学校通过县社与中国农科院经济研究所胡定环研究员（博士生导师）（农产品进超市）、河北林业科学研究院吴炳奇研究员（梨果栽培）、河北农大教授黄埔中四（果树管理）、王蕾（果树管理与科学用肥），河北肥料协会高增芳（科学用肥），TIC 中国公司（英国在全球的一个种猪繁育基地）的唐闫利（兽医）六名教授、专家取得联系，组成了 10 余人的专家咨询团，定期为学员搞各项跟踪服务，学员如有问题可随时通过网络平台反馈到学校。首先由学校教师研究解决，解决不了的问题尽快请专家咨询团解决，把有共性的问题公布到我校的网站平台上以便学员查询，个性的问题可以通过电话或到农民的家里实际指导解决。

七、对组织开展新型职业农民教育培训的政策性建议

（一）确立农村职业教育的地位和作用

职业教育和培训是提高农民科技文化素质、职业技能水平和经营管理能力的根本措施，是培育农业后备力量的重要基础。研究表明，农村职业教育培训经过 30 多年的发展，一是初步形成了以涉农中等职业学校为主体，高等院校、科研院所、农技推广服务机构、农业龙头企业和农民专业合作社广泛参与，省、地、县、乡相互配合的系统。二是初步建立起政府主导、面向市场、多元办学的农村职业教育培训工作机制，形成了政府统筹、农业部门主管、相关部门和社会力量广泛参与的工作格局。三是探索了教育培训新模式。各地结合实际，根据农民教育培养不同对象和需求，因地制宜探索了农学结合、送教下乡的农民职业教育模式和教育培训与产业项目实施相结合等多种符合农民特点的新模式，收到良好效果。

但正如前所述，农民教育培训还存在不容忽视的问题。一是财政经费支持力度不够。中央财政支持、带动地方投入的农民培训项目“阳光工

程”，全省每年只能培训不足20万人，人均培训经费不足360元，培训规模小、补贴标准低；以享受中等职业教育资助政策为基础的“送教下乡”，在执行上时常出现资金不到位的情况。二是教育培训条件较差。高等农业学校涉农专业的办学条件虽每年都有投入，但增幅收缩，招生规模降低；中等农业教育几近停滞，职业中学大多数没有基本建设投入，普遍存在培训缺场所、教学缺设施、下乡缺工具、实习缺基地等问题，严重制约着农业院校教育培训功能的发挥。三是农民教育培训机制还不健全，培训主体较弱，社会资源分散，没有形成合力。四是农民教育培训规范化、标准化、制度化建设滞后，有些教育培训工作处于低水平的简单重复等。

农村职业教育在新型职业农民和农村后备力量培养中处于基础性地位，发挥着决定性作用。一是只有农村职业教育才能为从业农民和其后继者提供充分的学习机会。中国农村，教育条件差、教育资源匮乏，很多农民走出校门、走入社会后，很难再有机会接受系统的教育。虽然他们在农业生产经营和社会实践中，感受到了知识和技能的重要性且需要学习，却又由于农村条件的限制而无校可进、无学可上。开展农民教育培训，送教下乡，不仅满足了农民的需要，为农民提供了学习的机会，还有效促进了社会公平。二是农村职业教育既可以将各种知识、价值观念、科学精神等传递给农民，提高他们对客观世界的认知水平和分析判断能力，使他们认同社会主义核心价值观，也可以将专业技术、技能和经营管理知识传授给农民，提升岗位适应性和工作能力，使他们能有效运用新的技术成果和手段，积极面对市场、把握市场，不断提高农业生产经营效率。三是农村职业教育能促进新型职业农民队伍形成和稳定。新型职业农民区别于传统农民的最典型特征，是具备适应现代农业发展的高素质高技能，没有高素质，就难以树立现代农业发展理念和适应现代农业发展要求；没有高技能，就难以获得较高的农业生产经营效益。对农民开展系统性、规范化、多层次的职业教育，能够增强农民运用新技术新成果和把握市场的能力，能够提高农业生产经营效益，实现务农种粮有效益、不吃亏、得实惠，有利于留住和吸引大批农村劳动力特别是青壮年劳动力从事农业生产，促进农业后继乏人问题的解决。

（二）现代农村经济社会发展对现代农村职业教育的要求

1. 改变农村经济结构不合理状况，需要改革与发展农村职业教育。

在资源与市场的双重制约下，我国农业和农村经济结构不合理的问题日益突出，转变农业发展思路，改变农业生产经营模式已刻不容缓。农业经济增长必须由过去主要依靠“农业生产要素低水平重复扩张”转变为主要依靠科技进步和提高农民素质、依靠先进适用技术的推广应用。如果不能在农村职业教育改革创新上取得突破性进展，发挥农村职业教育的基础性和先导性作用，就难以改变农业和农村经济结构不合理的问题，就难以发展高产、优质、高效、生态、安全的农业，从而实现由传统农业向现代农业的根本转变。

2. 农业的多功能性发展，需要拓展农村职业教育的领域。

随着我国经济社会发展进入新阶段，农业的多功能性日益凸显，特别是农业的水土涵养、生态保护、休闲观光、文化传承等功能，日益得到重视和开发。农村职业教育应当及时面向多功能农业，拓展教育领域，大胆改革专业设置、教学内容和培养模式等。随着我国农业现代化建设和新型城镇化进程的深入推进，农村职业教育应当建立与农产品区域布局相适应的办学格局，引导各级各类办学机构紧密结合当地产业发展实际，巩固和发展自身特色优势学科。

3. 农民职业化加快的新趋势，需要改革创新农村职业教育结构。

随着我国农业农村经济发展不断加快，农民分工分业日益深入，农业社会化服务体系迅速发展壮大，一批新的职业在农业农村领域快速兴起。前一阶段，我们以县为单位对当前农业生产、加工、服务和农村社会事业发展和农村管理领域从业岗位、人员构成和需求预测进行了调查摸底。根据初步调研结果，在种植、畜牧、水产、动物卫生、农机、农村经营管理、涉农企业、乡村旅游八个行业中，可以有 203 类从业人员。

2013 年中央一号文件提出，大力培育新型农民和农村实用人才，着力加强农业职业教育和职业培训。充分利用各类培训资源，加大专业大户、家庭农场经营者培训力度，提高他们的生产技能和经营管理水平。制定专门计划，对符合条件的中高等学校毕业生、退役军人、返乡农民工务农创业给予补助和贷款支持。今年，在国家有关部门对新兴职业农民问题的研究已经取得重大成果的基础上，教育部、农业部出台了《中等职业学校新型职业农民培养方案试行》。可见，农村产业发展和农民职业结构正在发生深刻变化，因此要及时改革与创新农村职业教育结构。

4. 农业生产的公益性，需要制定农村职业教育的激励政策。

农业具有明显的公益性，农业从业者和农村后备力量的教育培训是公益性事业，但各级政府在对农民教育培训机构进行分类和职能配置时，没有明确公益性定位，每每遇到机构改革时往往成为撤、并的重点对象，造成机构不稳定、人员不安心、经费无保障，严重影响了农民教育培训事业的发展。并且由于农业比较效益低下，工作条件艰苦，劳动强度较大，对农村“两后生”缺乏吸引力，需要国家从政策与财政上给予倾斜，切实从免除学费、补贴生活费、毕业生待遇等角度提高农村职业教育的吸引力。

5. 国家未来普及高中段教育的设想，需要农村职业教育发挥重要作用。

到2020年普及高中段教育难点不在城市，而是在农村。受到生产、时间、地点和经济负担的多重制约，广大农村适龄人口无法接受全日制中等教育，他们很难享受公平教育的机会。“送教下乡”在推进农民在农村接受农业技能教育、解决职业能力的同时，也满足了接受中等教育的需求，而这恰恰是基础教育难以实现的。

（三）发展现代农村职业教育的政策建议

1. 理顺管理体制，加强行业部门对农村职业教育的指导作用。

根据我国的国情、农业行业的特点，以及农村、农民的现实情况和农业与农村经济的发展需要，农村职业教育要发展，离不开农业行政部门的宏观调控、指导和大力扶持。因此，教育部门必须积极寻求农业部门的帮助指导，主动参与以及组织领导，这是切实办好农村职业教育工作的重要保证。

建议尽快成立农村职业教育指导委员会。该组织是教育、农业等部门领导下的专家咨询组织，其职责与任务是拟定农村职业教育中长期规划，协调农村职业教育培训的布局调整和资源利用，组织和指导地方开展农村职业教育培训工作，对全面推进农村职业教育的重大问题进行研究，并向政府有关部门提供专家咨询意见。研究农村人才市场，适应农村社会和企业需求，深化职业教育教学改革，确立“以服务为宗旨、以就业为导向”职业教育办学方向，做好职业教育办学体制创新，构建多元化的办学模式。建立灵敏的市场适应机制。尽快适应社会的变化，尽快抓住市场对人才的需求，与企业建立密切的联系，把市场信息及时输送到教学中，建立起适应市场变化的教学机制。

2. 完善激励政策，扩大对农业职业院校在校生的资助范围和资助额度。

在全面落实免除农村中等职业教育和涉农专业学生学费政策的基础上，应对接受农业高职教育的学生免收学费，并提高中等农村职业教育学生的国家助学金标准。设立农村职业教育奖学金，不断提高奖励标准，调动学生学农的积极性。围绕培养新型职业农民的制度设计和培育体系，要尽快出台国家出资购买农民学习成果的公益性经费补偿制度。

3. 加大支持力度，实施农村职业教育振兴计划，扩大农业类专业招生规模。

从现在起，制定实施农村职业教育振兴计划，由财政在全省范围扶持 2 所本科院校承接农村中职涉农专业直升试点、3 所国家级重点示范高职院校重点办好涉农专业、支持 4 所农业学校做大做强、鼓励 50 所职教中心办成以农为主的示范性职业学校。

围绕我省现代职业教育体系建设大局，加快由初到高的现代农业职业教育体系建设。尽快形成一批办学条件好、培养质量高的农业职业院校和专业。为建设社会主义新农村、实现农业现代化培养数以万计的各级农业人才。

4. 放宽招生政策，重点面向农业从业人员招生。

考虑到新的农村“两后生”主要是独生子女，离农进城愿望十分强烈，农村职业教育又面临招生困难；同时，为了切实保证农村职业教育学生毕业后能够真正从事农业，建议真正放宽农村职业教育招生政策，重点从当前农业从业人员里进行招生，主要是在农村有一定产业基础、有进修学习要求、具备一定学习能力的骨干农民、核心农户和大户以及农民专业合作社负责人、农业社会化服务体系从业人员等。

以培养新型职业农民综合素质为己任，以就业为终极目标的职业教育，充分尊重市场运行的规律，实现资源的合理配置。从实践看，职业教育的活力和动力取决于能否坚持为县域经济发展培养适用人才。进一步扩大对口升学中涉农本科专业的招生规模。明确由涉农高职实施“大学生村官”工程，由农业学校对不具备农村职业教育背景的农技人员实施在职继续教育。允许县职教中心根据产业发展自主设置专业，在职教中心、农业学校、农业高职和农业大学之间建立绿色通道。

5. 推进园区建设，扶持农职院校打造示范园或示范基地，以发挥其技术集成、示范、推广功能。

为地方经济建设服务是农业职业学校的基本职能，农业职业学校要发挥比较优势，针对学校所在地区的农业产业状况、人才培养需求，在原有技术服务实体的基础上，通过必要的政策引导和支持如土地利用、税收减免、投资融资、价格补贴等增加投入，建成领先的农业示范基地，形成一定的产业优势和规模，既能带动当地新技术、新品种的推广，也为学生实训提供条件。特别是在当前国家大力发展农业规模经营的形势下，应鼓励农业职业学校按市场法则利用自身优势走在产业发展的前列。

在粮食主产区、优势农产品产业带、特色农业示范区等地区，要建设一批功能齐全、设备完善、示范带动能力强的新型职业农民教育培训基地，为农业职业院校和其他农民教育培训机构搭建送教下乡的教育教学平台，为广大农技人员、各级各类教育培训教师提供科研、实践和为农服务的平台，为农民就地就近、半农半读接受系统农业教育提供参观学习和实践操作平台，为科研院所、科技推广提供成果转化、试验示范的平台。

6. 强化制度保障，建立农村职业教育发展的长效机制。

各级政府要把农村职业教育工作纳入当地经济社会发展规划，作为对主要领导干部进行政绩考核的重要指标；规定农村职业教育机构的地位和性质，明确农村职业教育的结构和标准，规定教育部门、农业部门和农村职业教育机构的义务和权利，鼓励地方和私人办农村职业教育等，加大省级人民政府对农村职业教育工作的监督和检查力度，并把农村职业教育工作作为监督检查的重点。

应积极借鉴国外经验，总结发达地区农民教育培训立法的经验，加快推动国家层面新型职业农民教育培训立法进程。新型职业农民教育培训立法应明确新型职业农民教育培训的目标任务、组织管理、责任分工、机构认定、经费投入和奖惩措施等，明确新型职业农民参加教育培训的权利和义务，确保新型职业农民教育培训有序推进和健康发展。

逐步强化农业产业劳动准入制度，把职业教育与职业资格标准相挂钩，促使农村职业教育逐步走上规范化、法制化的轨道。按照公开、公正、公平的原则，面向全社会统一招考农业专业生产人员和专业技术推广人员，列入国家事业单位编制，但要求考生必须具备职业院校毕业证书和初级以上的相关专业职业资格证书。设立土地流转、规模经营门槛，规定必须获得职业资格证才有承包经营权，还要给予他们金融和农业产前、产后服务等方面享有优先权。

在政府统筹下，建立农业教育、农业科研、农业推广联系机制，大力推行联合办学，吸引农业企业、农业科研、农业推广等机构参与办学，以契约的形式规范农业产业化企业行为，要求企业从职工的教育培训经费中足额提取30%—40%，用于企业参与校企合作联合培养农业专业技术人才的经费开支。

7. 提高师资水平，建立稳定的教师队伍。

提高农村职业教育质量，必须加强教师队伍建设。首先要实行激励政策，稳定涉农专业教师队伍，激励他们提高思想道德水平和职业操守，热爱学生、热爱农业，及时更新知识和能力结构、提高教学水平；其次，在实施国家、省级中等职业学校骨干教师培训计划时，要向中等职业学校农林类专业教师倾斜，争取在不长的时间内对骨干教师全部轮训一遍；最后，要采取优惠政策，吸引农业高校优秀毕业生补充农村职业教育师资队伍，使农村职业教育教师生生不息、后继有人。

(四) 创新新型职业农民培养培训模式

新型职业农民是将农业作为产业进行经营，并充分利用市场机制和规则来获取报酬，以期实现利润最大化的理性经济人。新型职业农民不仅掌握现代农业生产的先进技术，而且对农业、农村有着深厚的感情。比如，种植养殖大户、家庭农场的继承人，专业合作组织的领头人或主力成员，致力于农业生产服务的专业农校学生等等，以及农民植保员、经纪人、农机大户、防疫员、水利员、信息员、沼气工等各类生产经营和技能服务型人才。所以，培育新型职业农民是我国农业现代化的必然战略选择，是现代农村职业教育的重要任务，必须结合区域经济发展，因地制宜地组织开展好。

1. 校企联合。

校企联合办学模式是学校与农业生产企业零距离合作，按照“订单教育”理论共同培养人才的一种办学模式。学校和农业生产企业共同创造办学条件，培养目标、教学计划、教学内容等由双方共同确定：农业生产企业负责承担部分办学经费，并负责向学校提供部分专业课教师和实习指导教师，提供实习场地；学校教育与农业生产标准对接，为农业生产企业培养定向人才。

2. 校乡联合。

校乡联合办学模式是以一乡、一镇产业结构调整对人才和技术的需求为基点，将办学的重心下移，直接为基层定向培养人才。这种办学采取灵活学制，农闲进行理论教学，农忙开展生产实习，“理论和实践不脱节，学习和生产两不误”，为农村培养下得去、留得住、用得上的“永久牌”科技致富带头人。依托职业学校专业优势，在县乡、村、户之间形成辐射网络，构建起信息传播、科技培训、生产示范、项目推广的立体交叉服务网络体系。坚持以县、乡农村职成学校为基地，以科技实用项目为内容，以农村初中毕业生和农民为对象，以科技示范户为骨干，从而达到学一技之长，帮一户脱贫，带一村致富；培养一批能人、形成一个农民服务组织、推广一个科技项目、带动一个产业、致富一方农民的目的。开办不同的培训班，如农业技术培训、农村管理干部培训、劳动力转移技术培训等，为农业科技水平的提高和农村经济的发展及人力资源的优化提供服务。例如可以根据乡镇经济规划，提出“一村一品、一片一特色”的农业产业化总体要求，把课堂开在田间地头，送科技下乡。

3. 校县联合。

校县联合模式是学校主动服务地方经济建设，开展院校与县域经济发展的全方位合作。根据地方对人才的需求，职校与有关部门进行联合培训或学历教育。与县委组织部、县劳动局、技术监督局等单位联合办学，面向在职干部、农民、复员军人、下岗职工进行教育和培训，提高了人员素质，为复员军人、下岗职工的再就业和农村富余劳动力的转移提供了技术支持和有利保证。构建一个政府牵头、行业指导、企业参与、学校实教、多方受益、互惠多赢的平台。把政府、行业、企业与学校紧密结合了起来，让政府、行业、企业真正参与到人才培养的全过程中，为“科教兴县”“人才兴县”提供人才支撑和知识贡献。

4. 校会联合。

校会联合是指学校、专业协会、农户互动的办学模式。即由职业学校牵头，以专业教师和毕业生为主体，组织专业协会，再通过专业协会把农户组织起来，参加科技培训活动和生产经营活动。这样，可以把学校的实践教学活动紧密地置于专业协会和农户的互动之中，使职业教育直接有效地为农服务。带动当地农业产业化和专业化的发展，农民脱贫致富。

5. 校站（所）联合。

农村职成学校结合本地经济发展需要，横联当地农业技术推广站、种子站、水利站、农机站、畜牧站等为农服务站点，上挂专业科研院所，共同研究科技项目的开发和实用技术推广，使产学研结合起来，为农村经济发展提供科技动力。这种范式可以有效地解决科研院所的实验项目转化为现实生产力的问题，也使职业学校和农业技术推广站在孵化科研项目过程中，找到了自身为农服务的位置。

6. 校校联合。

职校与其他学校间的联合办学。有职校—职校间的联合，有职校—大专院校间的联合，也有职校—普教—大专院校的联合等多种形式。可以是本省本市学校的联合，也可以是跨省市学校的联合。根据自身实际，在发挥本校优势的同时借鉴他校的长处和优势，共同办学，为区域经济建设与社会发展培养适用人才。

专题五　中等职业学校文化建设：立论、原则与内容

文化是个经久不衰的课题，也是一个无所不包的概念。学校文化因之独特的社会意义，在经济社会飞速发展、科学技术日新月异的新形势下，越发显得重要和值得引起高度重视。

学校文化建设包罗万象，主要是以学生为主体，以校园为基本空间，以企业、社会实践基地为补充，围绕地方经济和社会发展需要，以精神文化、环境文化、行为文化和制度文化建设等为主要内容的一种群体文化，是学校本身形成和发展的物质文化与精神文化的总和。

学校作为育人场所，文化的先进性和引领作用不言自明，文化概念的不断丰富和不断发展不言自明。长期以来，我们的学校文化建设涉及办学理念、核心价值观、校风校训、校园规划建设、管理制度建设、课程文化建设、师德师风、公共关系、学生人文素养和道德养成，等等。但不同时期，关注方向和侧重点有所不同。作为职业学校，作为与经济社会联系最为直接、密切的教育类别，我们的文化建设应该兼具社会性、先进性、创造性。比如智慧校园、海绵校园，就是最近几年学校文化建设的新内涵。

学校文化既是推动学校发展、提升学校层次的重要手段，也是学校改革发展的目标方向。坚持了学校自身文化的本来，融汇了外来的先进文化，自然会创造出学校文化的美好未来。

学校文化是学校的魂。以学校全体成员为主体的学校文化，既体现在

学校成员的价值观，即学校的核心价值，也体现在学校的各种物质实体上。因此，学校文化是一所学校综合实力的反映，学校文化建设是学校改革与发展的重要组成部分，学校的核心竞争力更多地表现在文化的凝聚力和创造力，优秀的学校文化能赋予师生独立的人格、精神，激励师生不断反思、不断超越，还能赢得更多优秀的师资和生源。

加强学校文化建设是学校可持续发展的重要保证。健康的学校文化，可以正确引导办学者明确学校发展目标，并客观反映社会对学校的期待，还能代表师生的共同愿望，进而引导师生适应社会的需求，最大限度地发挥学校自身的优势，凝聚学校成员的认同感和向心力，最终推动学校的可持续发展。

加强学校文化建设是促进学生全面发展的重要基础。先进的学校文化，可以陶冶学生的情操、启迪学生心智，提高学生的核心素养。因此，加强中等职业学校文化建设，对于贯彻落实党的教育方针，促进学生全面发展具有十分重要的意义。

一、学校文化建设的立论基础

文化作为人类生活方式的体现，一直是人们非常重视和积极探索的一个重要领域。学校文化作为整个社会文化的有机组成部分，随着社会经济发展和教育改革创新的不断深化以及教育对人的全面发展的深刻影响，更是成为人们非常关注的焦点问题之一。研究学校文化建设，其实就是比较不同时期、不同社会背景下的文化态势而追寻并试图左右影响办学思想、教育理念、人才培养模式的学校价值取向。换句话说，学校文化其实是学校的价值体现，是学校的灵魂所依，是我们办学的宗旨所在。

（一）学校文化的本来

文化是一个极其复杂的社会产物。不同的国家、不同的民族，在不同的历史时期有着不同的文化。而且，每一个特定的文化，又首先起源于自身悠久的历史，有着其既有的传统和固有的根本。正如马克思在《路易·波拿巴的雾月十八日》开篇中所言：“人们自己创造自己的历史，但是他们并不是随心所欲地创造，并不是在他们自己选定的条件下创造，而是在直接碰到的、既定的、从过去承继下来的条件下创造。”（《马克思恩格斯选集》第1卷，第603页）也就是说，社会历史就是一个发展的过程，只有从过去、现在、将来这样一个发展的、连续的角度以及横向的、广泛的社会联系中，才能准确地理解某一历史事件、历史人物。当然，这也是我们认识、理解、发展文化的基本方法。

学校文化也是如此。任何一个学校的文化，如若抛弃传统、丢掉根本，就会像水中浮萍一样，显得飘忽、零乱、没有方向，只能因风而动，随波逐流。当然，任何一个学校也不可能从一种文化突然跨越到另一种文化，因为这样好比自己割断自己的精神命脉，是不可能行得通的。另一方面，文化的发展，最根本的特质是继承、是扬弃、是光大。丢掉自己的本来，忘却自己的根本，强行嫁接外来的所谓文化，小则水土不服，大则地动山摇。

美国当代政治学家萨缪尔·亨廷顿曾提出“文化冲突论”，认为世界上最好的文明就是西方的基督教文明，宣传美国的价值观，宣传美式的自由、民主与人权，认为由此建立的种种制度因为美妙、完备，可以给全世界带来幸福而堪称“历史的终结与最后之人”。但事实上却是，西方殖民主义两次世界大战以及冷战结束后的科索沃战争、美国在伊拉克等地的战争，在实践中反证了这种理论的失败和无理。究其原因，除了政治、军事因素以外，更多的则是文化不合，是因为生生割断了当地文化传承的脉络。

学校作为普遍存在的社会组织，在文化传承方面也有其社会属性。

学校在创建伊始，必然会设计和社会相融合的文化基调和文化发展方向。在办学发展中，学校文化也必然会逐渐成熟、固化、显化，逐渐形成各具特色的自身文化。只要学校存在，这个学校的文化就会存在；只要学校存在，这个学校文化就会积淀、发展；只要学校存在，这个学校就会在改革发展中弘扬、壮大自身文化。所以，研究学校文化，首先要着眼学校文化的本来。

学校文化没有大小、好坏之分，只有适合与否、先进与否。只要在自身特定环境中，有利于师生共同进步、人才成长，有利于人的全面发展、学校办学水平提升，有利于学校与外界的共生共赢，就是昂杨向上、包容开放的先进文化。

例如，对于我们职业学校来说，很多学校遵循“德育为首、教学为主、质量强校、特色立校”的办学思想，大力弘扬工匠精神，结合专业特色、办学水平和区域经济发展需要，围绕骨干专业、特色专业，形成的一系列忠诚敬业、爱岗奉献、遵循规则、崇尚技艺、追求卓越的文化精神，以及精细管理的制度措施，乃至优雅、美观、融合各种现代技术的校区环境等等，都属于我们固有的文化。

学校在文化层面上坚守自己的本来，就为发展拥有了宽厚、坚实的基础，也就为发展奠定了创新的能力，形成内部各种文化之间的自然逻辑关系。当然，固守本来，不可避免地会束缚自身，会封闭于时代。所以，还应超越既有认识和水平，大胆吸收外来文化。

（二）学校文化的外来

社会愈进步，文化愈能显现其融合性、包容性。学校文化也是如此，不可能与世隔绝，不可能封闭不前，而是会不断地从广泛的社会联系中、从其他文化中汲取养分，推动自身的繁荣和发展。这是文化本身的自觉性。

早在 1897 年，约翰·杜威就在其著名的《我的教育信条》这一教育理论纲领性著作中提出，“学校科目相互联系的真正中心不是科学，不是文学，不是历史，不是地理，而是儿童本身的社会活动”。他认为学校主要是一种社会组织，学校教育许多方面的失败，是忽视这一基本原则，单纯地把学校当作一个传授某些知识、学习某些课业或养成某些习惯的场所。而实际上，“教育是社会生活的过程，而不是生活的预备”。(《杜威教育文集》第 1 卷，人民教育出版社，第 7—10 页)

1952 年，杜威在最后发表的《〈教育资源的使用〉引言》中又提出，“没有一种教育——或关于任何其他事物——是进步的，除非他不断取得进步”。“没有别的东西比这样做在结果上更为反动，即努力按照过去某时期是代表进步的那些观点、原则、风俗、习惯或制度，而现在却构成我们所

面临的各种问题的因素来生活”。（《杜威教育文集》第5卷，人民教育出版社，第407页）

所以，先进的文化、发展的文化，也应该是有着开放包容的胸怀，兼容并蓄，广泛、大胆、积极吸收、融汇外来优秀文化成果，辩证取舍，推动自身的进一步繁荣兴盛。职业教育是与经济社会联系最为密切的一类教育，职业学校的文化也必然有着更为明显的社会属性。纵观获得国家改革发展示范校或国家级、省部级重点称号的中职学校，无一不是在坚守自己的文化、巩固自身的文化、形成鲜明特色的基础上，通过“走出去、引进来”，借鉴他山之石，取人之长，补己之短，从而形成鲜明的现代职业教育办学理念和靓丽的文化品牌。

一般来说，吸收、融汇外来文化，应做到以下三点：

一是敞开胸怀，勇于吸收，乐于吸收。认识到学校的社会性，认识到学校文化的社会性，就会敞开胸怀，以积极的态度对待外来文化，以谦虚的胸怀对待外来的先进经验，吮吸营养，补充能量，充实、壮大自身。没有哪一所学校是能够永远固守自己的文化，没有哪一种文化会因为固守、封闭而能够不断发展的。当然，学校文化也不可能因为人为封锁而失去其社会性。在信息时代，学校与外界的联系更加广泛，渠道也更加多样，学校文化的社会性也会更加鲜明突出。

二是辩证取舍，兼容并蓄，取长补短。1944年，毛泽东同志在同英国记者斯坦因谈话时明确指出：“继承中国过去的思想和接受外来思想，并不意味着无条件地照搬，而必须根据具体条件加以采用，使之适合中国的实际。我们的态度是批判地接受我们自己的历史遗产和外国的思想。我们既反对盲目接收任何思想也反对盲目抵制任何思想。我们中国人必须用我们自己的头脑进行思考，并决定什么东西能在我们自己的土壤里生长起来。”（《毛泽东文集》第3卷，第192页）所以，每一种文化都产生于独特的土壤，都有其自身的独特性。离开了自身的社会历史条件，离开了自己的环境，文化的价值和作用也会发生根本的变化。在职业学校文化建设中，兄弟学校的文化成果和南方发达省份的经验做法，是鲜明的、有特色的，在本校本地也非常成功，值得我们参考借鉴，但我们不能照搬套用，而应该消化地吸收。

三是转化再造，融汇外来，创新发展。文化是有生命力的，文化也是有创新力的。辩证取舍外来文化，取长补短，目的就是为了汲取营养，转化再造，创新发展。学校环境规划设计、办学理念更新、教学方法与课程改革、师资队伍建设、校企融合、实习基地建设、内部管理制度改革等等，这些物质的或办学环境层面的文化，精神的或制度层面的文化、行为层面的文化，都需要借鉴外来先进经验，为我所用。

（三）学校文化的未来

学校文化建设包罗万象，主要是以学生为主体，以校园为基本空间，以企业、社会实践基地为补充，围绕地方经济和社会发展需要，以精神文化、环境文化、行为文化和制度文化建设等为主要内容的一种群体文化，是学校本身形成和发展的物质文化与精神文化的总和。

学校文化既是推动学校发展、提升学校层次的重要手段，也是学校改革发展的目标方向。坚持了学校自身文化的本来，融汇了外来的先进文化，自然会创造出学校文化的美好未来。

先进的、现代的学校必然在发展过程中会形成先进的、现代的文化，先进的、现代的文化也必然推进着学校向先进与现代迈进，二者是相辅相成的。信息时代，互联网＋，新城镇建设，大众创业、万众创新，工业4.0，中国制造2025，工匠精神，体面劳动……所有这些，都在现代职业教育体系建设的大背景下，融入了职业学校的文化建设之中。

先进理念方面：外部环境发生的一系列变化，如社会经济的发展、教育政策的调整等，这些内容都会影响到职业学校的办学宗旨、办学目标、办学策略，影响到育人途径、育人取向、培养目标、教师形象、工作重心等等。这些影响与变化，将使学校的办学理念随之更新，去适应新时代的要求。也就是说，理念乃至相关的文化内涵，不是一成不变的。学校文化在坚持本真和传统的同时，融汇外来先进思想，就是实现面向未来的发展。

比如职业教育的目标定位，无论中职还是高职，这些年来一直在进行调整。随着顶层设计的确定以及现代职业教育体系的清晰，培养目标也有了更加明确的表述，职业教育的办学理念也随之更新。与此同时，学校文化也更加特色鲜明。

先进方法方面：技术的进步，引发了教育教学手段和学校管理模式的革新。比如信息技术、校园网的建设与应用，改变了传统的授课与学习模式，改变了学生管理和教师管理模式，学校与外界的联系更加广泛和便捷。师生接受新思想的途径多样化，对传统文化也产生了极大的影响。学校每时每刻都在接受着外界的刺激，吸收外来的营养，也在承受着外来的干扰。当然，学校也时时刻刻参与着社会的发展与变革，影响着人们生活的方方面面。

其他学校的先进文化：每个学校都有着自己的特色与专长，也有着自身的缺点与不足。在变革的时代，既要传承自己的优秀品质，弘扬先进文化，也要敢于、善于学习其他学校的先进文化，借鉴其他学校的独有优势，做到相互学习、共同发展。

人们常说思想决定行动、行动形成习惯、习惯产生文化、文化影响思想。这个循环是封闭退化的还是开放进化的，主要看能不能吸收外来文化，以及吸收后能否创新再造，为我所用。

企业文化和社会文化的引进渗透：对于职业学校来说，其培养目标决定了企业文化对丰富自身文化的不可或缺性。或者说，不引进企业文化，没有企业文化的渗透，职业学校的文化将是一种不健全的文化。另外，学校又是一定社会历史环境中的学校，所以社会文化也必然要与学校文化发生相互作用。

比如要成为“世界工厂”“中国智造”，最大的挑战在人才。目前，劳动者科学文化水平不高，缺乏专业技术技能，企业技术工人总量不足、技术等级偏低、技能单一，尤其是高级技能人才年龄偏高，技师、高级技师缺乏，已经成为影响我国经济发展的一个重要因素。工人技术水平较低，劳动者综合素质较差，也是造成企业产品质量低劣、安全事故频发，造成巨大生命和财产损失的重要原因。在近几年企业发生的各种事故中，大部分是由于操作人员责任意识不强、职业道德观念淡薄、岗位技能不高造成的。因此，加快发展现代职业教育，努力造就掌握实用科技知识，具有娴熟技术、高超手艺和敬业奉献精神的生产第一线的高素质劳动者，应该是现代职业学校文化建设的一项极为重要的战略任务。

（四）从职业学校文化建设引发的几点联想

任何理论的发展，终究要体现在对实践的指导价值上。从20世纪80年代引进西德“双元制”职业教育模式，到90年代引进加拿大CBE能力本位，以及以后陆续登陆我国职业教育界的国际劳工组织的MES模式、澳大利亚的TAFE、英国的BTEC模式、新加坡的教学工厂，和学术界对日、美、法、韩等国职业教育的介绍，反映了各级政府与职业教育机构发展职业教育的高涨热情和急迫心情。这些发达国家的成熟做法在理论产生的本土带来了极高的社会效益，但我们引进以后却难以大面积实质性推开。究其原因，我们不仅要看职业教育与经济的密切关系以及教育制度的完美设计，更要研究理论产生的文化背景。

在知识经济时代，各国的发展不仅有符合自身实际的特殊模式，也都在努力吸收他国的长处，少走弯路。但不管如何，对待在其他文化背景和社会历史条件下产生的先进经验，我们既不能盲目照搬，也不能视而不见，更不能见异思迁。从发展我国现代职业教育的角度考虑，我们对待国外不同模式的态度，前提应该是在全面了解和深入研究其产生、发展和成功的规律的基础之上，进行结合国情的、有选择的消化、吸收和借鉴，最终转换成具有科学依据和推广意义、实际可行的实施策略。

第一，应加强职业精神的培养。前面提到的一些先进职业教育思想、模式，相对应的是企业遵守工作流程、严守技术程序等看似普通的行为。这些内容，在职业教育工作者眼中，就属于职业教育教学训练中的基本内容。也就是说，我们不能简单地教授知识和技能，而必须使接受职业教育的学生，将职业道德、岗位职责等，或者简单地说就是责任感，化为一个人的自觉行动、主动意识。如此，大家在工作中会有昂扬向上的激情、热情，工作中将充满欢乐和享受。正像中华职教社所倡导的那样，做到“使无业者有业，使有业者乐业”。

第二，应加强集体主义思想的培养和影响。教育有广义、狭义以及东西方认知的区别，这是教育学原理讨论的内容。我们这里要说的是，教育是随着人类社会的发展进步而逐渐出现并反过来又来影响社会发展的一种理性活动，涉及社会生活的各个领域，有着影响社会文化乃至政治的功能。所以，通过教育，使学生普遍接受集体主义思想的熏陶，把做好工作、为社会服务、为他人提供帮助作为人生的原则，应该成为职业学校文化建设的重要内容。

第三，应加强互助协作的团队精神培养。社会人文教育、集体主义教育，也有助于团队协作精神培养。现代社会，很多工作都需要众人配合完成。所以，我们已经出台的法律法规、政策措施，以及各地积累的成功经验，如果能够再加上正确引导学生并通过学生进而影响全社会，使大家都能够逐渐地保持乐观积极的生活态度和工作原则，我们的职业教育就一定会提高到一个前所未有的水平，职业学校的文化建设也会提升到一个全新的高度。

第四，应把握好学校文化的先进性。学校作为育人场所，文化的先进性和引领作用不言自明，文化概念的不断丰富和不断发展不言自明。比如智慧校园、海绵校园，就是最近几年学校文化建设的新内涵。据报道，有的学校已经开始利用物联网、云计算、大数据、光网络、移动互联等前沿信息技术手段加快智慧校园建设，对教学、科研、管理、生活、社会服务等方面提供信息化支撑。例如，无锡职业技术学院做到处处有文化熏陶，无闲处、无死角，形成浓厚的立体环境文化，营造幸福氛围，使一草一木、一墙一板都能说话；进出校门时，佩戴的射频条码胸牌自动准确记录师生出勤情况；与银行系统、学校原有系统和管理信息系统衔接的校园智能卡系统，方便校内外消费；实现无线网络全覆盖，班班都有多媒体，教师备课数字化；课余时间，可随时调取任意课堂的任意教学内容，也可录播自己喜欢的素材，以及在网上预约借阅图书……

再例如，华侨大学厦门校区基于“功能湿地”的海绵校园——海绵城市规划建设实践，就是在学校文化建设中融合了“功能湿地”生态理念，建成集污水处理、中水回用、雨水收集、洪水防汛四位一体的生态化校园。这种“生态化景观化的现代校园”概念，源于海绵城市即新一代城市雨洪管理理论。按照这一理论，城市在适应环境变化和应对雨水带来的自然灾害等方面具有良好的“弹性”，也可称之为“水弹性城市”，下雨时吸水、蓄水、渗水、净水，需要时将蓄存的水“释放”并加以利用。

长期以来，我们的关注涉及办学理念、核心价值观、校风校训、校园规划建设、管理制度建设、课程文化建设、师德师风、公共关系、学生人文素养和道德养成，等等。但不同时期，关注方向和侧重点有所不同。作为职业学校，作为与经济社会联系最为直接、密切的教育类别，我们的文化建设应该兼具社会性、先进性、创造性。

二、职业学校文化建设的功能、问题和原则

教育部、中央文明办印发《关于深入开展文明校园创建活动的实施意见》（教基〔2015〕7号）提出了创建文明校园标准：建设优良校风、教风、学风，运用校训、校史、校歌、校徽、校标等校园文化符号，激励学生爱学校、爱学习、共建校园文明。体现德育、智育、体育、美育要求，精心设计和组织开展劳动技能、志愿服务、文娱体育、中职“文明风采”竞赛等校园文化活动。积极拓展校园文化建设新载体，充分发挥网络作用，开展形式多样、内容丰富的校园网络文化活动。加强学校文化建设对于推进职业教育改革发展、加强和改进学生思想政治教育、全面提高学生综合素质具有十分重要的意义。

（一）职业学校文化建设的功能

1. 导向功能

学校通过各种形式的教育与活动，使校园文化成为深受广大青年学生欢迎的开展思想政治教育的新载体，引导他们在成长与成才的道路上达到目标远大、方向正确的目的。

2. 凝聚功能

通过举办具有学校特色的艺术节、科技节、专业技能比赛、运动会及体育比赛等具有特色的丰富多彩的活动，进一步激发师生对学校的认同感、自豪感、荣誉感和集体主义观念，从而使学校的凝聚力得到升华。

3. 激励功能

良好的学校文化往往能产生一种激励作用，从而形成精神振奋、朝气蓬勃、开拓进取的良好风气，形成一种你追我赶的激励环境和激励机制，极大地激发积极性、创造性、从而对学校建设做出积极的贡献。

4. 辐射功能

通过开展科技下乡、到工厂、到社区的实验实训及文化活动产生的学校形象是上水平、上质量、上档次的重要因素，是一所学校区别于其他学校的标志，是学校持续发展的基础之一。

5. 促进功能

学校文化活动能将学生课堂内的学习与课外学习结合起来，相互作用、相互渗透。学生在参与各种校园文化活动中，创新、组织和管理等能力得到锻炼提高、为今后走向社会、胜任工作奠定基础。

6. 稳定功能

良好的校园环境通过陶冶、熏陶、凝聚内在力量等，给学生成长提供优良的土壤，防止学生在校期间受社会不良思想的影响或过多沾染不良社会风气，影响学校教育教学的效果，对学校的稳定起重要作用。

7. 展示功能

学校文化在培养学生综合素质中给每一个学生提供展示自己潜能和风采的机会，使其发挥独特的作用，从而激发学生的创造性，使之成为具有创新能力的合格人才。

8. 调节功能

丰富的校园文化活动是有利于学生身心健康的最佳调节方式，能全面提高学生素质。如广播站、学生合唱团、美术书法、技能操作比赛、武术锻炼等具有很好的调节作用。

9. 继承功能

在一定的历史条件下产生学校文化由一批又一批学生继承和弘扬，使学校的优良传统、进取精神和办学理念得到延续，对学校的发展和师生的思想产生持久的影响，使学校在社会上得到承认和赞扬。

（二）职业学校文化建设中存在的问题

学校文化潜在的巨大的教育功能日益受到人们的重视，人们越来越注重学校文化的建设，但是在文化建设当中还存在着一些疏漏与不足：

1. 重物质轻精神。

学校新校区高楼拔地而起，却很少注重精神文化的挖掘；一些具有悠久传统的学府也在进行着拆建工程，不注意对精神文化载体的保留与精神继承。

2. 重活动主体建设，轻学校精神引领。

学校文化建设仅仅停留在社团活动、兴趣小组、节日娱乐、体育竞赛等方面，这些各式各样的活动虽然很丰富，但是没有灵魂、较为分散、各自为政，难以发挥引领学校主导价值的作用。

3. 重内部文化关系，轻外部多元开放。

在学校与社会文化关系的处理上，学校文化建设的独立性、开放性不够。面对多元的社会文化，学校文化建设呈现一定的封闭性，主要是一种未成熟的学生文化占主要地位。与之相对，较为发达地区的学校文化又处在被社会文化占领淹没的境地，学校文化建设的独立性明显不足。目前一些学校的文化建设还只是停留于校内的“自娱自乐”，对社会文化的影响力很小，这和职业院校在整个社会当中的职能很不匹配。

4. 重硬件轻软件。

职业院校文化建设存在趋同现象，普遍重视硬件建设，以为校园文化建设就是盖楼、建亭、栽树、养花草。软环境方面的建设没有自身特色，对营造校园学习氛围和学习风气的关注不够。学校的内在氛围、风气与外观漂亮的校园、别致的建筑不相称。

应该看到，一些负面隐性的文化现象正在影响着学校文化主体精神的形成。目前官本位、潜规则、攀比风、腐败以及不良网络文化等现象正在侵蚀着主流的校园精神。寝室文化中难以见到家事国事事事关心的情况，甚至有些课桌文化和厕所文化还有些近乎黄色的污秽言谈。还有就是独生子女学生越来越追求时尚衣物和饰品，痴迷网络或智能手机游戏，自我约束力越来越差，学习成绩越来越糟。而像学雷锋，树新风等活动，宣传不到位，使许多学生被动参与或接受。这些现象是在学校文化建设过程中出现的问题，如不能及时彻底加以解决，学校文化建设便不能走上健康发展之路，而学校文化的巨大教育功能也就不能得到有效发挥。

（三）职业学校文化建设的原则

职业学校文化建设要全面贯彻党的教育方针，以邓小平理论、“三个代表”重要思想、科学发展观为指导，切实贯彻习近平总书记重要指示精神，服务“四个全面”战略布局和创新驱动发展战略，以立德树人为根本，以服务发展为宗旨，以促进就业为导向，坚持走内涵式发展道路，传承我国优秀文化，与企业文化相连，学术氛围与实践氛围相融，突出技能性、操作性、职业性，建设具有各校自身特色的学校文化。具体地讲，必须把握几个方面：一是方向性和先进性原则，要坚持社会主义的办学方向，体现社会主义核心价值观，以先进的办学理念统领学校的办学方略；二是职业性和适应性原则，要坚持市场导向，体现职业教育的职业性，通过与行业、企业的联合和合作，实现学校文化与企业文化的融合互通；三是继承性和创新性原则，要坚持尊重历史、重视交流、不断创新，确保学校文化历久弥新的生命力。

这就要求我们在学校文化建设上注意以下几个方面：

1. 要充分体现职业教育特色。

即既要重视职业学校作为功能独特的文化机构应具有的文化品位、独立品格和价值追求，更应注重事业适应社会、融入社会、追求学校文化与企业文化有机交融，学术气氛与实践氛围相辅相成的职业教育文化，为培养合格的职业人才创造优良环境。

2. 要全员、全面、全程建设。

应重视教师文化、学生文化的互动发展、组织、引导、行为相辅相成。广大教师充分发挥自身的作用，在学校理念指引下，按照同一建设方向，百花齐放、百家争鸣，既保证建设的总方向，又具有个性特征，充分体现学校特色。加强学校物质、制度、文化的和谐发展。

3. 要坚持长抓不懈。

优秀的学校都是经过多年长期建设，点滴积淀，才能逐渐形成特色。因此，职业学校文化建设要立足现实，突出特色，着眼未来，长期规划，逐步实施。

三、加强中等职业学校文化建设的主要内容

为了深入贯彻落实全国全省职业教育工作会议精神，充分发挥学校文化在中职学校教育、管理和服务中的重要作用，提高中等职业学校育人水平，促进学生全面发展，中等职业学校文化建设要按照“整体规划、分步实施，追求品质、注重实效，特色鲜明、和谐统一”的要求，逐步建成具有中等职业学校文化特色的目标体系、工作规范和长效机制，形成具有民族化、现代化、人文化、特色化和艺术化的学校文化特质，全面提升中等职业学校的综合水平。通过坚持不懈的学校文化建设活动，培养一批在我省乃至在全国有影响的学校文化品牌、特色学校和骨干学校，提升我省中等职业教育的水平和长远影响力。

（一）大力培育优秀的精神文化

1. 大力推进社会主义核心价值体系融入中职教育。

落实立德树人根本任务，充分发挥思想政治理论课育人的主渠道主阵地作用，把培育和践行社会主义核心价值观教育贯穿教学全过程。由此推动建设学校的价值体系，明确办学意义，精炼办学理念，阐明学校的本质和使命，科学地引领和指导办学实践。

2. 加强校风、教风、学风建设。

在校风建设上要形成以人为本、依法治校、民主和谐的校园风尚。加

强党风廉政建设和机关作风建设，大兴清正廉洁之风、艰苦奋斗之风、求真务实之风、开拓创新之风，营造风清气正、务实高效的校园氛围。培育和弘扬学校精神，积极践行校训，引导师生忠于祖国，爱校荣校，服务社会，造福人民的优秀品质。在教风建设上要制定完善师德规范，坚持教育引导、制度规范、监督约束并举，不断更新教师教育观念和知识结构，提高教师教学水平，以自身诚信形象示范带动学生。在学风建设上要加强对在校学生的教育和引导，落实好学生守则和行为规范，培养学生爱动脑、勤动手，勤奋努力、积极向上、乐于探究的优良学风。

（二）大力提升特色活动文化内涵

首先，创新形式，通过大型节庆活动提升文化内涵。利用五四青年节、“七一”党建日、国庆节、抗日战争胜利纪念日等重大节日和纪念日，开展爱国主义主题教育活动；利用教师节，开展尊师重教和师德师风主题教育活动；利用清明节、端午节、中秋节、重阳节和春节，开展中国传统文化主题教育活动；利用学校校庆日，开展校史校情主题教育活动；利用新生开学典礼、入学教育和毕业及学位授予典礼等，开展爱校荣校教育。

其次，开展丰富多彩的校园文化活动，丰富学生的课余文化生活。鼓励和支持学生成立体育类、艺术类、科技类、技能类等各种社团，以学生自主建设、自我管理、自我发展为主，鼓励技术技能型社团、引导兴趣爱好型社团、倡导社会公益型社团，培育优秀社团，打造品牌社团。通过社团定期不定期安排各类学术讲座、知识讲堂，举办科技文化节、体育节、读书日等活动，培养和发展学生的特长，不断提升学生的学习能力、生存能力和共处能力。

最后，根据学校的专业和课程特点，在教学、科研、师资建设、实验室建设、技能操作、学生文娱活动等方面力争办出文化精品，形成各具特色的学术、科技、教师和学生文化，营造崇尚创新、探求真知的教研环境和学习氛围，积极举办各类教师教学技能大赛、科技作品大赛，不同专业的学生技能大赛等，营造浓厚的学习和技能操作氛围，提高学生的动手操作能力和综合素质。

（三）大力建设高雅环境文化

1. 开发校史资源，实施校史文化建设工程。

为进一步彰显办学传统和办学特色，实施校史资料征集、校史校志编研、校史校情展示、校史校情教育、校史文化产品开发等建设项目。兴建校史文化苑或文化长廊，积极打造集体主义教育和爱校荣校教育基地。

2. 规划建设校园文化景观，打造优美人文环境。

做好绿化美化，实现校园山、水、园、林、路的使用功能、审美功能和教育功能和谐统一，培育学校生态文化，激发师生爱校热情，陶冶学生关爱自然、关爱社会、关爱他人的情操。注重校园公共场所人文景观建设，运用雕塑、书画、建筑小品等形式，提升学校文化形象。组织师生参与校园楼宇、道路、景点和公共区域的规划、建设、命名和管理，增强师生对校园环境的认同感。

3. 加强学校网络管理，优化网络文化环境。

校园网络越来越成为学校文化的重要载体，这种新型文化传播的特点和教育的功能应当引起重视。第一，要加强学校网络正面宣传，建设融思想性、职业性、知识性、服务性于一体的学校文化网络平台，开展健康向上、丰富多彩的网络文化活动，创造良好的网络文化氛围。第二，加强对校园网站的管理，重点加强对校园局域网、电子公告栏、电子留言板、贴吧、聊天室等栏目的管理，规范上网内容，杜绝各种煽动性、违法犯罪等有害信息在校园网上传播。第三，加强对学生手机使用的管理，引导学生正确使用手机，能够辨析真假是非等信息，提高学生的鉴别能力。第四，建立网络使用和管理制度，教育师生自觉遵守网络法规及有关规定，文明上网、依法上网。第五，密切关注网上动态，了解学生思想状况和动向，加强与学生网上的沟通与交流。第六，要注意研究反学校文化现象，避免反学校文化现象对学校文化的消解和破坏。

4. 重视校园治安综合治理，维护校园良好秩序。

进一步建立健全责任制，加强学校内部安全管理和安全保卫工作，协同地方，做好校园周边治安综合治理工作，维护学校正常教学、工作、生活秩序。

（四）大力打造鲜明形象文化

1. 坚持以人为本，建立健全各种制度。

对师生进行严格管理，培养师生良好的纪律观念。加强学校形象标识系统建设，增强学校文化认同。以适当形式固化、物化校训，使之成为全校师生员工共有的精神品质和自觉的文化追求，引导师生树立牢固的爱校荣校意识，强化校园文化润物无声的作用。

2. 大力推动学校与社会的良性互动。

加强和改进对内对外宣传，提升学校整体形象。加强宣传阵地建设，牢牢把握正确舆论导向。加大对外宣传力度，进一步提升学校知名度和美誉度。精心制作学校宣传片、画册等形象宣传系列物品。积极开展精神文明创建活动，开展文明单位、文明班级、文明寝室、文明学生等评比活动。开展好优秀教师、优秀教育工作者、教学名师、优秀党员、优秀党务工作者、感动学校人物、创业明星、勤工之星、自立自强标兵等的评选、宣传活动，充分彰显学校先进人物的精神引领和行为示范作用。

3. 深化校企协同育人，充分发挥企业的重要主体作用。

企业文化与学校文化相融合是职业学校的特点和发展趋势，要建立校企文化对接和融合机制，营造具有职业特色的学校文化，开展多种形式的职场体验、训练活动，使学生能够零距离接触企业文化，接触企业真实的场所、制度、生产、管理和企业人员，获得感性体验，组织教师到企业参加实践，深入接触企业文化的核心，体验不同企业的不同文化，并将企业的优秀文化带进学校、带到课堂、带给学生。

4. 加强学校文化特色建设和品牌建设。

中等职业学校要制定特色文化和学校精神建设的长远规划，列入学校总体发展的目标，增强特色意识和品牌意识。对学校的传统文化项目和特色文化建设给予充分的认识和支持，对优秀的文化活动给予鼓励，逐步形成独具特色的学校核心理念。

5. 强化中等职业学校文化建设的保障措施。

各级教育行政部门要提高对学校文化建设重要性的认识，加大对学校文化建设的支持，要将学校文化建设纳入学校办学水平评估和德育工作实效评估体系，加强指导和监督检查。要定期组织学校文化建设成果展示和经验交流活动，打造具有区域特色的职业学校文化品牌。要重视发挥新闻媒体的宣传作用，宣传报道学校文化建设的成果，及时推广先进学校的建设经验，发挥榜样模范的引领作用。要建立健全各项规章制度，特别是涉及学校文化建设的制度和规定，不断强化组织管理，坚持依法治校。各中等职业学校要建立学校文化建设推进组织，组织专家参与学校文化建设的整体规划和建设。加强对学校的建设规划、校园布局、景观设计、课外活动、文化活动、校园网络、学生社团和学生生活环境的管理，用积极向上的生活方式和文化活动引导学生，培养学生健康向上的品格。

专题六　中等职业学校学生人文素养调查研究

人文素养是人的素养的重要组成内容之一。一个人的人文素养反映了一个人的基本修养和独特品质，体现了他对人、对事的态度以及处理问题的方式方法，影响着其人生观、世界观、价值观的形成，影响着其全面发展的程度。人文素养不仅彰显、左右个人的综合素质水平与能力，也影响着一个国家、一个地区的社会文明程度与方向。缺乏人文素养，没有文化自觉与自信，失落人文精神，必然会限制人的全面发展，制约地区、国家乃至整个民族的发展与进步。可见，无论是个人的发展进步还是社会整体素质的提高，人文素养都显得意义非凡。

学校因其拥有最系统的人文素养培育培养模式，可以帮助学生确立最基本的人文素养方向，奠定最基础的人文素养水平，因而成为培育、提高人文素养的重要阵地之一。

中等职业学校培养的面向生产、建设、管理、服务一线，德智体美全面发展的高素质劳动者和中、初级技术技能型人才，最终将成为参与、推动经济社会发展的重要劳动力基础。这些新生劳动力和他们的父辈一样，大多来自普通的家庭，都是普通的百姓群众，未来都将成为自食其力的普通劳动者和社会稳定的基石，并自觉地以每一个人的辛勤劳动支撑着国家经济的发展。可以说，每一个劳动者在掌握了一定的生产、生活技能后，奠定什么样的人文基础，决定着其全面发展的水平。而且，这两者之间也存在着一定的相互制约与促进关系。所以，若能通过现代职业教育给他们以生存和发展的职业知识、职业技能以及必要的人文素养储备，推进社会文明的进步，进而改善他们个人和家庭的生活质量及社会地位，不仅将提升职业教育的吸引力和影响力，也将从根本上提高全民族的整体素质，促进人的全面发展，实现中华民族伟大的复兴梦，让每一个人都能有人生出彩的机会。

为了解中等职业学校人文素养教育现状，提高中等职业学校人文素养教育水平，我们设计了一套调查问卷（见附录二）。在 2014 年下半年到 2015 年上半年，先后在邯郸市 8 所中等学校（7 所中职、1 示范性高中），面向在校的一、二年级学生，开展了问卷调查。调查结束后，对数据进行了系统的整理和分析。在此基础上，提出了提高中等职业学校学生人文素养的策略建议，撰写了本报告。

一、概述

（一）人文素养

1. 人文素养的内涵

（1）人文

初春清晨的一声鸟啼，如果你联想到的是鸟的声带构造，这是动物解剖学；如果你感受到了生命的律动、朝气，以及对这个世界的感恩，这是“人文”。

“人文”一词，最早见于中国古籍《周易・贲卦》，其中说到“文明以止，人文也。观乎天文，以察时变；观乎人文，以化成天下”。《后汉书・公孙瓒传论》里讲“舍诸天运，征乎人文”。“人文”一词，字面上可以理解为人类文化或人的文化。汉语大词典解释为“人类社会的各种文化现象”，这一解释稍显宽泛，因为“文化”本身的含义就很广，而且众说纷纭。一般来说，文化包括精神文化和物质文化，前者又叫生活思想文化，后者又叫作科技文化，而“人文”一词，一般专指生活思想文化方面的各种表现，它既体现在物质层面，也体现在制度和精神层面。比如历史文化、地理文化、风俗文化、饮食文化、着装文化、语言文化、文学艺术、宗教文化、思维文化、制度文化等。甚至不同的观念也应该是一种文化，这涉及价值层面，即社会个体依据所掌握的人文基础知识，对人生意义与价值的判断和思考。

在学校教育中，由此而设置的学科叫作人文学科，包括哲学、宗教学、文学、法学、美学、历史学、政治学、经济学、教育学、心理学等。这是全面总结人类文化及人文精神的知识教育体系。

在许多意境里，人们会把人文精神看成人文。应该说，人文精神是人类文化中的先进部分和核心部分，即先进的价值观及其规范。其集中体现是重视人、尊重人、关心人、爱护人，这是一种普遍的人类自我关怀。

（2）素养

素养，顾名思义，素为本质、本性，养为培养、养成，简单地讲就是素质与修养。《汉书·李寻传》："马不伏枥，不可以趋道；士不素养，不可以重国。"宋陆游《上殿札子》："气不素养，临事惶遽。"元刘祁《归潜志》卷七："士气不可不素养。如明昌、泰和间，崇文养士，故一时士大夫，争以敢说敢为相尚。"《辞海》对素养一词有两个解释，一是经常修习涵养，二是平素所豢养。从一般意义上讲，素养内在的包括道德品质、知识水平与能力等，外在的包括外表形象、行为方式等。今天，人的素养的含意大为扩展，它包括思想品质、道德观念、政治素养、文化素养、业务素养、身心素养等各个方面。

（3）人文素养

人文素养即人的文化素质与修养，是社会个体在以"人"为中心的各种文化方面所表现出的素质与修养，即其在所拥有的文化基础上形成的先进的价值观及规范。北京师范大学教授肖川在《教育的理想与信念》里这样阐释人文素养：

——对于古典文化有相当的积累，理解传统，并具有历史意识，能够"守经答变，返本开新"；

——对于人的命运，人存在的意义、价值和尊严，人的自由解放，人的发展与幸福有着深切的关注；

——珍视人的完整性，反对对人的生命和心灵的肢解与割裂；承认并自觉守护人的精神神秘性和不可言说性，拒斥对人的物化与兽化，否弃将人简单化、机械化；

——尊重人的价值，追求自我实现，重视人的超越性向度；崇尚“自由意志和独立人格”，并对个体与类之间的关联有相当的体认，从而形成人类意识；

——对人的心灵、需要、渴望与梦想、直觉与灵性给予深切的关注；内心感受明敏、丰富、细腻与独特，并能以个性化的方式表达出来；

——重视德行修养，具有叩问心灵、反身而诚的自我反思的意识和能力；

——具有超功利的价值取向，乐于用审美的眼光看待事物；

——具有理想主义的倾向，追求完美；

——具有终极关切和宗教情怀，能对于“我是谁，我们从哪里来，又要到哪里去”一类问题做严肃的追问；

——承认并尊重文化的多样性，对于差异、不同、另类，甚至异端，能够报以宽容的态度；

——能够自觉地守护和践履社会的核心价值，诸如公平与正义。

简单来说，人文素养可以由以下几个方面来界定：

第一，人文素养既要求个体要掌握一定的人文学科知识，也要求其人文精神层面的东西，即价值判断。

第二，人文素养在道德层面上，包括人文主义的道德价值观。

第三，人文素养在美学层面上，涉及艺术与审美等精神文化活动。

第四，人文素养在心理层面上，涵盖健全的人格和心理、较强的自我认知能力和人际交往能力。

第五，人文素养的关键是要实现理想与现实、观念与行为的统一，人与自然、人与社会、人与人的和谐统一。

2. 看待人文素养的几个维度

(1) 从人性的维度来看人文素养。人性中都有善和恶的因子，也因此，千百年来人性本恶还是人性本善一直争论不休。其实人性本就是一粒种子，本就有淮南为橘、淮北为枳的双重性，当向善、为善的一面占上风时，人便表现为善良的人、懂得关爱他人的人、有着较好的人格、气质和修养的人；当恶的一面占据上风时，便表现为一个自私的人、邪恶的人、虚伪懦弱等丑劣品质的人，所以说“善恶只在一念之间”。正因为人性中有善的成分，所以人都有是非之心和羞耻之心，都希望能够“伟大”或“崇高”；正因为人性中有恶的成分，所以人都有七情六欲，有自私和贪婪的一面。我们不必要求别人“十全十美”，那几乎是不存在的一种理想人物，也不应该随便指责别人十恶不赦，往往被群起指责的人，未必就一无是处。对于一个人的是非之辨，不能陷入“善”和“恶”的二分法之中。当然所谓善恶的成分，在人的品格中并不全是天生的，也不是不可改变的。尽量提升人性中善的成分，压抑人性中恶的成分，使公益心为我们人生的信条。因此，弃恶扬善应该是从人性维度看待人文素养的主要课题之一。

(2) 从知识的维度来看人文素养。如果脱离了“关怀”，你可能有很丰富的人文知识，但却没有了基本的人文素养；你可能会是一个哲学博士后或是钢琴家，能演奏出曼妙的钢琴曲，但同时也可能是一个整个人类的刽子手（如希特勒）。一个农村老妪可能没学过多少知识，但她用工具撑起高压线让行人安全通过的举动，谁能不说她更加“人文”呢？

因此，仅用知识教育人是远远不够的。通过知识教育，他可以成为一台有用的机器，但是不能成为一个全面发展的人。“要使学生对价值有所理解并产生热烈的感情，那是最基本的。他必须获得对美和道德上的善有鲜明的辨别力。否则他——连同他的专业知识——就更像一只受过很好训练的狗，而不像一个和谐发展的人。为了获得对别人和对集体的适当关系，他必须学习去了解人们的动机、他们的幻想和他们的疾苦。”（爱因斯坦）

人文知识也好，专业知识也罢，从逻辑关系上来说，这些只能是构建人文素养的基础。通过必要的人文教育，良好的知识基础可以使人更加有效地建立人与社会、人与人、人与自然的和谐关系，实现更高境界的人文精神。

(3) 从发展的维度来看人文素养。人性不是一成不变的，知识也在爆炸式地发展。每个人就处在一个瞬息万变的社会体系之中，因此人文素养的发展也是一个不以人的意志为转移的客观规律。显然，人文素养具有鲜明的时代特征。

不同的社会历史时期有着不同的政治、经济、文化背景，一定的社会历史条件造就一定的人文环境，作为这一时期的社会成员必然要具备相应的人文精神。从这个意义上说，这也是一种平衡即人文生态。人文素养就是要适应人文生态，任何超越和落后都是对生态的破坏，那将会出现畸形社会、有缺陷的社会。

曾子说“吾日三省吾身”，荀子也说“君子博学而日参省乎己，则知明而行无过已”。人自身也是一个发展着的个体，不同的成长时期有着不同的人文素养要求。在坎坷的人生中，一个人会经历许多政治风云、经济起伏、文化变换和自然风暴，也会遇到许多智者和君子，会见到许多旁人无法遇到的风景和奇迹。当今社会，信息交通的飞速发展，使得文化的交流与碰撞达到前所未有的程度。所以，一个人就需要“学会求知，既获取理解的手段；学会做事，以便能够对自己所处的环境产生影响；学会共处，以便与他人一道参加人的所有活动并在这一些活动中进行合作；最后是学会做人，这是前三种学习成果的主要表现形式。”（国际二十一世纪教育委员会报告《教育：财富蕴藏其中》）

(4) 从教育的维度来看人文素养。教育是丰富人们人文知识的基本手段。在人类千百年的历史长河中，充满了刀光剑影、生离死别、血腥与暴力、眼泪与欢笑以及正义战胜邪恶、文明战胜野蛮的艰辛与曲折，一幕幕的喜剧、悲剧、闹剧竞相上演，异彩纷呈，令人目不暇接，承载这些历史经验教训的载体——人文学科，为我们带来了极为便利的条件，而且这种丰富性其本身就有着极其重要的教育价值。

教育是培养人们人文能力的主要活动。在一定程度上说，教育就是一种以“成人”为价值追求的实践活动。雅斯贝尔斯讲过，“如果我们放弃历史，那么对历史的每一次超越就都成了幻觉。事实上，只有在这个世界之内，我们才能超越这个世界地生活。世界周围没有道路，历史周围没有道路，而只有一条穿越历史的道路。”教师通过前人留给我们的大量事例——这一最丰富的资源来进行有关好与坏、对与错、正义与邪恶、文明与野蛮、真理与谬误的辨识、领悟，从而起到启迪智慧、陶冶情操、养成信念的作用。

教育是升华人们人文精神的重要实践。一方面，教育内容本身就承载着人类文明的精华，受教育者由此可以感悟生命的伟大、人性的美好、人生的创造之美、奋斗之美；另一方面，教育就是一种以“行动”为载体的实践。这样的教育实践既要追溯人的过去，也要关注当下的操作，还要追求未来的目标。因此，教育不仅能唤起人们内心深处渴望改造世界的冲动和欲望，更能激发和推动人们追求比生活本身更高远的东西。

（二）中等职业学校学生的人文素养

1. 中职学生人文素养

（1）中职学生人文素养的基本要求。《国务院关于加快发展现代职业教育的决定》（2014 年 5 月）明确提出，全面提高职业教育人才培养质量就是要“落实立德树人根本任务。树立全面培养、系统培养、多样化成才、终身学习的观念，全面实施素质教育。深入开展‘中国梦’主题教育活动，把社会主义核心价值体系融入职业教育全过程，增强德育的针对性和实效性。加强革命传统、优秀文化传统和人文教育，重视体育、艺术教育。广泛开展民族团结教育。健全党团组织，注重全员育人。构建学校、家庭、社会紧密协作的德育网络，全面提高学生的社会公德和职业道德”。“中等职业学校要树立系统培养观念，强化技术技能培养，加强文化基础教育，为学生全面成才、持续发展奠定扎实基础”。

国家教育部颁布的《中等职业学校德育大纲》（2014 年）规定，中等职业学校德育目标是：把学生培养成为爱党爱国、拥有梦想、遵纪守法、具有良好道德品质和文明行为习惯的社会主义合格公民，成为敬业爱岗、诚信友善，具有社会责任感、创新精神和实践能力的高素质劳动者和技术技能人才，成为中国特色社会主义事业合格建设者和可靠接班人。具体要求：一是树立实现中国梦的远大理想，牢固树立中国特色社会主义道路自信、理论自信、制度自信，热爱祖国，热爱人民，热爱中国共产党，拥护党的领导；二是培育和践行社会主义核心价值观，勤学、修德、明辨、笃实，使社会主义核心价值观成为自己的基本遵循，内化于心，外化于行。养成科学的思想方法；三是养成良好的法治意识和文明行为习惯，提高道德素质和法律素质，增强公民意识，依法办事，待人友善；四是树立正确的职业观和职业理想，提高综合职业素质和能力，热爱劳动，崇尚实践，奉献社会；五是养成自尊、自信、自强、乐群的心理品质，提高心理健康水平和职业心理素质，人格健全，乐观向上；六是树立安全意识、环保意识、节俭意识、廉洁意识，珍爱生命，尊重自然。

国家教育部公布的《中等职业学校专业教学标准》（2014 年），对中职学生的职业素养提出了规范要求，概括起来有以下几个方面：一是具有良好的职业道德，能自觉遵守行业法规、规范和组织规章制度；二是具有爱岗敬业、诚实守信、廉洁自律、客观公正、坚持准则的职业精神；三是具有自主学习和适应职业变换的能力；四是具有良好的人际交往能力、沟通协调能力、团队合作精神和服务意识；五是具有正确的就业意识、良好的创业意识和一定的创业精神；六是具有现代社会公民基本的文化基础知识、科学素养、环境保护意识和健康生活态度。实现这些要求的课程主要是公共基础课，包括德育课、文化课、体育与健康、公共艺术、历史、语文等自然科学和人文学科。特别需要注意的是，公共艺术和历史首次被列为公共基础的必修课。

（2）中职学生人文素养的一般性问题。总结多年来我国中等职业教育的发展状况，在人才质量上特别是学生人文素养方面还存在一些普遍性的问题。

一是在社会政治、经济、文化发展历程中，多年来对“发展”的神化，弱化了对人文素养的重视程度，导致了一个畸形的社会、有缺陷的社会、一个人文精神缺失的社会。中职学校的学生也未能逃脱这一藩篱，中职生源素质的普遍偏低无疑更加剧这个群体中人文素养的问题。

二是在中等职业教育转型发展过程中，过分追求就业导向，忽视或轻视了学生人文素养的价值，更多受到关注的是把学生培养成“工具人”，而不是“社会人”。

三是在中等职业教育的教育教学中，受多种因素的制约，重理论轻实践、重科学轻人文、重技术轻人格、重物质轻精神的倾向依然较为普遍。这样的职业教育能够使学生成为某一方面的技术熟练工，或者是现代企业生产线的一个代工机器人，但是不能成为一个具有独立精神和自由思想等人文素养的全面成长、和谐发展的高素质人才。

2. 当今社会对中职学生人文教育的要求

在中职学校里对广大学生进行人文教育，是当前国家和社会的要求。教育部《关于全面推进素质教育深化中等职业学校教育教学改革意见》（2000 年）提出，“中职生的基本素质包括思想道德素质、文化素质、专业素质和身体心理素质，其中文化素质是基础。我们所进行的加强文化素质教育工作，重点是指人文素质教育。”《中等职业学校德育大纲》（2014 年）提出，“坚持以人为本、德育为先、能力为重、全面发展，努力培养德智体全面发展的社会主义建设者和接班人。”

（1）人文教育是现代社会建设的基本要求。具备人文素养的人才，应该是先进科学技术知识的掌握者和创造者，更应该是中华民族优秀文化和精神财富的继承者。中国的社会主义现代化就其内容、目标和实现方式来说，肯定要有科学技术和生产力的高度发达，也必然包括现代文明中的民主政治、现代文化方面的高度发展。在规定和确立中国现代化的内容、目标和实现方式时，人的素质的提高、现代文明的普及和发展最终都归结为人的现代化，而这也正是中国现代化的出发点和归宿。

正如现代化问题专家英格尔斯在其《人的现代化》一书中所言，“发展的最终所要求的是人在素质方面的改变，这种改变是获得更大发展的先决条件和方式，同时，也是发展过程自身的伟大目标之一。”然而，很长一个时期以来，一些人在谈论中国的发展时，只强调了科学技术和生产力发展的问题，似乎中国的发展目标就是GDP。毫无疑问，“在社会主义国家，一个真正的马克思主义政党在执政以后，一定要致力于发展生产力，并在这个基础上逐步提高人民的生活水平”（邓小平）。但是，“我们要在建设高度物质文明的同时，提高全民族的科学水平，发展高尚的丰富多彩的文化生活。建设高度的社会主义精神文明”（邓小平）。

（2）人文教育是现代教育的基本内容。现代教育观要求全面发展学生的各项素质，中国科学院院士杨叔子指出：“一个国家、一个民族，如果没有先进的科学技术，一打就垮；一个国家、一个民族，如果没有优秀的人文文化，不打自垮。”人文教育作为素质教育的一项基本内容，能够丰富学生的精神世界，培养学生对世界，对民族和社会，对人生的理性认识，教育他们的民族精神，增强其精神力量。这对于增强民族凝聚力和向心力的形成，对于提高人才思想道德素质、科学文化素质，培养良好道德风尚，增强社会成员对他人、对社会的责任感，自觉维护社会公德，构建和谐人际关系至关重要，对于增强我国的综合国力必将起到积极的作用。作为学生，他们除了掌握一技之长，还需要有自强不息的创新精神，有高尚的人格，有博大的胸怀，有仁爱之心，感恩之心。

（3）人文教育是培养企业和社会急需的高素质技能型人才的要求。在中国经济结构转型的现实社会中，“工匠精神”“创新精神”“服务精神”，其实关键不只在科学技术本身，更重要的还是人的问题。人文教育对于教会学生做人的道理，教育学生如何去做人，如何关注人生、关注社会、关注世界，培养起在生活、学习和社会参与等各个方面实践这种价值需求的精神；培养学生基本的观察问题、分析问题、解决问题的思想方法和思维模式，提高学生的综合能力、语言能力、交际能力、沟通能力、审美能力、学习能力、讨论能力、发散思维能力与形象思维能力等非常重要。古今中外的事实说明，大凡有成就的杰出人才，都不是仅仅在某一专业领域杰出的人才，而是在人文素养方面也有突出表现的人才。沈括、宋应星、爱因斯坦、苏步青等无一不是如此。爱因斯坦甚至认为，学校“应当发展青年人中那些有益于公共福利的品质和才能”。当今企业界的杰出人才如日本的松下幸之助、华为的任正非、海尔的张瑞敏等，他们取得的成功都是得益于对优秀人文理念的深刻理解和创造性发挥。因此，人文素质与专业技能都应成为学生的重要素质，不应片面地强调某一方面而忽视另一方面。必要的文学艺术修养，必要的文化底蕴，是人们学习和工作的基础，是获得一切知识和技能的根本。学校实行较为单一的专业技能教育，很容易把学生局限在狭小的专业圈子里，对于全面提高学生的素质会产生不利影响。加强人文教育，不是要减少专业教育，而是为了更好地促进专业教育，使学生具备良好的人文素养，这有助于学生促进专业素质、专业能力更深层次的学习发展，更好地培养学生的专业技能，有利于学生素质的全面发展和未来的职业生涯规划。

（4）人文教育是提升学校和学生个体综合竞争力的需要。人文教育探讨当代中职生成长的烦恼，为中职学生的精神成人提供优质精神生活上的资源，向中职生传播人类普世价值，丰富中职生对人生与世界的看法，帮助他们形成正确的人生观、价值观和世界观，优化、强化中职生精神成人，让学生正确地认识自我，理解人与国家、人与世界之关系，对培养和谐社会的现代公民起着重要的作用。

中职学校人才培养目标是培养适应于生产、建设、管理、服务第一线，德智体美全面发展的高素质劳动者和技能型人才。当前，全国中职院校面临空前的竞争压力，一方面学生就业压力越来越大，另一方面社会急需的有用人才十分缺乏，如何使学校与社会无缝对接是有效提升中职院校核心竞争力的关键。当今社会对中职学生既要求具有业务所必需的专业能力和实践经验，更要求具有创新意识、团队精神、吃苦奉献精神和综合能力、语言表达能力、沟通能力等。这其中大部分都与人文素养有关。因此，只有从培养目标、课程设置、教学条件、教学管理、教学评价、实验实训等环节重视人文教育，才能培养出具备一定职业素养、职业道德、职业技能和职业能力的高素质劳动者和技能型人才。

二、中职生人文素养的调研设计

（一）调查方法和对象

本次调研主要采用问卷调查与常规统计分析相结合的方法。调查由河北省现代农村职业教育研究基地的教师和邯郸市农业学校的部分学生组成，选择邯郸地区的四所中专学校、一所职教中心、两所行业职业学校，以一所市级示范高中为对照，共计八所学校。每所学校选取尽可能多的在校生，进行问卷调查，共发放试卷1 698份，经筛选得到有效问卷1 344份。在进行正式取样前，进行了50份的预测试，通过测试结果，对问卷进行完善，从而确保了调查问卷的严谨性、科学性、完整性和有效性。

数据采集时间是2014年10月至2015年5月，调查数据通过Excel分析软件进行数据分析。

调查的对象面向八所学校的部分在校学生，包括一、二年级，年龄主要为15至19岁。

（二）调研设计

1. 问卷设计

调查问卷依据《国务院关于加快发展现代职业教育的决定》，参照《中等职业学校德育大纲》《中等职业学校专业教学标准》编写（见附录）。

调查问卷分为以下七个部分：

第一部分是学生的个人信息。这部分调查学生的性别、年龄、年级、来自哪里、所学专业、中考分数、所在学校等。

第二部分是学生对传统文化了解的程度，包括历史、地理、文学等人文知识。

第三部分是学生的行为习惯，包括言谈举止、文明行为、生活习惯、待人接物等日常表现。

第四部分是学生的审美情趣，包括衣着、旅行、音乐欣赏等。

第五部分是学生的宗教知识，包括对宗教的认识、邪教的危害、自己的信仰等。

第六部分是学生的礼仪规范，包括传统礼仪、传统节日、礼尚往来、公共礼仪、尊老爱幼等。

第七部分是学生对人文教育的理解和看法。

2. 统计分析

运用统计方法对调查结果进行数据分析，包括对不同年龄、年级、性别，不同学校、专业，不同地域，不同人文领域等。第一部分用于统计学生的结构，第二至第六部分进行定量分析，第七部分用于考察学校的人文教育状况。目的在于从数量上发现可能存在的统计规律、值得关注或进一步探讨的现象。

3. 综合分析

分析统计规律或现象背后的原因、所蕴含的意义及其对中职学校人文教育问题的启示和建议。

三、调查数据与结果分析

调查问卷的问题共分为六个部分，分别是传统文化、行为习惯、审美情趣、宗教知识、礼仪规范和学校人文教育等内容。前五部分共有 85 题，用于定量分析，满分权重折算 100 分；人文教育部分测试的目的是为了解学生对当前学校开设的职业教育课程的看法，以便职业教育工作者能掌握一些基本情况。所以，这部分内容对普通中学不做要求。

（一）调查数据有效性分析

1. 调查的特点

（1）样本数量大。中等职业学校学生的人文素养状况调查与培养方法的研究，越来越引起职业教育工作者的重视，并且作为一个重要的研究课题从多角度进行研究。但是，很多研究调查的样本量比较少，多者三四十个，少的只有十来个，得出的结论代表性差，说服力不强。本次调查共在八所学校发放 1 698 份调查问卷，获得有效样本 1 344 份，总有效率 79.15%（见表 5-1）。这一方面说明被调查的学校重视这次调查活动，另一方面也说明本次调查数据的结果，可以作为分析和判断当前学校人文素养基本状况，以及制定人文素养教学方案的重要依据。

表 5-1　八所学校人文素养调查问卷有效率分析

序号	学校	总数量	有效样本	无效样本	其他样本	有效率%
1	邯郸市农业学校	136	88	26	22	64.71
2	邯郸市第一财经学校	201	176	25	0	87.56
3	邯郸市第二财经学校	194	179	15	0	92.27
4	邯郸市建筑中专学校	186	145	41	0	77.96
5	邯郸市工业学校	164	114	50	0	69.51
6	邯郸理工学校	367	258	98	11	70.30
7	峰峰职教中心	356	293	61	2	82.30
8	邯郸市钢苑中学	94	91	3	0	96.81
合计		1 698	1 344	319	35	79.15

（2）调查对象涵盖面广。被调查的学校既有国家重点职业学校、省重点职业学校、普通职业学校，还包括一所市级普通中学作为研究的对照学校。从被调查学生所学的专业方面来看，涵盖了农、工、财、理、建筑等。调查的学生既有一年级学生，也有二年级学生。为便于分析对比，同时选取一所生源相同，招生分数略高的普通中学作为对照，能从另外一个角度审视调查结果，得到较为完整的结论。

（3）调查内容丰富。问卷包括传统文化、行为习惯、审美情趣、宗教知识、礼仪规范和学校人文教育等内容共计 178 个问题，这为系统分析中职生人文素养提供了较为全面的视角。

（4）调查组织严密。采用随机无选择性的向整个教学班发放调查问卷，测试前对被测学生不打招呼、不预习，每个班所有的学生均参与答题。班主任和课题组成员共同指导和管理答卷的整个过程，解决突发情况，保证答卷过程顺利。答卷时间为 40 至 45 分钟，超过时间要求的问卷均按无效处理，尽可能保障最大限度测出学生的当前水平。

(5) 调查具有较高的效度和信度。对回收的1 698份问卷，由课题组成员专门负责初步甄别，用相同的标准对每一份答卷进行初步的有效性判断，筛选出合格答卷，淘汰无效问卷。成绩登记人员在统计过程中，也用相同的标准再进行第二次问卷有效性的判定，之后再输入数据，形成有效的数据库，然后进行数据分析处理。

(6) 被调查者的总体结构分析。共收回有效调查试卷共 1 344 份，其中男生为 624 人，女生为 720 人；一年级有 841 人，二年级有 490 人，其余为高年级学生；来自于城镇学生 278 人，来自于农村的学生 1 066 人。

16 岁以下 454 人，占 33.78%；17—19 岁 814 人，占 60.57%，20 岁以上 76 人，占 5.65%，年龄结构主要集中在 16—19 岁。被调查者的性别、年龄、地域、年级结构如表 5-2 所示。

表 5-2　被调查学生的组成结构分析

项目	内容	人数	比率(%)
性别	男	624	46.43
	女	720	53.57
年龄分布	16 周岁以下	454	33.78
	17—19 周岁	814	60.57
	20 周岁以上	76	5.65
生源地	城镇	278	20.68
	农村	1 066	79.32
年级	一年级	841	62.57
	二年级	490	36.46
	三年级		

2. 样本的有效率反映了被调查学校之间的差异

被调查学校样本的有效率最高为 96.81%，最低的只有 64.71%，有效率的差别竟达 30 多个百分点。普通中学明显高于职业学校，职业学校之间也出现明显差异，有效率高的学校，其社会声誉也优于有效率低的学校。

在调查中还发现一个普遍的现象，就是学生的中考成绩与问卷的有效性有很强的关联性。中考成绩是影响调查结果的一个重要因素，普通中学的新生录取，是按照学生中考成绩的高低排序，对中考分数要求非常严格，也许一分之差就可能会使学生名落孙山。因此，普通中学的学生学习态度端正，综合文化素质比较高；办学水平高的中等职业学校，招生状况也比较好，对中考分数也有一定的要求，学生的综合素养也有一个相对高的水平。但是，近几年来陷入招生困难的职业学校，对学生的中考分数就没有严格的要求，多是注册入学。还有很多的社会人员、进城务工者、返乡者等进入学校，生源复杂、良莠不齐、习惯各异，对各种学习性的活动态度漠视，表现在调查结果上就是样本有效率很低。

样本有效率的高低也反映被测学校对人文素养教育的重视程度，重视人文素养的学校，能很好地理解课题调查的意义，愿意分享调查数据，问卷调查环节就组织得好一些，数据的有效率就高些，反之就低。

3. 无效问卷偏多

从中职学生的问卷数据结果来看，还有20.85％的无效问卷，这说明中职学校加强人文素质培养是迫切和重要的。学生的人文素养水平往往是决定学生的职业道德和行为习惯的重要因素，人文素养的高低是用人单位和社会认可的重要标志。在职业学校里，如果有超过20％的学生对人文素养认识模糊，职业道德和职业技能有缺陷，没有良好的行为习惯和行为准则，这将是一个很大的问题。从微观上看，会影响到学校的就业工作的推进和学校的声誉；从宏观上看，一定会影响到我国技能型人才的素质，最终会影响到参与国际竞争力。

（二）分项目调查结果分析

将问卷中的传统文化、行为习惯、审美情趣、宗教知识和礼仪规范等五个重要项目单独进行数据量化分析，就能清楚地看到被测学生在几个方面的状况和水平（见图5-1)。测试者期望能依据测量的数据找到有针对性的培养、强化、提高的方法，做到有的放矢，因人而教。

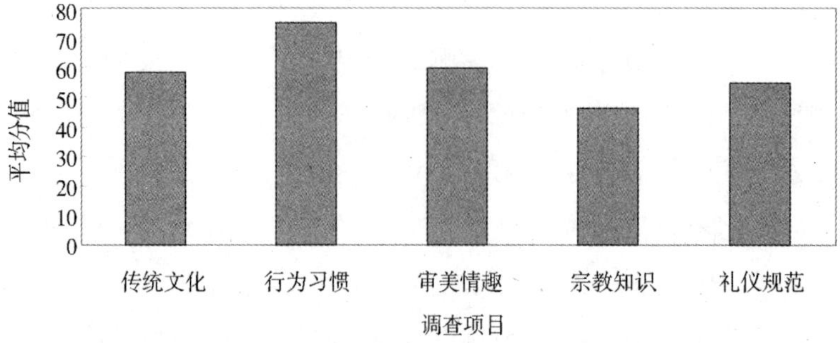

图 5-1　调查项目的分值

1. 行为习惯调查结果分析

五个方面测试的结果中，该项得分最高。可能的原因是：一是测试学生的题目符合当前中学生的水平，教育者对学生的要求与学生现有水平一致，达到了优良的层次；二是学校重视对学生行为习惯的培养，并且方法和手段合适。经过近年来的校企合作，学校充分认识到企业对毕业生行为习惯的要求，学校重视、学生重视以及学生家长配合，共同提高了这方面的素质；三是这部分测试题目主要是测试学生的行为，行为的掌握是靠“做”而不是靠“读和写”，“读、写、算”能力欠缺的中等职业学校学生，虽然掌握书本上的知识有困难，但掌握诸如“行为、动手、语言”等方面的技能却很容易，能获得高分。典型问题见表 5-3 所示。

表 5-3　学生行为习惯典型问题分析

问题项目	内容	测试目标	正确率(%)	测试分析
2—2	参加升国旗仪式	爱国主义行为	81.32	具有良好的行为
2—5	公共车上让座	评价社会行为	92.49	具有良好的意识
2—16	课堂听课情况	学习活动测评	35.49	学习目标不明确
2—41	携带使用手机	对待手机态度	21.28	错误行为倾向

2. 审美情趣调查结果分析

该项主要是测试学生对美学知识的体验能力，在审美过程中如何矫正行为偏差，这也是培养良好行为习惯的内因。该项得分次高，这说明学生有一定的审美能力，测试中还设计了体验文学方面的题目，得分也较高，说明加强对传统的诗词歌赋的学习有助于培养学生的审美能力。学生在学校生活、学习和交往，最令管理者头痛的是学生的不良行为，如厕所不会用、垃圾不会放、环境不会保持，损坏教室、实训室的公共财物，在墙面上乱写乱画等等行为；学生在空闲时间出外旅游观赏祖国的大好河山时，总有一些学生不注意公共秩序，高声说话，旁若无人，这种种不良行为令人无语，影响到了社会对学生乃至对中职学校的评价。该项目典型问题分析见表 5-4。

表 5-4　学生审美情趣典型答案分析

问题项目	内容	测试目标	正确率(%)	测试分析
3—4	教室环境布置	体验环境美感	25.89	不满意教室环境
3—6	小道溪流花香鸟语	体验审美情趣	57.66	具有一定审美能力
3—15	描写雨潭美	体验文字美感	74.18	能体验文字美

如果一个人有良好的审美情趣，就不会破坏身边美的事物，这是一条基本规律，所以，培养良好的公共秩序和行为，培养和提高审美情趣是一条重要渠道。

3. 传统文化知识调查结果分析

整体来看，学生对一些基本知识掌握得比较好，比如河北省历史、本地区重要历史事件；地理知识掌握一般；传统的文化知识掌握一般，学生不太理解其深刻内涵，只知道一些表面知识。对一些近年来专家学者正在研究的知识，学生普遍表现出不关心，答对率极低，说明学生增长知识的途径不广，单靠书本、教师、家庭来获得相应的知识是不够的。见表 5-5。

表 5-5 传统文化知识典型问题分析

问题项目	内容	测试目标	正确率(%)	测试分析
1—1	我国文明史	我国文明历史	89.23	了解文明史
1—7	反击匈奴引文	秦汉唐历史	30.36	古代史陌生
1—24	四大名著反向选题	四大名著	90.63	知晓基本名著
1—26	传统儒家核心思想	传统思想流派	68.38	基本了解

传统文化知识对学生“三观”的形成具有重要意义，学校必须重视传统文化知识的培养，用正确的文化去占领、丰富学生的思想高地。除了在人文素养教育上，学校还应该担当起与家长、企业和社会沟通的桥梁，在培养和提高学生传统文化知识时发挥更大的作用。

4. 礼仪规范调查结果分析

礼仪规范是学生适应就业环境的首要因素，企业和社会需要“知书达理”“有协作精神和团队意识”的劳动者，决定学生是否能让用人单位接纳，往往是“第一印象”起到了重要作用。礼仪规范的培养与道德的培养有共同的地方，必须设计适当的教育教学活动，才能有效提高水平。礼仪规范的培养必须与学生所学的专业相融合，并结合企业文化进行。该项目典型问题分析及结果见表 5-6。

表 5-6 礼仪规范典型问题分析

问题项目	内容	测试目标	正确率(%)	测试分析
5—1	对待传统礼仪态度的测试	学生态度的倾向性	54.12	过半数正确
5—7	学校是否应该采取措施	学校对传承的作用	46.80	没能满足期望
5—12	家庭轿车的行为	遵守公共秩序	59.38	基本能遵守
5—14	三结义故事	如何看待哥们义气	2.38	严重认识错误

5. 宗教文化知识调查结果分析

宗教信仰是宪法赋予公民的自由和基本权利，宗教的传播会影响到中学生的学习、生活，以及世界观、人生观和价值观的形成。培养学生正确识别宗教文化现象，正确判别真假对错是极其重要的。宗教不同于邪教，中国传统的教育流派也不同于现在的宗教，这些知识必须让学生了解，才能在社会生活中把握正确的人生方向，做一名合格的社会需要的有技能的劳动者。典型问题分析见表 5-7。

表 5-7　学生宗教知识典型性分析

问题项目	内容	测试目标	正确率(%)	测试分析
4—3	是否有宗教信仰	学生对待态度	57.22	有待于提高认识
4—9	团员是否可信教	现实的态度测试	13.32	教育缺失
4—11	邪教的产生	邪教与宗教的区别	21.8	亟待加强

6. 人文教育调查结果分析

本调查项目是为了了解学生对学校开设的人文教育课程和训练方式的看法，是否适合学生学习和掌握，以便使研究者掌握学生的基本情况和学习倾向，及时调整、增删相应的课程，并依据教育部有关规定的基本要求，调整教学计划和课程要求大纲的内容。本部分典型问题分析见表 5-8。

表 5-8　人文教育倾向性的分析

问题项目	内容	测试目标	正确率(%)	测试分析
6—3	所学专业兴趣	学生专业态度	85.23	对专业有兴趣
6—8	购买读物	学生阅读面测试	67.05	有一定的阅读量
6—11	建设人文实验室	对人文环境的行为测试	92.05	新手段十分积极
6—13	人文课程考试	人文课程考试方式	25.00	少数认为用考试

（三）分学校调查结果分析

不同学校在校生人文素养测评结果见图 5-2。

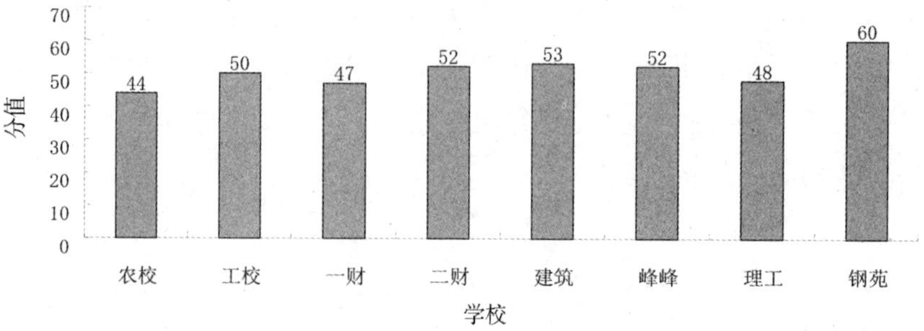

图 5-2　不同学校在校生人文素养测评分值

1. 调查结果与入学时的学生整体水平呈正相关

尽管已经在前面提到过中考成绩与测试的态度有相关性，在这里再从另外一个角度进行分析。在调查中发现，学生入学成绩好的学校，其人文素养水平也高。实际上，毫无甄别地录取学生，盲目扩大招生规模的中职学校，在以后的教学工作中会遇到很多的困难，给学校的各项工作增加难度。因此，学校应该谨慎扩招注册生。注册生较多的学校，教育主管部门应该给予学校更多、更大的支持和帮助，特别是在人文素养培育和职业道德培养方面。

2. 调查结果与校风、校纪正相关

普通中学由于有考试升学的巨大压力，从学校领导到普通教师，都十分重视学生阅读能力的提高和学习习惯的养成，校风、班风严谨，学习态度比较端正，学习效率较高。普通中学得到教育主管部门支持较多，有足够的条件营造学习和自学的氛围，图书馆、阅览室的藏书较多，面积较大，学生能在空闲时间里参加一定的阅读活动，所以，测试成绩较高。反而思之，被测试的中职学校的学生中，有新入学的学生，也有二年级的学生。中职学校的学习任务比较轻，学生应该是有很充足的时间来提升自身综合素质，但是测试结果却还不如普通中学，这说明提高学生的人文素养水平方面，学校应该能在其中发挥主导作用。从调查结果也可以看到，重视学生综合素养培育的职业学校，学生就业局面就铺的开，做得好，形成“招生、培养、就业”的良性循环，又促使学校不断提升人文素养培育的能力和水平。

3. 调查结果与学校的在校生规模正相关

从整体结果来看，学校办学规模大，测试的分值就越高，反之就低，成正相关性。这可能的原因是：一是学校重视对学生综合素养的培养，学生的习惯、行为、目标和动机之间形成了一个良好的“架构”，相应地提高了人文素养的水平；二是学生之间相互影响、相互学习的程度大，人文素养的培养手段应该是靠人与人之间的相互协调、相互促进、相互学习，学校营造良好的培育环境是十分重要的；三是办学规模大的学校，生源基本素养相对高些，学生的人文素养水平也就高些。

4. 重视学生人文素养的培育有利于学校形成良性的办学循环

知识、态度、技能是职业学生立足社会、获得社会声誉的根本。调查中发现，办学规模较大、办学水平高的职业学校，教育教学不仅仅局限在知识和技能方面，在教会学生“如何做人”“如何让自己的行为得到认可”等等“成人教育”方面不断加强培养力度，目的是真正培养“用得上、留得住”的学生，获得用人单位和社会的认可。毕业生的良好社会反映，又推动学校能吸引更优质的生源，也促使学校加强了学生综合素质的培养，形成良好的办学循环。

（四）分年级调查结果分析

不同年级在校生人文素养测评结果见图 5-3。

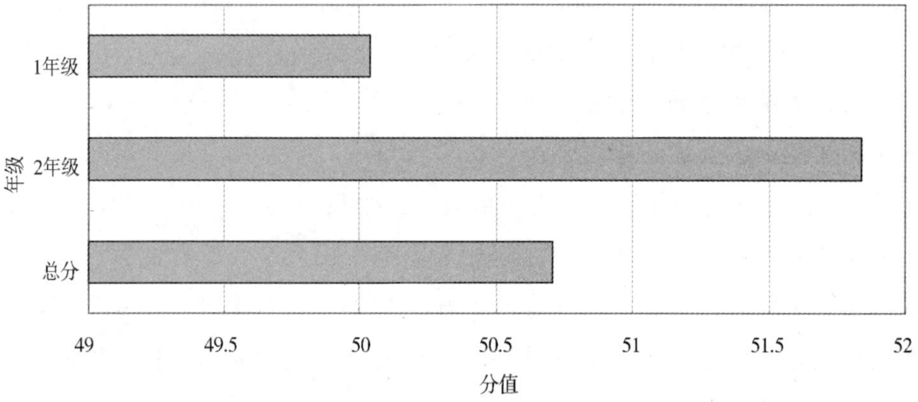

图 5-3 不同年级在校生人文素养测试分值

1. 年级维度分析的意义

学生到了一个全新的学习环境，要求不同、课程不同、方向也不同，在初中阶段的学习时，学校、教师、家长对学生施加的巨大的升学考试的压力不复存在，学生有更多的时间做一些自己喜欢做的事情。人文素养教育不同于科学教育，校园环境、本校同学、学校教职工等对在校生的人文素养会产生深刻的影响。学生只有在特定的学习、生活环境中才能有道德上的收获，在特定的环境中学会观察、学习的方法。因此，从不同年级维度方向做测量，一是判断学校的认识和重视程度；二是考查学生在学校学习过程中，人文素养水平是否提高。

2. 二年级的测试成绩普遍高于一年级

对八所学校调查的数据分析可以看到，二年级的测试成绩普遍高于一年级的成绩；不同学校的年级测试成绩之间的差别不显著。

3. 总体测试成绩刚过半，学生总体表现出“不及格”的现象

从全部数据来看，学生平均分数低，年级的增加并没有让学生的人文

素质“及格”，这最令人担心。可能的原因：一是数据量大，统计结果有很大的误差，高分的学生被低分的学生“平均”掉了；二是测试题目难度大，超出了学生的实际水平；三是学生原本成绩就是这样，学校必须加强对学生人文素养的培养，否则，就与用人单位和社会的要求严重脱节，学生到了就业单位后必须接受单位的后培养才能适应要求。

（五）分区域调查结果分析

不同区域在校生人文素养测评结果见图 5-4。

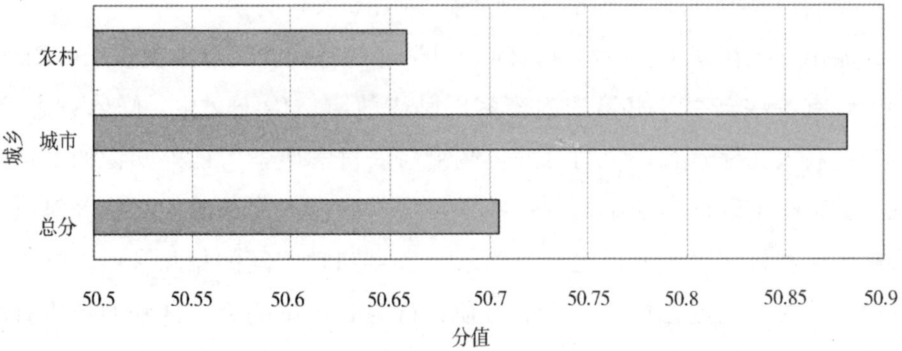

图 5-4　不同区域在校生人文素养测评分值

调查分城镇和农村两个区域的生源。不同专业的生源有着一定的趋势，农业、工业、建筑、机电等专业的生源以农村为主；财经、管理、法律、文秘等专业的生源以城镇为主。生源的差异性对学校提出了不同的要求。就人文素养的培育方面的工作来说，学校的课程设置、教学手段，乃至办学理念，都应该围绕学生的基本情况而定。不同的职业学校之间的人文素养培育可以相似，但一定有自己的特色，这种特色是建立在对学生基本情况的充分了解基础上。城乡不同地区的生源实际上的差异，在学生正常的学习、生活和交往过程中，会随着时间的推移而趋同。

1. 城镇学生的测试成绩好于农村学生，但表现不显著

城镇学生的人文素养水平与农村学生之间存在着差异，城镇学生略好

于农村学生。城镇学生与农村学生在个别测试项目上差异明显，但总体差异不显著。从测试过程来看，参与配合测试的教师大都认为，城镇学生懂礼貌，知识面广，道德、礼仪、交往能力要强于农村学生，给人的印象比较好；农村学生在传统文化知识方面，尤其是地理和历史方面的知识要强于城市学生，农村学生给人的印象扎实肯学；从测试态度上来看，以农村为主的职业学校问卷的无效率高，反映出农村学生对一些“软件”知识不重视，对就业直接相关的技能重视。城镇学生更重视交往、美学方面的知识，测试态度认真，有的学生还留下感言。

2. 城镇学生的人文素养养成环境普遍好于农村的学生

城镇学生在家里一般都有一间专门学习的房间，父母重视孩子的阅读、学习，有一些藏书，书籍的内容多以励志故事、传统文化、修炼意志等，这对提高人文素养有一定的帮助。城镇与农村学生学习课外知识的渠道不同，城镇学生以自学为主，有一些来自父母教授，父母的人文修养对孩子影响大；农村学生主要渠道来自学校，来自同学之间的相互学习。学生所处的环境对学生道德修养、生活习惯、行为心理影响大。良好的环境有助于培养学生良好的人文素养，中职学校的学生入学时，人文素养个体之间的差异较大，相互影响也较大，是提升人文素养培育的态度和水平的关键阶段。

3. 城乡差别的启示

从调查的结果来看，新生的人文素养水平存在着城乡差异。一个学校的毕业生往往带有这个学校特征的文化符号，这也是社会识别学生和学校的“名片”。学校在长期的办学发展过程中，有一定的文化积淀，对学生有很强的影响，优秀的文化传统会很快感染到新生，这是培养新生人文素养的关键时期之一。

因材施教是实施人文教育的有效手段。不同地域的生源必定带有不同的特点，也有一些不足，学校要考虑用不同的教育方法、教育内容来提高和强化不同来源的学生人文素养基础水平。

（六）分性别调查结果分析

不同性别在校生人文素养测评结果见图 5-5。

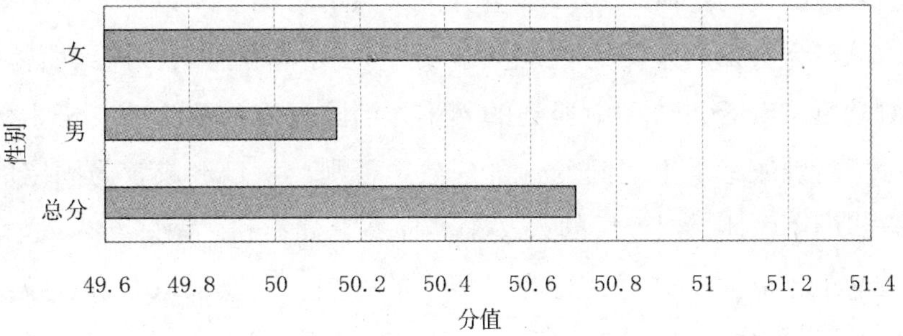

图 5-5　不同性别在校生人文素养测试分值

1. 性别维度的结果分析

女生得分高于男生，中职学校和普通学校的结果相同。女生在传统文化知识、礼仪知识、行为习惯方面高于男生；男生在宗教社会知识、审美能力和对人文教育理解方面强于女生。高年级的女生比低年级的女生得分高，高年级男女学生之间的差别越来越小。不同学校、不同专业的男女生之间的差别不同。从被调查学校的教师角度看，女生普遍优于男生，课堂纪律较好，考试成绩较高；男生学习习惯差，违反学校纪律的现象较多，学习成绩不稳，不良行为多。

2. 对男生和女生应采用不同的教育方法

中学阶段的学生，有很强的逆反心理，男生的逆反心理强于女生。一个班甚至一个学校的学生之间的逆反心理可以互相影响，互相强化。逆反心理不利于学生人文知识的学习，需要花费更多的时间，使用更多的教育手段，才能克服逆反心理造成的对抗性。中等职业学校的教育资源，能满足对男女生分别进行人文教育的要求，改变目前人文教育大一统的教学思想和教学手段，具有非常重要的现实意义。针对男女生测试成绩不同的状况，编写侧重点不同的人文教材，采用不同的方法，对提高学生的人文素养有重要价值，因人施教也正体现如此。

3. 男生之间相互影响的程度大，二年级对一年级学生影响大

新生入学后不久，由于学生之间通过“找老乡”“找邻居”等原因，很快就会发现明显的带有二年级学生身上特点的行为。所以，对新生要加强最基本的行为习惯、学习方法教育。男生之间容易抱团，找到团体力量，去应对学习、生活和交往中遇到的困难，消除环境的陌生感。班主任及任课教师要特别注意学生之间的这种现象，否则，一旦形成较为固定的不良行为聚集的小团体，对今后的人文素养提高十分不利。做好新生入学教育，用学校的正能量去抵御不良行为对新生的影响，可以采取军训、拉练、下企业以及与优秀毕业生交流等活动，以有效地提高新生“抗干扰、抗疾病”的能力。

4. 进一步提升女生的人文素养水平难度大

被调查学校的班主任和教师，甚至主管学生工作的管理人员，都有一个一致的看法，认为女生在学习、升学和就业上的目标不明确，家长对女生的要求也不高，造成女生对自己的学习不太重视，有一种得过且过的思想。这会给继续提高女生人文素养水平带来困难。从调查学校的反馈情况来看，女生中的不良现象呈上升趋势。所以对女生施于理想教育、创业教育和生活历练教育十分必要。在对女生进行提高人文素养培育时，要注意两个基本要求，一是结合学生家庭的实际情况，实施关爱教育；二是采用适当的教学活动，实施体验式教育。根据女生不同于男生的其他特点，也可以采取更加自由灵活的教育教学方法。

四、提高中等职业学校学生人文素养的策略

由于中等职业学校学生自身特点的缘故，对其人文素养的教育必定是一项长期而又富有挑战性的系统工程。只有各方资源的协调合作，循序渐进，才能保障这项工程的顺利实施。结合中等职业学校学生人文素养的调查研究结果，对中等职业学校学生人文教育提出如下对策。

（一）提高思想认识，强化人文教育在中等职业学校教育体系中的地位和作用。

1. 转变教育理念，强化人文教育

爱因斯坦说过：用专业知识教育人是不够的。通过专业教育，他可以成为一种有用的机器，但是不能成为一个和谐发展的人。他必须获得对美和道德的辨别力，对价值有所理解且产生热烈的感情，这才是最基本的。特别是目前社会的分工，几乎每个任务都需要团队合作来完成，没有良好的人文素养是很难与人融洽相处的。从目前企业招聘来看，企业也更多地基于基本素养来选聘员工。在笔试、面试的招聘环节中，无不体现了人文素养的考察。用经理人的话说：好的学生，仅有知识和技能也是不够的，都需要具备良好的人文精神。所以，入门就要把好人品关。越是高级人才的录用，越是重视人文素养的考核。

目前，中等职业教育的教育者向受教育者传授的知识一般分为两个方面：一方面是传授职业知识，培养职业技能，不断提升受教育者的技术能力水平，满足社会对相应技术人才的技能需求；另一方面是传授职业道德规范，强化职业素养，提高道德水平，使受教育者逐步确立爱岗敬业、诚实守信、严谨规范的职业道德水准。虽然职业道德教育也属于人文教育的范畴，但是单纯的职业道德教育与全面的人文教育比较起来，还是显得十分单薄，教育效果自然也不尽如人意，整个社会对技术人才高水平、高能力的要求与中等职业学校受教育者较低水平、较低能力的现状之间的矛盾日益凸显。

2. 在强调技术、技能的同时，更加重视学生的人格和精神塑造

在当前社会转型期价值取向多元化的背景下，部分学生存在理想信念模糊、价值取向偏离等严重问题。他们极容易受社会负面因素的影响，从而表现出对社会、对他人缺乏关注乃至冷漠无情；在是非问题上缺乏判断力，容易上当受骗。一旦受害，就会走上另外一个极端，那就是不同情弱者、不敬畏生命，进而丧失社会责任感和道义感，遗留许多社会隐患。

全面的人文教育对于上述矛盾的解决大有裨益。它既能通过奉献、使

命等责任素养培育提高受教育者学习掌握职业知识技能的积极性，又能通过热情、忠诚等情感素养培育帮助受教育者建立健康完整的个人道德体系，从而提升个人职业道德水准，弘扬社会正气。

（二）强化政府与教育主管部门主导作用，统筹协调各方力量，切实制定推进中等职业学校人文教育的制度与政策

在深化职业教育改革的进程中，各级政府与教育主管部门必须要发挥主导作用，承担教育成本，加大教育投入，实现中等职业教育办学条件的现代化，在社会资源分配中给予中等职业教育应有的更大的份额，为中等职业教育改革提供物质支撑。教育主管部门要切实把人文教育规划纳入中等职业学校教育发展总体规划，在资源配置、条件保障、政策措施等方面统筹领导；要系统制定推进中等职业学校人文教育的制度与政策，充分调动中等职业学校对学生全面开展人文教育的积极性，科学合理布局中等职业学校人文教育发展路径。

1. 提高中职专业目录中人文类专业的比重，鼓励中职学校开设人文类专业

教育部2010年颁布的《中等职业学校专业目录》中，涉及18个专业类321个专业，其中关系到人文社科类的只有8个专业类87个专业，占专业总量的27%。近文科专业的数量明显偏低，这既不符合现代经济社会的发展要求，也不利于职业学校提高综合水平，更不利于中职学生的综合素质提升。针对这种现况，教育主管部门应一方面鼓励中职学校开设人文类专业，为社会管理提供实用人才，另一方面引导有条件的职业学校在专业目录之外自主设立相关的特色专业。这样既有利于带动建设一支高素质的人文教育师资队伍，也有利于提高人文教育的整体水平。

2. 督导落实国家关于职业学校的目标要求、人才规格和教育教学规范

2014年，我国先后公布了两批共计16个专业类230个专业的教学标准，对中等职业学校的专业教学做出了科学、标准、规范的要求，这不同于过去的指导性教学计划，是一个需要严格遵循的制度性安排。专业标准对培养目标、人才规格、课程结构、教学安排、实习实训、教学条件、质

量评价等做了明确规定，特别是对学生的人文素养有了具体的要求，在目标上坚持立德树人、德智体美全面发展，在规格上注重职业素养，在课程上设置德育课、文化课、公共艺术课、历史课、体育与健康课及其他人文学科。教育主管部门应当加大专业标准落实情况的督导，确保标准规定的各项要求落到实处。

3. 支持地方职业学校围绕本地特色文化开展传统文化教育

燕赵大地人文素养基础厚重、条件充沛，非物质文化遗产和红色文化遍布全省各地，其中相当一部分已成为地方支柱产业的文化标签与名片，各级政府特别是市县两级政府应当支持职业学校立足当地特色人文创意产业，调整专业方向、细化教学内容、提供教学条件。这既能推动职业学校的发展，也能凸显职业教育服务地方经济的职能。近几年，易县职教中心的“人文及红色旅游”、蔚县职教中心的“剪纸艺术”、沧县职教中心的“民族武术”、武安职教中心的“平调落子”、曲阳雕刻学校的“数控雕刻”、玉田职教中心的“泥塑和陶瓷”等都为当地特色经济培养了大批有用之才。同时，通过了解当地特色文化增强了学生对家乡的自豪感，通过学习当地的特色文化提高学生的审美情趣，通过从业艺人的言传身教帮助学生树立正确的人生观和价值观。

（三）发挥教师在人文教育过程中的引导和示范作用

在中等职业学校里，人文知识的传播、人文素养的培育离不开教师，教师是实施人文教育活动的关键。教师的人文知识水平、道德水准、思想境界和人文教育能力，直接影响着人文教育活动的实施效果。即使是在一般的教学活动中，教师的衣着服饰、言谈举止、扬抑好恶、修养气质以及态度作风等个人人格魅力，都会在无意的状态下对学生产生深刻的影响，从而左右学生思想、观点、看法的方向。如果整体教师队伍的人文素养能力提升了，他们在教学过程中就能体现出更高的认真负责、严谨治学、敬业奉献、为人师表的职业能力，他们就会把对学生的人文教育内化为个人的自觉行动。

1. 学为人师、行为世范

这八个字是启功先生为北京师范大学题的校训。“学”指的是为人师者应具有的知识与技能。“行”指的是品行，包括思想、行为、待人、对己等各个方面，每时每刻都光明磊落，能成为整个社会的模范和榜样。这里的“行”，就直接关乎教师个人的人文素养能力和人文精神。由此可见，必须大力强化教师队伍人文素养能力的提升，才能把中等职业学校学生人文教育工作做得更好。

仅仅依靠外部力量来打造优秀人文素养师资团队是不符合目前中等职业学校的客观实际的。各中等职业学校打造具备优秀人文素养内涵的师资队伍的最主要的办法还是要在内部做文章，也就是要大力挖掘本校师资队伍潜力。首先，要根据中等职业学校的客观实际，做好人文素养师资团队的建设和发展规划。在规划中，要突出重点，让具备人文教育专业优势、知识优势、技能优势的教职员工加强系统地进修、培训与学习，使他们自身的人文素养知识、技能更加科学、完整、系统、熟练，以达到能够胜任人文教育工作的任务。其次，要加强校内全体教职员工的人文素养层面的培训，提升其人文素养内涵，使他们在教学或其他工作中能够自觉地把对受教育者的人文教育贯穿始终，也就是通过自身人文素养内涵散发的人格魅力向受教育者施加有益的熏陶和影响。最后，树立正面典型并予以激励，使其成为大家竞相学习的榜样。

2. 自觉地融合教书与育人，实现教书与育人的有机统一

长期以来，大部分教育工作者在教书育人的问题上都犯着一个错误，那就是人为地割裂教书与育人，把教书和育人看成两回事。这种观念上的错误，一方面导致部分教师（特别是专业教师）在课堂教学中只注重本专业知识的传授，从而忽略了对学生身心健康的培育；另一方面，课堂外的报栏、广播等以育人为主要功能的信息平台很少有人问津，无人引导，收效甚微。实质上，教书育人是一个不可分割的有机统一体。教书同步育人，育人促进教书，教书与育人这两方面不可偏废其一。

作为教师，时刻不能忘记教书的同时也在育人。一名教师，无论在讲

台上，还是在讲台下，他的一言一行都会对学生产生深刻的影响。“上老老，则民心孝；上长长，则民心悌”。每一名老师对学生都是现实的榜样，老师的职业道德、知识与能力、人文素养水平和人格魅力都在无时无刻地在感召着学生成长与进步。老师既要言传，更要身教，“其身正，不令而行；其身不正，虽令不从”。因此，每一名教师都应规范自己的言行，使自己能够成为学生效仿的楷模。

育人促进教书。不论什么课程，都需要培养学生学习兴趣，规范学生课堂行为；不论什么课程，都需要培养学生严谨、认真、努力的品格。通过人文素养培育而使学生养成的这些优良品质与习惯必然会大大促进教学效果的提升。

3. 关注学生思想动态，给予学生人文关怀

中职学生正值人生观、世界观和价值观形成期，思想比较活跃，情感丰富而稚嫩，遇到挫折，情绪很容易低沉或激动，甚至做出一些极端行为。作为老师，特别是班主任老师要密切关注学生的心理活动和思想动态，对思想言行上出现不好苗头的，要及时进行干预。给予关爱、帮助和疏导，避免出现过激行为。学校应开设多渠道心理咨询平台，指派具有相关专业知识和经验的教师接受学生第一手信息，并加以疏导。进行接听和疏导。针对青春期容易出现的问题，可以开展有针对性的讲座或其他活动进行引导。

（四）强化人文教育课程体系构建，增加人文教育课程在中等职业学校课程体系中的厚度与宽度

现在的中等职业学校课程体系中，往往是过分重视对学生的具体专业技能的培养，从而忽视了对学生人文素养的培育。这种状况普遍存在且具有很大的局限性。素质教育的目的性在于人性的个人发展与人格完善，根据现代社会的要求，中等职业学校应构建以培育学生综合素质为目标的新型中等职业教育课程体系。

第一，在新型课程体系中要增加人文教育课程比重。据不完全统计，国外学校人文类课程比重一般能达到 20%以上，我国新的中等职业学校专业教学标准规定公共基础课占总课时的 30%左右，而实际调查发现，如果

不考虑对口升学专业，国内学校人文课程比重长期维持在10%左右，有的是规定的课程没能开出，如公共艺术和历史；有的是规定的课时没能开足，如语文和外语。以某中等职业学校2013级畜牧兽医专业2014—2015第二学期课表为例，每周按30个课时计算。其中临床兽医8个课时；微生物6个课时；动物检疫6个课时；猪生产技术6个课时；体育2个课时；法律2个课时。属于人文范畴的体育、法律课程所占课时比重仅13.3%，显得十分单薄。人文课程在中等职业学校课程体系中的比重亟待提高。比如可以开设人际沟通与语言艺术、应用写作教程、文学与人生、音体美与人生、书法欣赏与学习教程、创新与创业教育、你的礼仪价值百万、中职生安全教育知识、走近国学等课程。

第二，在新型课程体系中要增加人文素养课程的宽度。这一方面就是要重视专业课程里合理糅入人文素养知识，从而拓展学生的人文素养知识视野，提高学生的学习积极性，激发学习兴趣，树立正确的道德观、价值观与人生观。另一方面要着力开发适合本地本校的特色人文教育内容，有些地方的书法、京剧、太极等传统文化进校园、进课堂已经取得了良好的效果。“言圣人观察人文，则诗书礼乐之谓，当法此教而化成天下也。”（孔颖达《五经正义》）在一定意义上讲，礼乐教化其实就是人文。《中国教育报》多次介绍一些中学甚至小学将书法引入课堂，教育效果不言而喻，其做法值得职业学校借鉴。

第三，重视和挖掘中华传统经典的人文教育价值。中国的传统经典对人们的人文理念、人文精神有着深刻的影响，它既是历史的传承，更是现实的存在。因此，传统经典对青年学生人文素养的培育意义深远，我们有必要运用各种载体来继承和发扬中华民族的优秀传统文化，加强青少年对中华民族的历史认同和文化认同，提升青少年的道德素养和文化素养。汉字、对联、诗词、书画，戏剧、音乐、歌曲、舞蹈、武术等各种文化艺术形式，自然山水、历史遗迹、革命圣地等旅游目的地都可以成为文化传统教育的载体，经典诵读、仪式熏陶、情景感染、生活历练等能作为人文教育的手段，由此可以涵养学生的优秀品格、历练学生的民族气质、陶冶学生的家国情怀。

教育部颁发的《完善中华优秀传统文化教育指导纲要》中指出：中华优秀传统文化具有讲仁爱、重民本、守诚信、崇正义、尚和合、求大同的时代价值。中等职业学校，以增强学生对中华优秀传统文化的理性认识为重点，引导学生感悟中华优秀传统文化的精神内涵，增强学生对中华优秀传统文化的自信心。通过对国学的学习，认识中华文明形成的悠久历史进程，感悟中华文明在世界历史中的重要地位；认识人民群众创造历史的决定作用和杰出人物的贡献，吸取前人经验和智慧，培养豁达乐观的人生态度和抵抗困难挫折的能力；感悟传统美德与时俱进的品质，自觉以中华传统美德律己修身；认识国家前途命运与个人价值实现的统一关系，自觉维护国家的尊严、安全和利益。

（五）创新人文教育方式，丰富人文教育手段

人文素养的培育要丰富和改变传统的教育手段，教师要转变传统的教育观念，从实际出发，不断探索新式人文教育方法。

1. 创新教学方法

多年来，人文教育的一个奇特现象是，理论上人们对人文教育给予过高的估计，而且直接影响到了人文教育的方式方法，其实并不关心人文教育的成效。数十年人文教育生态的破坏导致了人与人、人与社会、人与自然在和谐融合上的一系列问题。故此，人文教育一定要摒弃传统的“填鸭式”“满堂灌”的教学方法，一定要突出学生的教育主体地位，要重视通过讨论、启发等方式加强师生间的互动，实行情感教学、愉悦教学，充分发挥学生的主观能动性，使学生在学习和日常生活中能够自觉地把人文知识内化为人文素养，从而构建个体人文素养知识体系，逐步提高认识问题、分析问题和解决问题的能力，最终达到提升人文教育的实际效果。

2. 建立“双培养”专业教室

所谓“双培养”教室，就是集人文素养培养与专业技能培养于一体的专业教室。在这样的教室中，以经典、诗词、书法、美术等人文类题材为主要载体，让这些载体散发书香、展示美蕴，发挥人文学科的熏陶性功能，

渐进性地培养和激发学生们的人文知识汲取兴趣，使其人文活动逐步参与，人文素养循序提高。

3. 定期举办人文知识讲座

利用课外活动时间，通过不定期举办人文知识讲座的方式向广大师生普及人文知识，可以在一定程度上弥补目前中等职业学校人文课时严重不足的缺陷。这种方式因其组织的灵活性和管理的相对开放性而彰显其优势。在活动中，积极鼓励同学们的发言与讨论，培养同学们的参与意识，使其在感受中华优秀传统文化的同时，个人人格也潜移默化地向着阳光、健康、向上的方向发展。主讲人可以是校领导、资深教师、优秀往届毕业生，也可以是企业主管、公安民警或其他成功人士，对学生开展系列专题讲座，引导学生树立正确的人生观、价值观和世界观，进而影响到他们日常的言行，培养健全的人格。

4. 重视课外实践活动

人文素养教育也是实践性很强的教育活动，如果在学生的实践中得不到体现，一切说教都是苍白的。丰富的社会实践是指导学生发展、成才的基础，是实现知行统一的主要手段。任何知识经验与社会实践相结合都会焕发出更大的活力，人文素养知识也不例外。中等职业学校应在教学与实习计划中或假期实践活动中有组织、有计划、有目的的安排学生深入社会实践、深入企业、深入生活，使他们能够在实践中对曾学习过的或者是没学习过的人文知识亲身感受和体验，这种感受和体验是平时学校课堂教学所无法比拟的。

学校要鼓励和组织学生到敬老院、福利院、零售商场、公园社区等场所去做义工，通过这些实践活动接受现实人文教育。在敬老院，可以亲身体会中华民族尊老敬老的优良传统；在福利院，既可以感受到国家和社会对弱势群体的优抚和关爱，也可以从身残志坚的勇敢者身上学习到不怕困难、永不言败的拼搏精神；在商场卖场，可以体验到明礼守信、公平买卖等商业职业道德在市场活动中的重要作用；在公园社区，可以理解环卫工人的艰辛，也可以提高个人的环保意识。

学校要有计划地组织学生到合作企业参观，接受企业文化熏陶。现代职业教育鼓励并推动校企合作和产学合作，职业学校学生以准员工身份进入企业参观学习顺理成章。学生入学之初的参观学习，可以使学生尽早接触企业文化环境，接受职业启蒙，为将来学好专业课程打下良好基础，树立对未来工作的信心；学习过程的参观学习，学生可以了解企业需要什么样的技能人才，什么样的人到企业才有前途，初步规划自己的职业方向；顶岗实习前期的参观学习，学生可以明确了解自己的工作岗位，处理好理想与现实的对接。学生通过几次到企业参观学习，对企业文化有了更多的了解，就业后思想波动小，这样既可以降低企业员工流失率，也十分有利于学生的个人发展。

（六）注重校园文化建设，营造良好的人文教育环境，构建特色校园文化体系

校园文化是以学生为主体，以课外文化活动为主要内容的校园文化建设，以校园为主要空间，涵盖学校领导、教职工在内，以校园精神为主要特征的一种群体文化。

校园文化作为一种环境教育力量，对学生的人文教育有着巨大的影响。校园文化建设的终极目标就在于创设一种氛围，以期陶冶学生情操，构建学生健康人格，全面提高学生人文素养水平。良好的校园文化建设可以促进学生知识面的扩大、个性的发展、潜能的激发，满足学生成长需求。校园文化功能是对课堂教学功能的有力补充，是在中等职业学校开展好人文教育工作的有效手段。如果一个中职生从进入校门第一天起，就置身于一个良好的校园文化环境之中，随时随地能够接受人文素养的培育，久而久之，耳濡目染，他就会自然地潜移默化为一个具有较高人文素养的、与社会能够亲密融合的技能人才。

在校园文化建设中，学校应通过文化墙、文化栏、宣传栏、壁报板报等宣传窗口大力普及和宣传人文素养知识，创造良好的人文教育视觉环境；应利用课外活动时间通过广播宣传人文素养知识，播放中国古典名曲，创造良好的人文教育听觉环境。此外，还可以利用春节、清明节、端午节、

重阳节、中秋节、国庆节等中国传统节日，大力弘扬中国传统文化，培养学生的热爱祖国、团圆和谐、感恩追思、尊老爱幼等中华民族优秀品质。

鼓励和支持学生开展丰富多彩的社团和兴趣小组活动，这些社团和兴趣小组在老师的帮助下由学生自发组织，具备涉猎广泛、形式灵活等优势，既可以丰富学生课外业余生活，又可以成为人文教育的第二课堂，可谓一举两得。比如说，与人文课程相对应地开展一系列专题活动如师生书画展览、演讲沙龙、模拟面试、特长表演、征文、户外运动、企业实践、“每月读一本好书”等；还可以通过体育竞技比赛、知识技能大赛等团体活动培育学生的敢于拼搏精神、团队合作精神和坚忍不拔的意志力等优良品质。

与时俱进，充分利用网络多媒体平台，开辟校园文化建设新途径。迅速发展的互联网为人文素养的培育拓展了更广阔的空间。首先，学校可以在学校网站上开辟专门的“人文教育”专栏，不断丰富和更新专栏内容，保持师生之间的多层面交互沟通，组织进行社会热点讨论，及时修正各种不良思想导向。其次，可以创建本校微信公众平台，普及和宣传人文素养知识，赞扬优秀正面典型，传播正能量。还能利用多媒体平台，通过周末影院的方式，播放爱国、改革、英雄、历史题材的影片，组织影评竞赛，帮助学生树立正确的世界观、人生观、价值观。

加强校园自然景观和人文景观建设，使这些景观能够凸显学校的办学宗旨和办学理念，用优美的校园景观激发学生的爱校热情，陶冶其爱护环境、关爱自然，关心社会、关心他人的高尚情操。

校园是一个开放的文化汇集场所，多种价值观都在校园内展开着博弈，校园文化是正面的引导，还是负面的影响，它的导向作用都会十分明显。中等职业学校学生可塑性很强，这就要求学校在校园文化建设方面必须以人文教育为核心，以素质教育为目的，立足实际，不断创新，努力构建具有本校特色的校园文化体系。

（七）健全人文教育的评估体系，实现中等职业学校人文教育的可持续发展

评估体系是指导中等职业教育事业发展的指南和依据，要实现中等职

业学校人文教育的可持续发展，把这项工作做好、做实，就必须建立健全一套完整科学的教育教学评估体系。这套评估体系应该包括两个版块，一个是学生评估体系，一个是教师评估体系。

在学生评估体系版块中，要根据学生客观实际制定科学、合理、简便的人文素养评估标准，把学生应达到的人文素养知识与能力分别给出明确而具体的指标，对学生的心理和行为起到一个良好的导向作用。这些指标的制定要依托中国优秀传统人文文化成果，要依据中等职业学校学生守则，在此基础上加以提炼和创新而成。评估主体除任课教师与学生管理者之外，作为评估客体的学生自身也应兼具评估主体地位，不可忽视学生们的自评与相互之间的互评。苏州某职业院校就建立并实行了学生综合素质评价体系，从思想道德素质、专业素质、科技素质、人文素质、身心素质、能力水平六个方面对学生进行全面考核评估，并将评估结果与评优评先、工作推荐等密切结合，取得了不错的效果。教育部刚刚制定了包括中等职业学校在内的《中小学生艺术素质测评办法》《中小学校艺术教育工作自评办法》和《中小学校艺术教育发展年度报告办法》。在《中小学生艺术素质测评办法》中，对学生的艺术课程学习水平、学生参与艺术实践的活动经历、学生的学习成果、学习态度、学生的特长等方面建立了测评的指标体系。这对学生人文素养的测评提供了很好的借鉴。

在教师评估体系版块中，必须要对传统的教师评估体系进行改革。在以往的教师评估体系中，一般都是由教务处、教学部等教学管理部门对教师在执行教学计划和符合教学进度方面进行检查和评估。这些评估都属于对教师教学中量的评估，而对教学中质的评估却大大忽视了。即使是每学期都存在的学生评教活动，也是教学主管部门依据多年前制定的统一标准进行简单的打钩打分，从中获取的教学信息十分片面；并且表格的兼容性很大，一张表格就涵盖了所有的基础课教师和专业课教师，基本属于模糊评估模式。在这样的评估体系中，任课教师只要按计划按进度完成教学任务就万事大吉，“教书育人”中“育人”环节不在评估体系中。这必然造成很多教师在教学中对“育人”环节的忽视，不思考“育人”问题，不探索

“育人”方法，这对于中等职业学校学生人文素养的培育是极其不利的。因此，在教师评估体系版块中应相应增加人文教育方面与“育人”相关的评估内容，多方位评估教师在教学过程中“育人”的形式、内容以及学生的受益程度等相关指标。只有这样，才能调动广大教师积极创新教学内容和方式，创新“育人”方法，主动把人文素养的培育与自己的教学相结合，优化教学效果，达到“教书育人”的最终目标。

参考文献

1. 黄尧. 中国职业教育发展将更加关注的若干问题 [J]. 职业技术教育，2010 (22).

2. 徐建. 职业教育吸引力：解析、描述与生成 [J]. 教育与职业，2010 (36).

3. 刘建同. 中等职业教育：教育事业改革与发展的战略突破口 [J]. 求是，2010 (1).

4. 易继勇. 中等职业学校专业建设问题及策略 [J]. 科教导刊，2010 (6).

5. 孙琳，等. 对中等职业教育教学改革的思考 [J]. 职业技术教育，2010 (6).

6. 肖胜阳. 中等职业教育三师型教师内涵的研究 [J]. 广东技术师范学院学报（职业教育），2010 (2).

7. 翟海魂. 职业教育基础能力建设 [J]. 中国职业技术教育，2010 (6).

8. 霍五堂. 职业教育的德育工作 [J]. 机械职业教育，2010 (4).

9. 魏燕. 职业教育质量与吸引力初探 [J]. 知识经济，2010 (22).

10. 冯锐，朱小荣. 关于职业教育课程中时尚文化建设的探索 [J]. 职业技术，2009 (4).

11. 谭昌藩. 中等职业教育课程建设之思考 [J]. 科学资讯，2009 (8).

12. 陈国良，等. 我国中职规模及比例情况［J］. 教育发展研究，2009（23）.

13. 黄尧. 对提高职业教育吸引力的几点思考［J］. 中国职业技术教育，2009（7）.

14. 李国强，金环. 我国中职教育发展存在的问题及对策探讨［J］. 职教探索与研究，2009（1）.

15. 沈亚强. 我国县域中等职业教育的问题解析与政策选择［J］. 职业技术教育，2009（28）.

16. 高庆柱. 中等职业学校实训基地建设与技能型人才培养［J］. 职业教育研究，2008（10）.

17. 庞连义，等. 职业教育校企合作存在的问题与对策［J］. 中国职业教育，2008（11）.

18. 王立升. 中职学校“校企合作、工学结合”人才培养模式初探［J］. 吉林省教育学院学报，2008（4）.

19. 邓泽民，韩国春. 职业教育实验设计［M］. 北京：中国铁道出版社，2008.

20. 申家龙. 新中国建立以来职业教育制度与政策的历史回顾［J］. 职教通讯，2008（8）.

21. 翟海魂. 比较视野下职业教育的时代特征［J］. 职业技术教育，2008（31）.

22. 刘凤彪. 观念一变天地宽——谈职业教育要“做大”“做强”“做活”［J］. 职教论坛，2001（12）.

23. 王振鹏，等. 论中等农业教育的传统与改革［J］. 中国农业教育，2000（1）.

24. 王振鹏，等. 农业院校毕业生就业难成因探析［J］. 中国农业教育，2000（4）.

25. 马庆发. 教育现代化：职业教育发展战略之选择［J］. 职教通讯，2010（10）.

26. 楚旋. 我国职业教育的治理模式分析 [J]. 职教论坛，2010 (7).

27. 李晓. 职业教育吸引力的制度性障碍分析 [J]. 职教论坛，2010 (31).

28. 石伟平. 中高职定位：尴尬和方向 [J]. 中等职业教育理论，2010 (1).

29. 郝婧. 高等农业职业教育人才培养模式的创新与实践 [J]. 职业技术教育，2010 (13).

30. 高宏，刘凤彪. 旅游管理专业实践教学课程体系建设构想 [J]. 中国职业技术教育，2012 (29).

31. 梁成艾，朱德. 国外职业教育城乡统筹发展比较研究 [J]. 职业技术教育，2010 (28).

32. 陈国良，等. 我国中职规模及比例情况 [J]. 教育发展研究，2009 (23).

33. 刘凤彪. 当前职教改革发展应重点思考的若干问题 [J]. 职教论坛，200 (5 上).

34. 刘凤彪. 职普比，一个不得不提的概念 [J]. 邢台职业技术学院学报，2008 (2).

35. 庞连义，等. 职业教育校企合作存在的问题与对策 [J]. 中国职业教育，2008 (11).

36. 王立升. 中职学校“校企合作、工学结合”人才培养模式初探 [J]. 吉林省教育学院学报，2008 (4).

37. 高宏，刘凤彪. 高职旅游管理专业“半工半读”教学模式探索 [J]. 河北广播电视大学学报，2008 (1).

38. 王振鹏，等. 日本农业教育现代化进程中的政府主导作用 [J]. 中国农业教育，2006 (5).

39. 王振鹏，等. 日本农业教育现代化的特征与启示（上）[J]. 中国农业教育，2000 (6).

40. 王振鹏，等. 日本农业教育现代化的特征与启示（下）[J]. 中国农业教育，2001（1）.

41. 王振鹏. 简论我国农业教育现代化的制约因素［J］. 中国农业教育，2001（6）.

42. 曹晔. 我国职业教育区域统筹发展的七大举措［J］. 教育发展研究，2010（19）.

43. 陈建录. 城乡统筹背景下职业教育功能探析［J］. 当代教育科学，2010（23）.

44. 梁成艾，朱德. 国外职业教育城乡统筹发展比较研究［J］. 职业技术教育，2010（28）.

45. 孙丽娜. 浅谈区域经济发展与职业教育互动关系［J］. 当代经济研究，2009（4）.

46. 吴彤林. 职业教育与区域经济协调发展的思考［J］. 经济研究导刊，2009（6）.

47. 马蒙蒙，张浩. 职业教育在区域经济发展过程中的功能［J］. 职教通讯，2009（9）.

48. 高庆柱. 中等职业学校实训基地建设与技能型人才培养［J］. 职业教育研究，2008（10）.

49. 吴良镛. 京津冀北城乡空间发展规划研究：——对该地区当前建设战略的探索之一［J］. 城市规划，2000（12）.

50. 吴良镛. 京津冀地区城乡空间发展规划研究三期报告［M］. 北京：清华大学出版社，2013.

51. 颜廷标，崔巍. 京津冀一体化与河北的选择［J］. 决策咨询，2004.

52. 张博，董雅. 浅谈天津该如何应对“京津冀一体化”——以城市宗地改造为切入点［J］. 建筑与文化，2014（8）.

53. 戈钟庆，武剑. 构建石家庄市融入京津冀一体化体制机制分析［J］. 河北省社会主义学院学报，2011（4）.

54. 丁岩. 京津冀一体化对河北对外贸易的影响分析［J］. 产业与科技论坛，2014（11）.

55. 刘允华，张娟玲，沈明. 京津冀一体化对河北省高职酒店管理专业的影响［J］. 河北企业，2014（10）.

56. 吴静茹. 京津冀一体化背景下河北省人力资源对经济协调发展的影响［J］. 河北企业，2011（6）.

57. 孔德忠，师蕊. 京津冀一体化对河北人才区域分布的影响［J］. 社会科学论坛，2011（4）.

58. 才利民. 京津冀优势互补促进大北京地区共同繁荣发展［J］. 港口经济，2003（1）.

59. 杨睿宸. 推动中国区域经济一体化发展的三大因素分析［J］. 高科技与产业化，2008（4）.

60. 王曙光. "京津冀一体化"顶层设计新思维［J］. 人民论坛，2014（15）.

61. 涂英柯，司林波，孟卫东. 京津冀区域经济一体化研究综述［J］. 商业时代，2013（26）.

62. 魏洪鹏. 京津冀区域经济一体化现状与问题研究［J］. 金融经济：理论版，2014（10）.

63. 祝尔娟. 京津冀一体化中的产业升级与整合［J］. 经济地理，2009（6）.

64. 王盼盼. 京津冀一体化背景下河北省发展战略分析［J］. 经济论坛，2010（8）.

65. 张辉. 京津冀一体化进程中河北省产业结构优化与人口城市化［J］. 中国酿造，2008（10）.

66. 颜廷标，崔巍. 京津冀一体化中河北省的产业定位与产业结构调整［J］. 领导之友，2004（4）.

67. 王明浩，王勇；京津冀地区城市化研究［J］. 环渤海经济瞭望，2004（2）.

68. 王明浩，翟毅，刘玉娜. 京津冀经济区的研究［J］. 城市发展研究，2005（1）.

69. 刘冠男. 京津冀区域科技创新比较的实证分析［J］. 科技进步与对

策，2011（2）.

70. 张换兆，霍光峰，刘冠男. 京津冀区域科技创新比较的实证分析[J]. 科技进步与对策，2011（2）.

71. 李灏，冯百侠，王宏剑. 京津冀都市圈经济一体化障碍因素[J]. 河北理工学院学报（社会科学版），2007（1）.

72. 李荷华，唐国春. 长三角区域物流信息一体化探索[J]. 现代管理科学，2006（6）.

73. 唐茂华. 京津冀区域经济一体化战略构想与前景展望[J]. 重庆工商大学学报西部论坛，2005（5）.

74. 肖磊，黄金川，孙贵艳. 京津冀都市圈城镇体系演化时空特征[J]. 地理科学进展，2011（2）.

75. 张淑莲. 基于合作博弈的京津冀区域经济协作研究[J]. 河北师范大学学报（哲学社会科学版），2011（1）.

76. 余静文，王春超. 城市圈驱动区域经济增长的内在机制分析——以京津冀、长三角和珠三角城市圈为例[J]. 经济评论，2011（1）.

77. 林超英. 唐山与京津冀经济一体化合作发展战略研究[J]. 合作经济与科技，2011（5）.

78. 陈璋，颜平，邵玮. 京津冀区域经济联系分析[J]. 数据，2011（3）.

79. 周桂荣，王冬. 推动京津冀区域产业升级与创新浅探[J]. 现代财经，2011（3）.

80. 叶堂林. “十二五”期间京津冀区域产业升级与整合研究[J]. 开发研究，2011（1）.

81. 彭永芳，谷立霞，朱红伟. 京津冀区域合作与区域经济一体化问题分析[J]. 湖北农业科学，2011（15）.

82. 吴群刚，杨开忠. 关于京津冀区域一体化发展的思考[J]. 城市问题，2010（1）.

83. 曹雁，吴英策. 新农村建设中的农村职业教育研究[J]. 农村经济，

2010 (5).

84. 常佳佳，王伟. 论职业化新型农民的培育 [J]. 青岛农业大学学报，2010 (3).

85. 段素菊. 当前农村职业教育的问题、原因与政策建议 [J]. 职教论坛，2010 (19).

86. 高云，李勤，赵立军. 国外农村职业教育发展情况及经验借鉴 [J]. 世界农业，2010 (1).

87. 郭长伟. 新农村背景下农村职业技术教育研究 [J]. 青海民族大学学报，2010 (1).

88. 赫栋峰，梁珊. 发达国家农村职业教育政策保障及启示 [J]. 西部教育发展研究，2010 (2).

89. 焦春莉. 职业教育在新农村建设中的作用 [J]. 中国农村小康科技，2010 (10).

90. 刘淑梅. 当前我国农村职业技术教育的制约因素和对策探析 [J]. 甘肃高师学报，2010 (1).

91. 鲁昕. 大力发展农村职业教育提高服务县域经济和社会发展能力 [J]. 中国职业技术教育，2010 (4).

92. 路艳娇. 发展农村职教亟待解决的几个问题 [J]. 中国职业技术教育，2010 (24).

93. 吕莉敏. 新农村建设背景下农村职业教育发展现状评析 [J]. 当代职业教育，2010 (4).

94. 马庆发. 破解农村职业教育发展五大难题 [J]. 职教通讯，2010 (8).

95. 唐喜政. 关于发展我国农村职业教育的思考 [J]. 成人教育，2010 (1).

96. 万一. 韩日农村教育对我国农村人力资源开发的启示 [J]. 科技与产业，2010 (1).

97. 吴忠香. 面向农村发展的职业教育政策设计 [J]. 职教通讯，2010

(11).

98. 熊丙奇. 加快发展农村职业教育的路径选择 [J]. 当代职业教育, 2010 (5).

99. 蒋旋新. 新农民素质与农村职业教育人才培养探索 [J]. 中国职业技术教育, 2009 (27).

100. 李凌云. 农村远程职业教育人才培养模式的构建 [J]. 河南广播电视大学学报, 2009 (4).

101. 郭文富. 农村职业教育改革与发展政策的研究分析 [J]. 职教论坛, 2009 (19).

102. 李永山. 农村职业教育培养目标和发展战略 [J]. 今日中国论坛, 2009 (6).

103. 刁勇生, 杨挺. 我国农村职业教育发展的政策变迁、政策环境及路径选择 [J]. 教育与职业, 2009 (29).

104. 宋国恺. 从身份农民到职业农民 [M]. 北京: 中国社会出版社, 2010.

105. 丁志宏. 国外农民的职业培训 [M]. 北京: 中国社会出版社, 2010.

106. 孙津. 中国农民与中国现代化 [M]. 北京: 中央编译出版社, 2004.

107. 雷世平. 新农村建设与农村职业教育创新研究 [M]. 长沙: 湖南科学技术出版社, 2008.

108. 田占慧, 等. 发达国家农村职业教育新模式比较分析 [J]. 成人教育, 2008 (3).

109. 蒋帅璞, 蒋子春. 新时期农村职业教育的发展瓶颈及对策 [J]. 教育时空, 2008 (10).

110. 裘鑫荣. 创新农民培训模式, 推进社会和谐发展 [J]. 新农村, 2008 (3).

111. 闫红梅. 统筹城乡发展下的农民继续教育问题研究 [J]. 继续教育

研究，2008 (7).

112. 陈锦梅，等. 国外农村职业教育的比较与启示 [J]. 湖北广播电视大学学报，2008 (6).

113. 程清海，等. 冀中南平原地区农村人力资源状况调查与分析 [J]. 中国农业教育，2008 (3).

114. 程清海，等. 农村人口素质与家庭收入关联性调查分析 [J]. 中国农业教育，2009 (1).

115. 中国教育与人力资源问题报告组. 从人口大国迈向人力资源强国 [M]. 北京：高等教育出版社，2003.

116. 西奥多·舒尔茨（美）. 人口质量经济学 [M]. 北京：首都经贸大学出版社，2002.

117. 李绍元. 农村教育论 [M]. 南京：江苏教育出版社，2000.

118. 辛登豪，彭晓明. 新型职业农民素质提升读本 [M]. 北京：中国农业科技出版社，2014.

119. 宋国恺. 从身份农民到职业农民 [M]. 北京：中国社会出版社，2010.

120. 丁志宏. 国外农民的职业培训 [M]. 北京：中国社会出版社，2010.

121. 罗文章. 新农村道德建设研究 [M]. 北京：当代中国出版社，2008.

122. 贾德民. 公民道德教育读本 [M]. 北京：中国劳动社会保障出版社，2002.

123. 钟鸣，李瑞芝. 农村实用法律常识 [M]. 哈尔滨：哈尔滨工程大学出版社，2010.

124. 金萍. 新型农民文明礼仪常识 [M]. 北京：中国财政经济出版社，2010.

125. 叶敬忠. 农民视角的新农村建设 [M]. 北京：社会科学文献出版社，2006.

126. 孙津. 中国农民与中国现代化 [M]. 北京：中央编译出版社，2004.

127. 黄祖辉，陈龙. 新型农业经营主体与政策研究 [M]. 杭州：浙江大学出版社，2010.

128. 中国农民素质研究课题组. 中国农民素质报告——新型农民素质调查评估与分析 [M]. 北京：中国农业出版社，2008.

129. 叶敬忠. 农民视角的新农村建设 [M]. 北京：社会科学文献出版社，2006.

130. 曹现峰. 谈本土文化与校本课程的开发利用 [J]. 学生之友（初中版），2011 (6).

131. 常慧敏. 当前中等职业学校校园文化建设研究 [J]. 中国科技信息，2009 (19).

132. 陈芝. 略论中职学校心理健康教育的策略 [J]. 职业技术，2010 (5).

133. 陈阿友. 加强校园文化建设，促进学生全面发展 [J]. 黑龙江科技信息，2011 (15).

134. 陈彬. 论以服务为精神内核的高职院校校园文化建设 [J]. 职业教育研究，2011 (11).

135. 邓军. 对德育教育与校园文化建设的几点思考 [J]. 华章，2010 (18).

136. 黄书玉. 浅析校园文化在思想政治教育中作用 [J]. 福建基础教育研究，2010 (10).

137. 郝福锦. 校园主体在校园文化建设中的积极作用 [J]. 考试周刊，2009 (8).

138. 黄霏霏.《老子》文化对青少年心理健康建设的意义探索 [J]. 青春岁月，2011 (14).

139. 李朝昌. 中小学校园文化建设的特点及实践 [J]. 校长阅刊，2007 (6).

140. 李炜. 弘扬中华优秀传统文化促进高校廉政文化建设 [J]. 常州工学院学报（社科版），2008（4）.

141. 李晓华. 信息化环境下高校校园文化建设研究 [J]. 中国科教创新导刊. 2007（21）

142. 林云平. 师范院校在弘扬中华文化中的作用和途径略论 [J]. 辽宁师专学报（社会科学版），2009（3）.

143. 刘盘根. 对中职学校校园文化建设的思考 [J]. 河南教育（下旬），2011（2）.

144. 刘红英. 论中国传统文化在大学校园文化构建中的作用 [J]. 河西学院学报，2008（3）.

145. 贾玲玉，陈遇春，安健. 网络环境下高校校园文化建设的对策 [J]. 中国市场，2008（52）.

146. 吕丽莉，奇伟. 校园文化与中国传统文化的继承. 沈阳农业大学学报（社会科学版），2009（6）.

147. 廖建霞. 推进中职学校校园文化建设的几点思考——以衢州中等专业学校“一中心三特色”模式为例. 职业，2012（21）.

148. 易江山. 校园文化管理效能的探索与思考 [J]. 兵团教育学院学报，2011（5）.

149. 杨建宇. 校长在校园文化与学校发展认识上的误区及对策 [J]. 湖南教育（教育综合），2006（34）.

150. 杨旸. 校园文化建设的路径分析 [J]. 西安邮电学院学报，2011（1）.

151. 余东海. 中等职业学校校园文化建设存在问题与对策研究 [D]. 华中师范大学，2006.

152. 余春兰. 中国传统人文精神在高校校园文化建设中的实践价值及其实现研究 [D]. 赣南师范学院，2012.

153. 余守萍. 中华优秀传统文化融入校园文化的路径探析. 教学与管理，2016（3）.

154. 邹宇华. 论中职校园文化建设的现状及对策 [J]. 新课程研究（中旬刊），2009（3）.

155. 张玲，葛金国. 优化中职校园文化，激励学生积极进取 [J]. 铜仁职业技术学院学报，2009（6）

156. 张茜. 杨玉强信息技术促进传统文化与校园文化融合策略研究. 软件导刊. 2014（4）.

157. 赵国伟. 加强校园文化建设 提升学校育人功能 [J]. 科学大众（科学教育），2010（9）.

158. 郑银忠. 校园文化建设的思考 [J]. 文教资料，2009（18）.

159. 周璠. 中职校园文化建设的对策与措施 [J]. 科技资讯，2011（3）.

160. 秦勇. 中职学校校园文化建设现状调查与思考 [J]. 卫生职业教育，2014（9）.

161. 荣炳新. 构建和完善中职学校校园文化建设的策略 [J]. 时代教育，2014（2）.

162. 汪宝德. 略论职业学校文化的教育功能及其建设 [J]. 卫生职业教育，2013（9）.

163. 谢志平. 中职学校校园文化建设问题及策略 [J]. 职业教育研究，2013（10）.

164. 孙琳，等. 对中等职业教育教学改革的思考 [J]. 职业技术教育，2010（6）.

165. 霍五堂. 职业教育的德育工作 [J]. 机械职业教育，2010（4）.

166. 魏燕. 职业教育质量与吸引力初探 [J]. 知识经济，2010（22）.

167. 程超. 职业院校教学质量动态评价体系研究 [J]. 教育与职业，2010（11）.

168. 谭昌藩. 中等职业教育课程建设之思考 [J]. 科学资讯，2009（8）.

169. 杨黎明. 中等职业教育课程建设中亟待解决的若干技术问题 [J]. 职教探索与研究，2009（1）.

170. 程浩. 中等职业学校的德育创新机制探析 [J]. 中国科教创新导刊，2009 (28).

171. 冯冬梅. 职业学校德育课评价方式的改革之路 [J]. 教育与职业，2009 (6).

172. 王清连，等. 职业教育社会学 [M]. 北京：教育科学出版社，2008.

173. 徐静镠，等. 90 后中职学生需求的调查研究 [J]. 教育与职业，2007 (10).

174. 徐荷清. 中等职业学校学生价值观现状特点与分析 [J]. 职业技术，2008 (2).

175. 张昭军，孙燕京. 中国近代文化史 [M]. 北京：中华书局，2012.

176. 季羡林. 季羡林散文 [M]. 杭州：浙江文艺出版社，1999.

177. 梁漱溟. 中国文化的命运 [M]. 北京：中信出版社，2013.

附　录

中等职业学校学生人文素养调查手册

河北现代农村职业教育研究基地

2014 年 10 月

亲爱的同学：

您好！

为掌握和研究我省中等职业学校学生人文素养情况，以便更好地培养和提高同学们的人文素养水平，以适应当代社会对中等职业学校学生综合能力的要求，我们进行此项有针对性的调查。您认真的态度和填写是获取真实数据的重要环节，是将来我们探索有效培养方法的根据。请大家放心作答，这项调查不要求同学们填写姓名，不计分数。这份调查表是为了解同学们现在的情况，为教学改革做调研，请同学们在规定的时间内认真、独立完成，这将对提高同学们的人文素养有十分重要的意义！

请在40—50分钟内完成调查问卷，将您认为正确的选项按要求填在相应的括号内，非常感谢您的合作！

请先填写您的基本情况

所在学校	所学专业	入学时间	性别	年龄
生源地	中考分数	向往工作	有何特长	其他要说的话
（ ）市（ ）区/县（ ）街/村				

一、传统文化

1. 我国有几千年的文明史？（　　）

A. 3000年

B. 4000年

C. 5000年

D. 6000年

2. 夏商周是封建社会吗？（　　）

A. 是

B. 不是

C. 是原始社会

D. 是野蛮社会

3. 下列哪个成语与河北省无关？（　　）

A. 胡服骑射

B. 围魏救赵

C. 毛遂自荐

D. 精忠报国

4. 在中国历史上，被人们称为“千古一帝”指的是谁？（　　）

A. 秦始皇

B. 刘邦

C. 李世民

D. 成吉思汗

5. 谁是法家的代表人物？（　　）

A. 孔子

B. 老子

C. 孟子

D. 韩非子

6. 岳飞是哪个朝代的民族英雄？（　　）

A. 北宋

B. 南宋

C. 明朝

D. 清朝

7.“却匈奴七百余里，胡人不敢南下而牧马。”引文指的是：（　　）

A. 蒙恬率军反击匈奴

B. 卫青、霍去病反击匈奴

C. 窦固率军反击匈奴

D. 窦宪大败北匈奴

8. 司马迁的最大历史贡献是写成了：(　　)

A.《史记》

B.《资治通鉴》

C.《水经注》

D.《齐民要术》

9."苏武牧羊"历史典故指的是在汉武帝时期，苏武带队出使匈奴完成使命后被扣留，被流放到"北海"一带牧羊，经过十九年的艰辛辗转，终于回到了故土的事迹，请问文中的"北海"指的是：(　　)

A. 北京一带

B. 蒙古一带

C. 坝上草原一带

D. 贝加尔湖一带

10. 苏东坡豪放达观的胸怀写下了不朽的文字，"十年生死两茫茫，不思量，自难忘。"这么缠绵的诗句是他写给谁的？(　　)

A. 父母

B. 兄弟

C. 姐妹

D. 妻子

11."仁者爱人"的思想是古代人讲究道德，以友善态度看人待人，您认为这是：(　　)

A. 好的思想

B. 不好的思想

C. 不知道

D. 迷信思想

12. 花木兰是我国民间传说中的英雄，她是替谁从军的？(　　)

A. 父亲

B. 哥哥

C. 弟弟

D. 妹妹

13. “水至清则无鱼，人至察则无徒”，千百年来这个理念使人成了：（ ）

A. 好人

B. 老好人

C. 讲原则的人

D. 不讲原则的人

14. “随遇而安” “识时务者为俊杰”是一些人信奉的理念，这是：（ ）

A. 中庸的表现

B. 积极进取的人

C. 创新的人

D. 符合时代要求

15. 中国传统文化认为忠孝为立身之本，认为如果一个人不忠不孝，就没有生存的权利。您赞同关羽、岳飞、文天祥的忠孝是美德吗？（ ）

A. 赞同

B. 不赞同

C. 古代的人讲这一套

D. 现代的人不用讲这一套

16. 中国儒家学习四个目标，您认为他们之间的顺序：（ ）

A. 修身、齐家、治国、平天下

B. 齐家、修身、治国、平天下

C. 治国、修身、齐家、平天下

D. 平天下、修身、齐家、治国

17. 儒家的代表人物是：（ ）

A. 韩非子

B. 老子

C. 孔子

D. 墨子

18. 在我国流传比较广、被尊称为“国剧”的是：（　　）

A. 京剧

B. 评剧

C. 黄梅戏

D. 不清楚

19. 宋代名作《清明上河图》的作者是：（　　）

A. 阎立本

B. 宋徽宗

C. 李公麟

D. 张择端

20. “崖山海战”是发生在我国古代南宋军队与蒙古军队之间的一次大海战，至此，宋王朝被蒙古人建立的元朝取代，请问：崖山在我国现在那个省？（　　）

A. 江苏

B. 浙江

C. 广东

D. 广西

21. 古代人很讲究礼节，也有很多的“节日”，您知道哪个“节日”是祭祀日？（　　）

A. 春节

B. 中秋节

C. 清明节

D. 端午节

22. 佛教的经典之作是：（　　）

A. 圣经

B. 古兰经

C. 金刚经

D. 道德经

23. 什么民族或教派不吃猪肉？（　　）

A. 藏族

B. 回族

C. 维吾尔族

D. 壮族

24. 不是我国古典四大名著有：（　　）

A. 红楼梦

B. 三国演义

C. 隋唐演义

D. 西游记

E. 水浒传

25. “清静无为，道法自然”是我国传统文化中（　　）家的核心思想。

A. 儒家

B. 道家

C. 法家

D. 佛家

E. 墨家

26. “仁义礼智信，温良恭俭让”是我国传统文化中（　　）家的核心思想。

A. 儒家

B. 道家

C. 法家

D. 佛家

E. 墨家

27. “兼爱非攻，俭朴自给”是我国传统文化中（　　）家的核心思想。

A. 儒家

B. 道家

C. 法家

D. 佛家

E. 墨家

28.“法宜公开，术宜深藏，君主专制”是我国传统文化中（　　）家的核心思想。

A. 儒家

B. 道家

C. 法家

D. 佛家

E. 墨家

以下多选题，请您把认为正确答案勾选出来

29. 河北省在战国时期属于哪个列国？（多选）（　　）

A. 齐

B. 楚

C. 燕

D. 韩

E. 赵

F. 魏

G. 秦

30. 世界文明古国都给世界历史留下了丰厚的文化遗产，像埃及的金字塔，古代希腊罗马的文化及建筑，成为文明古国的象征。您认为象征中国作为文明古国，留给世界的文化遗产是什么？（多选）（　　）

A. 万里长城

B. 秦始皇陵兵马俑

C.《史记》

D. 丝绸之路

31. 司马迁仗义执言受到不公正待遇，他逆境奋发写成巨著，您看过他的书吗？（多选）（　　）

A. 看过

B. 没有

C. 随手翻过

D. 学过几篇课文

32. 张衡、徐霞客那种对真理的执着热爱，给世人留下了科学和探索的精神：（多选）（　　）

A. 张衡发明了地动仪

B. 徐霞客发明了地动仪

C. 张衡是旅行家

D. 徐霞客是旅行家

33. 孟子“吾善养浩然之气”，是一种健康的精神境界。在对待自然、命运上，教育人要有：（多选）（　　）

A. 正确的人生态度

B. 正确的世界观

C. 要有迷信的态度

D. 要崇拜古人

34. 荀子“制天命而用之”包含着人定胜天的光辉思想。面对生活中的挑战，您应该保持：（多选）（　　）

A. 不屈服

B. 信心斗志

C. 人受制于天

D. 要认命

35. “裹小脚”在中国古代是一种传统文化，在当时被认为是一种美，您怎么看？（多选）（　　）

A. 反对

B. 不反对

C. 对女性的摧残

D. 对女性的保护

36. 下面哪个不是我国的朝代名称的是：（多选）（　　）

A. 汉朝

B. 唐朝

C. 吐蕃

D. 恺撒

37. 我国历史文化悠久，产生了各种不同的思想，您认为：（多选）（　　）

A. 值得学习

B. 不值得学习

C. 应该辩证看待

D. 应该全盘接受

38. 中国优秀传统文化包含了丰富哲学思想、人文精神、教化思想、道德理念等，您认为：（多选）（　　）

A. 可以为人们认识和改造世界提供有益启迪

B. 可以为治国理政提供有益启示

C. 可以为道德建设提供有益启发

D. 可以为今后生活学习提供有益的指导

39. 几千年来人类积累的一切理性知识和实践知识依然是人类创造性前进的重要基础。只有不断发掘和利用人类创造的一切优秀思想文化和丰富知识，我们才能更好地：（多选）（　　）

A. 认识世界

B. 认识社会

C. 认识自己

D. 开创美好的未来

40. “见义忘利，见危授命”“与利国家，而不为身谋”这些精神境界是当代人对抗（　　）的思想武器。（多选）

A. 拜金主义

B. 享乐主义

C. 奢靡之风

D. 奉献社会

二、行为习惯

1. 当祖国受到外敌入侵时，那时您又达到服兵役年龄，对报名参军您的态度是：（　　）

A. 报名参军

B. 不去

C. 全国那么多人，不一定非要我去

D. 别人去我也去

2. 遇到升国旗、唱国歌时，您会如何？（　　）

A. 停下来参加升旗仪式

B. 这是形式主义

C. 就当没看见

D. 害怕别人笑话

3. 学校发动同学自愿捐款灾区，您觉得：（　）

A. 别人捐了我不捐面子过不去

B. 与我不相关

C. 尽自己的能力献爱心

D. 那是红十字会的事

4. 在街上遇到以往教过自己的老师，您会怎么办？（　　）

A. 主动问好

B. 他叫我，我才理他

C. 设法回避

D. 就当没看见

5. 当您在公共汽车上，看到老人、小孩、孕妇或残疾人上车后您是：（　　）

A. 不让座

B. 主动让座

C. 不愿意让座

D. 看别人的反应

6. 在公共场所，看到有人旁若无人大声喧哗您认为：（ ）

A. 各人习惯无可厚非

B. 这是不文明行为

C. 无所谓

D. 我不会那样做

7. 您认为在公共场所吸烟、随地吐痰这类现象是：（ ）

A. 不良行为，应受到谴责

B. 不一定要惩罚

C. 只要不过分，不必太认真

D. 上前制止

8. 在十字路口碰上红灯，而此时并没有车辆通过，您会怎么办？（ ）

A. 遵守交通，等待绿灯再过

B. 若有急事，就过；若无急事，等会儿过

C. 管它三七二十一，闯过去

D. 劝阻闯红灯的人

9. 当您轮到每天的清洁卫生等劳动时，您会怎么样？（ ）

A. 积极去做

B. 别人怎么做，自己也怎么做

C. 不想干

D. 耽误我学习

10. 在运动会上，某班出现冒名顶替的现象，有个同学向学校如实做了反映，您认为这个同学：（ ）

A. 应该表扬

B. 还过得去

C. 错误

D. 无所谓

11. 您对考试作弊的态度是：（　　）

A. 别人作弊，我不作弊就吃亏

B. 只要不被发现，作弊有好处

C. 作弊是不诚实的行为，我不作弊

D. 劝阻别人作弊

12. 某同学打破班上窗户，您和其他同学是知道的，当老师询问时，您觉得：（　　）

A. 不能说

B. 等别人说

C. 如实说出真相

D. 害怕遭到报复

13. 当您与同学发生冲突时，您会采取：（　　）

A. 坚持不让步，不主动找对方和解

B. 视对方的态度再作考虑

C. 主动和解，搞好关系

D. 无所谓

14. 当看到自己要好的同学与别人打架时，您是：（　　）

A. 上前劝阻

B. 帮要好的同学出手去打

C. 向老师反映（或就近报告警察）

D. 赶紧跑开

15. 您的学习目的是：（　　）

A. 将来有个好职业、高收入，过舒适的生活

B. 为能改变自己和家庭的困难

C. 为国家和社会多做贡献

D. 说不清楚

16. 您听课时的情况是：（　　）

A. 喜欢听的才用心听

B. 偶尔说话，做小动作

C. 总是认真听

D. 课程开设没什么用

17. “学习好不如有个好爸爸”这种观点您认为怎么样？（　　）

A. 完全赞同

B. 似乎赞同

C. 不赞同

D. 不清楚

18. 如果遇到不顺心的事，您能主动告诉家长吗？（　　）

A. 能

B. 有时能，有时不能

C. 不能

D. 过一段时间就好了

19. 在与父母意见不一致时您认为：（　　）

A. 应听从父母的意见

B. 应坚持按自己的意见去做

C. 父母意见正确就按父母意见去做

D. 自己正确就向父母解释

20. 您跟父母的沟通情况是：（　　）

A. 跟父母能沟通，能讲心里话

B. 与父母基本能沟通，但有些心里话不能讲

C. 与父母谈不来，难沟通，更难说心里话

D. 父母不理解我，懒得沟通

21. 您在家里给父母洗过脚、剪过指甲等一类的“小事”吗？（　　）

A. 经常

B. 偶尔

C. 没有做

D. 不好意思

22. 在您看来提倡“勤俭节约”是：（　　）

A. 是一种美德

B. 在一定的范围内可以提倡

C. 不必再提倡

D. 无所谓

23. 看到有的同学吸烟喝酒、用高档化妆品、戴金银首饰，您的感受：（　　）

A. 羡慕

B. 无所谓

C. 我要学

D. 恶心

24. 您会遵循“未成年人禁入营业性网吧”的决定吗？（　　）

A. 会的

B. 经不起诱惑，不会

C. 很难说

D. 从未去过网吧

25. 在学校您见到所有的老师，您都会说一句“老师好”，您能做到吗？（　　）

A. 能

B. 不能

C. 认识的老师说

D. 不认识的无所谓

26. 每次放学回家，您见到父母会说一句“爸爸、妈妈，我回来了!”。（　　）

A. 能

B. 不能

C. 有时说

D. 无所谓

27. 在大街上，如果遇到老人倒下，您怎么做？（　　）

A. 不管

B. 想管，但看别人怎么做

C. 找到证人后在扶起

D. 不管别人说什么，坚决扶起

28. 您对有钱的同学的感觉是：（　　）

A. 喜欢

B. 羡慕

C. 嫉妒

D. 没感觉

29. 您认为搞班级卫生积极的同学是：（　　）

A. 值得学习

B. 有点傻乎乎的

C. 想突出自己

D. 没感觉

30. 您认为最大的母爱是：（　　）

A. 多给钱

B. 少唠叨

C. 多做好吃的

D. 谆谆教导

31. 您记得父母的生日吗，如果记得，您会怎么做？（　　）

A. 不记得

B. 送礼物

C. 帮着做家务

D. 祝福

32. 妈妈对七十多岁的奶奶大声争论，您感觉：（　　）

A. 正常

B. 妈妈不对

C. 奶奶不对

D. 都不对

33. 您认为孝顺最重要的一个是：（　　）

A. 让老人吃好喝好

B. 不让老人干活

C. 多热情陪护

D. 打电话就去

34. 教室里的课桌、凳子和窗户经常被人破坏，您认为：（　　）

A. 课桌凳子等设施质量不好

B. 教室不是家，不必爱惜

C. 破坏的同学是错误的

D. 如果见到后我会制止

35. 经常有的同学在上完厕所时不冲洗，垃圾到处乱扔，您认为：（　　）

A. 这些同学没有道德，在家也会表现不好的

B. 这些同学父母教育不够，父母的道德水平不高

C. 是这些同学的问题，缺乏公德意识

D. 是学校教育缺失，学校应该先教育同学一些基本做法

36. 看到教室里或学校的地面上有一个喝完的饮料瓶，或者一张废纸，您怎么想的？（　　）

A. 捡起来，扔到垃圾箱

B. 看一眼，就走开了

C. “这是谁扔的呀，真没有公德?”走开了

D. 我才不管呢，随便了

37. 您有手机吗？（　　）

A. 有

B. 没有

C. 父母准备给我买

D. 父母不打算给我买

38. 如果您选择购买手机时，最关注哪一个因素？（　　）

A. 性能

B. 价格

C. 品牌

D. 流行趋势

E. 售货服务

39. 每个月您的手机流量能用多少兆？（　　）

A. 30 兆

B. 70 兆

C. 100 兆

D. 100 兆以上

40. 您在课堂上玩过手机吗？（　　）

A. 没有

B. 偶尔看看

C. 经常

D. 我没有手机

41. 您认为学生在学校带手机影响不影响学习？（　　）

A. 影响很大

B. 有些影响

C. 不影响

D. 不知道

42. 您经常通过什么样的方式与朋友在网上交流？（　　）

A. QQ

B. 微信

C. 飞信

D. 其他方式

43. 您在通过微信了解信息时，您会关注一些公众号码吗？（　　）

A. 经常看看

B. 有时看看

C. 不会的，我只关心熟悉的号

D. 不知道什么是公众号码

44. 有的学校规定：学生不准带手机，一经发现立即回家反省。您认为这样的规定：（　　）

A. 很好，学生带手机影响学习

B. 不好，带手机不影响学习

C. 不好，带手机是学生的自由

D. 不好，带手机便于与家长联系学习情况

45. 如果让您一个星期不接触手机，您会：（　　）

A. 很正常，和平常没区别

B. 会感觉到不习惯

C. 开始不习惯，时间长了就好了

D. 会感觉到非常难受

以下多选题，请您把认为正确答案勾选出来

46. 在平常您的零花钱主要用在：（多选）（　　）

A. 购买课外书籍

B. 零食、饮料

C. 音乐磁带、看电影、逛公园

D. 不清楚

47. 有的同学躲在厕所里抽烟，您认为：（多选）（　　）

A. 抽烟危害身体

B. 抽烟破坏环境

C. 我会劝阻抽烟行为的

D. 无所谓

48. 您使用手机主要是做了些什么？（多选）（　　）

A. 打电话

B. 发短信

C. 玩游戏

D. 上网聊天

E. 听音乐

三、审美情趣

1. 您认为在校学生穿校服怎么样？（　　）

A. 很好

B. 很差

C. 一般

D. 我不爱穿

2. 看到您的同学染头发、涂指甲、化浓妆、戴首饰，您认为：（　　）

A. 很漂亮

B. 不漂亮

C. 不应该

D. 羡慕，我也要那样

3. 看到有些男同学脖子里挂着一条粗项链，您认为：（　　）

A. 很漂亮

B. 没感觉

C. 不漂亮

D. 感觉有点另类

4. 您认为教室里的设施布置的好看吗？（　　）

A. 好看，愿意在教室里学习

B. 一般

C. 无所谓

D. 不好看，不愿意在教室里学习

5. 校园的绿化和卫生您满意吗？（　　）

A. 卫生很好，我们都维护

B. 卫生很差

C. 卫生条件一般

D. 无所谓，我只关注学习

6. 您走在乡间小道上，旁边有一条小溪，小溪里流淌着清澈的水，空气清新湿润，鸟语花香，这事您会有什么感觉：（ ）

A. 被这田园风光迷住

B. 想在此次居住下来

C. 无所谓，没什么

D. 没有感觉

7. 李煜的词，“别来春半，触目柔肠断。砌下落梅如雪乱，佛了一身还满”，仔细体会到了什么？（ ）

A. 离愁别怨

B. 美感经验

C. 看不懂，没什么体会

D. 从来没读过词

8. 站在天安门前，左右对称的格局，您感觉到了什么？（ ）

A. 和谐美

B. 在这里照相真美

C. 没什么感觉

D. 只是为了照相，以后不会来了

9. 在夏日的夜晚，您仰望星空，想到了什么？（ ）

A. 宇宙真有那么大

B. 星星究竟有多少

C. 感觉到害怕

D. 没什么感觉

10. 看到一棵老树的树干上又长出来一枝新芽，您感觉到：（ ）

A. 生命真神奇

B. 这种美的景致好喜欢

C. 没感觉

D. 真想掰下来

11. 您喜欢到一些自然的风景区旅游，还是到人造的景区旅游?（　　）

A. 自然的山地海洋

B. 人为的名胜古迹

C. 到那里都行

D. 无所谓

12. 您到景区看到有人乱刻乱写，您怎么做?（　　）

A. 讨厌这种行为，自己也不会做

B. 不讨厌，自己也不会做

C. 喜欢这种行为，自己也会做

D. 喜欢这种行为，自己不会做

13. 有的人长得很漂亮，有的人长得丑，但当您接触的时间长了，会有不同的感受：（　　）

A. 长得漂亮不如心眼好

B. 长得丑的人心眼好就感到这人很好

C. 心眼好与漂亮丑没关系

D. 没什么感受

14. 现在人的隆胸、减肥、美容等等行为，您怎么看?（　　）

A. 那是人家的自由

B. 那是一种美的行为

C. 我不太认同这种行为

D. 青春不需要过分打扮

15. 朱自清在《绿》中有这样一段描写梅雨潭的话，“她松松的皱缬着，像少妇拖着的裙幅；她轻轻的摆弄着，像跳动的初恋的处女的心；她滑滑的明亮着，……”，您体会到了：（　　）

A. 优美

B. 崇高

C. 悲壮

D. 滑稽

16. 当您听到音乐《梁祝》和音乐《二泉映月》时，您的感受相同吗？（　　）

A. 相同

B. 不相同

C. 没感觉

D. 说不准

以下多选题，请您把认为正确答案勾选出来

17. 对于时下的穿露脐装、露腰装、超短裙等服装，您的感觉是：（多选）（　　）

A. 好时尚

B. 好恶心

C. 无所谓

D. 我也想穿

E. 我不想穿

18. 秋天，我们到了山上，看到满山的红叶，您会有什么感受，说出来：（多选）（　　）

A. 被这美好的景色陶醉了

B. 得到一种快乐

C. 没什么感觉

D. 说不清

19. 当您到上海、北京旅行时，您会觉得：（多选）（　　）

A. 北京、上海真大

B. 北京、上海的楼真高

C. 和其他的城市一样感受

D. 没有什么特殊感觉

20. 您喜欢读什么类型的文章?(多选)(　　)

A. 小说

B. 诗歌

C. 散文

D. 不知道

四、宗教知识

1. 您的政治面貌?(　　)

A. 群众

B. 共青团员

C. 预备党员

D. 中共党员

2 您认为宗教对个人有什么作用?(　　)

A. 对个人的世界观、人生观和价值观有影响

B. 对个人没作用

C. 对找工作有影响

D. 对入党有影响

3. 您是否有宗教信仰?(　　)

A. 有

B. 没有

C. 想信仰

D. 不了解,不信仰

4. 您不信仰宗教的原因?(　　)

A. 对宗教没有太多的了解,谈不上信仰不信仰的问题

B. 感觉宗教的思想与社会的主流思想相反

C. 感觉宗教的东西是虚无缥缈,与自己无关

D. 其他

5. 如果您身边有宗教信仰者,您的态度是:(　　)

A. 理解

B. 无所谓

C. 不理解

D. 鄙视

6. 您认为人生是否需要宗教信仰？（　　）

A. 需要

B. 不需要

C. 不清楚

D. 无所谓

7. 您认为应该不应该在学校园内公开传教？（　　）

A. 应该

B. 不应该

C. 无所谓

D. 不关我的事

8. 您认为宗教信仰是否与共产主义信仰有冲突？（　　）

A. 有

B. 没有

C. 不知道

D. 互相促进

9. 您认为共青团员是否可以信仰宗教？（　　）

A. 可以

B. 不可以

C. 不清楚

D. 无所谓

10. 邪教和宗教是一回事吗？（　　）

A. 不是，邪教是反社会的

B. 不是，宗教是反社会的

C. 是一回事

D. 不知道

11. 宗教是在历史的发展中逐步形成的，而邪教是突然形成的，这种说法对吗？（　　）

A. 不对

B. 对

C. 不知道

D. 邪教是从宗教中分离出来的

以下多选题，请您把认为正确答案勾选出来

12. 2014 年 5 月 28 日，6 名“全能神教”暴徒在山东招远市一家麦当劳餐厅将一名无辜女性残忍殴打致死，这是邪教极端思想控制下的罪恶，我们应该：（多选）（　　）

A. 不信邪教

B. 不传邪教

C. 勇于揭发

D. 与邪教做坚决斗争

13. 在我国新疆等地，这几年由于受到外力思想和势力的影响，发生了多次暴恐事件，这主要是因为：（多选）（　　）

A. 受邪教思想的影响

B. 受分裂主义的影响

C. 受极端主义的影响

D. 恐怖主义影响

14. 您认为宗教是：（多选）（　　）

A. 它就是迷信，是一种谎言学说

B. 它是一个团体，有自己的组织，有教义教规

C. 它是一种历史文化现象

D. 它在我脑中很模糊，我说不清什么是宗教

15. 邪教宣传的是迷信思想、极端思想、错误思想和伪科学思想，下列哪些是邪教？（多选）（　　）

A. 法轮功

B. 全能神教

C. 伊斯兰圣战者

D. 印度教

五、礼仪规范

1. 您对中国传统礼仪大致持什么样的态度？（　　）

A. 封建腐朽，应摒弃

B. 精神脊梁，应传承

C. 精华与糟粕并存，应该有所扬弃

D. 不太了解，没有太鲜明的态度

2. 您是否清楚地了解到礼仪文化并非礼仪规范，它还包括良好的品德、昂扬的精神风貌、文化内涵和交际能力等？（　　）

A. 了解

B. 了解一些

C. 不太了解

D. 不了解

3. 您愿意传承和弘扬我国的传统礼仪文化吗？（　　）

A. 愿意

B. 不愿意

C. 看情况

D. 无所谓

4. 当今社会坚持“三从四德”“四书五经”“儒家文化”等传统礼仪文化的代表有必要吗？（　　）

A. 有，坚决传承

B. 部分有，部分没有

C. 有，但应符合时代要求进行改进

D. 已经落后，不应传承

5. 每年9月10日是教师节，您认为教师节该给老师送礼吗？（ ）

A. 不应该

B. 应该

C. 向老师送礼是低俗的表现

D. 教师节应该有一种礼仪，来感谢老师的教育之恩

6. 您对当代中职学生学习和实行传统礼仪文化情况的看法：（ ）

A. 很好

B. 较好

C. 不是很好

D. 很差

7. 您认为学校是否应该为传统礼仪文化的学习和传承提供帮助措施？（ ）

A. 不需要，文化是自由的

B. 需要，便于传承

C. 根据社会需求确定

D. 说不清

8. 您认为当前的教育中是否应该增加传统礼仪文化的分量？（ ）

A. 是

B. 不是

C. 视情况而定

D. 结合社会的发展，赋予新内涵

9. 您对中国传统礼仪文化的传承和发展是否担忧过？（ ）

A. 有

B. 没有

C. 没想过

D. 无所谓

10. 您认为外国节日对我国传统礼仪文化产生怎样的影响？（ ）

A. 积极影响

B. 消极影响

C. 既有消极，也有积极

D. 说不清

11. 现在物质生活丰富了，人和人之间交往就要看重礼物，您认为这种行为是？（　　）

A. 理所应当的

B. 我也要享受这种生活

C. 不赞同，不攀比

D. 错误的，没有精神追求

12. 轿车已经进入家庭，有很多开车的闯红灯、乱鸣喇叭、人行道前不让行人等行为，您认为：（　　）

A. 开车的就应该这样

B. 我开车也这样

C. 讨厌这种行为

D. 阻止这种行为

13. 在学校，越来越多的女生和男生开始化妆、打扮、穿奇装异服，您赞同他们的做法吗？（　　）

A. 赞同

B. 不赞同

C. 无所谓，那是他们的自由

D. 讨厌他们，不愿给他们交朋友

14. 您是如何看待“桃园三结义”的故事的？（　　）

A. 刘关张结义讲义气

B. 桃园结义，互相帮忙

C. 结义成就一番事业

D. 结义也毁了事业

15. 您有“拜把子”兄弟姐妹吗？（　　）

A. 有

B. 没有

C. 都是能“两肋插刀的朋友”

D. 都是些酒肉朋友

16. 每次出门旅行，总能看到“某某到此一游”的刻字，您认为这种行为：（ ）

A. 错误的，没有社会公德

B. 正确的，留作纪念

C. 我也想刻，留纪念

D. 无所谓

17. 到了公共场所，您注意过“禁止吸烟”“禁止大声喧哗”“排队等候”的提示牌了吗？这些陋习在国际上也产生了不良影响，您怎么看？（ ）

A. 旅行就是放松的，就应该自由

B. 这是中国人的特点，不必改正

C. 应遵守规定，遵守当地习俗

D. 无所谓

18. 在红绿灯前，您是跟着别人一起走还是看信号灯的指示？（ ）

A. 看信号灯指示

B. 不看信号灯，跟着“大部队”

C. 看看有没有警察

D. 看看有没有车

19. 朋友过生日，您认为该不该送生日礼物？（ ）

A. 礼物越重，感情越深

B. 大家送，我也送

C. 不送礼物，朋友该不高兴了

D. 送不送无所谓

20. 有的同学谈恋爱，谈不成后就反目为仇，您认为这种行为：（ ）

A. 是正确的，爱之切恨之深

B. 是正确的，谈不成就是仇人

C. 是错误的，要有正确的恋爱观

D. 是错误的，每个人都有恋爱的自由

21.“我爸是李刚”反映了一起引起社会关注的交通事故，当遇到突发事件后首先想到父母，认为父母能解决一切。您认为您在碰到这类事情该怎么做？（　　）

A. 先给父母打电话

B. 先给朋友打电话

C. 打 110 找交警

D. 不知道如何去做

22.“在家尊重父母长辈，在学校尊重老师同学，家里家外一个样”，您能做到吗？（　　）

A. 能做到

B. 不能做到

C. 在家我尊重父母，但学校我做不到

D. 一到家就会发脾气，到学校表现好

23. 年轻人参加社会活动不必遵守社会习俗，您认为这种观点正确吗？（　　）

A. 正确

B. 基本正确

C. 不正确

D. 不知道

24. 社会习俗具有历史传承性，我们应该加强学习和社会实践，提高自身素养，做一个合格的公民，做一个能适应社会需要的有技能的劳动者，您能做到吗？（　　）

A. 能

B. 不能

C. 学校要求就做到

D. 家长要求就做到

25. 您排队时，对加塞者会：（ ）

A. 拒绝

B. 斥责

C. 接受

D. 无所谓

26. 您在上下楼梯或者乘坐自动扶梯的时候，该如何去做：（ ）

A. 应该在电梯的右侧，左侧留给急用的人

B. 应该在电梯的左侧，右侧留给急用的人

C. 应该在电梯的中间，两侧留给急用的人

D. 电梯上随便站，不应该给急用的人留

27. 您和家人一起去外地旅游，在景区或者休息的区域，看到有人高声喧哗、随手扔掉吃剩下的东西，你认为：（ ）

A. 太不文明了，我不会那样做的

B. 太不文明了，我也会学着他们那样做

C. 旅游就是为了放松，无所谓

D. 我不会那样做的，我会坚决去阻止这种行为

28. 古代的人行跪拜礼，您怎么看待这种行为？（ ）

A. 重要礼节

B. 应该行跪拜礼

C. 尊卑贵贱等级

D. 封建糟粕

29. 赵本山收徒弟，要求徒弟们行跪拜礼您认为怎么样？（ ）

A. 赞同

B. 不赞同

C. 应该提倡

D. 不应该提倡

30. 过春节是您给父母长辈行跪拜礼吗？（ ）

A. 行

B. 不行

C. 长辈要求行就行

D. 看到别人行我也行

31. 您认为师生间应该行跪拜礼吗？（　　）

A. 应该

B. 不应该

C. 封建残余

D. 封建等级观念

以下多选题，请您把认为正确答案勾选出来

32. 每年的9月10日是教师节，您认为这一天应该怎样对老师表达感恩之情？（多选）（　　）

A. 应该给老师送礼物

B. 应该给老师送购物卡

C. 自己做个小礼物，送给老师

D. 不知道怎么过，但应该有个仪式

33. 下面有几个选项，您认为正确的是：（多选）（　　）

A. 上课前给老师准备一杯水

B. 上课前给老师鞠个躬

C. 在学校见到老师主动问好

D. 在大街上见到老师主动问好

34. 逢年过节想对老师表达敬意，您会：（多选）（　　）

A. 发短信

B. 寄贺卡

C. 写封信

D. 送礼物

35. 您认为学习中国传统礼仪对于我们有什么作用和意义？（多选）（　　）

A. 提高自身道德修养

B. 树立良好的社会形象，提升自身魅力

C. 增强文化内涵和人文素质

D. 束缚思想，限制了创造力和想象力

36. 中国传统礼仪文化体现在哪些方面？（多选）（　　）

A. 待人接物，人际交往

B. 自身素养，文化内涵

C. 思想道德，礼义廉耻

D. 无处不在，处处有礼

37. 怎样才能真正地有效地传承中国传统礼仪文化？（多选）（　　）

A. 了解礼仪，熟悉经史

B. 了解历史、人文、社会风俗

C. 多做多行，以行动感染他人

D. 理论与实践相结合，

38. 您主要是通过什么渠道了解和学习中国传统礼仪文化的？（多选）（　　）

A. 长辈的言传身教

B. 学校的文化教育

C. 媒体的宣传教育

D. 书本的广泛阅读

39. 您感兴趣的传统文化礼仪有：（多选）（　　）

A. 见面拱手礼

B. 过节送重礼

C. 朋友间礼尚往来

D. 生日送礼

40. 有的人为了购买 iPhone 手机，把自己的肾脏都卖了，您认为他们的做法？（多选）（　　）

A. 不值得

B. 值得

C. 虚荣

D. 无聊

六、人文教育

1. 您认为您学的专业课程适应您将来的工作吗？（　　）

A. 很适应

B. 不适应

C. 不知道

D. 无所谓

2. 您认为专业所开设的课程人文学科的内容应该占多大比例？（　　）

A. 三分之一

B. 四分之一

C. 五分之一

D. 不了解

3. 您对自己所学的专业感兴趣吗？（　　）

A. 很感兴趣

B. 有点兴趣

C. 没有兴趣

D. 无所谓

4. 您学的专业将来就业方向好吗？（　　）

A. 很好

B. 一般

C. 不好

D. 不知道

5. 您希望好好学习，获得学校的奖学金吗？（　　）

A. 很希望

B. 希望

C. 不希望

D. 无所谓

6. 按照您的兴趣，对下列课程进行排序：（ ）（ ）（ ）（ ）（ ）（ ）

A. 语文 B. 历史 C. 政治 D. 地理 E. 音乐美术

F. 专业课程

7. 您认为学校设置的文科课程对您将来的工作有积极的作用吗？（ ）

A. 有作用

B. 没有作用

C. 不清楚

D. 无所谓

8. 您家里每年购买不购买课外书、订不订报纸？（ ）

A. 不购买、不订阅

B. 偶尔购买一些书刊

C. 购买一些传统名著

D. 购买大量的新书

9. 每天下学后，您是看电视多些还是读书多些？（ ）

A. 看电视多

B. 看书多

C. 看手机多

D. 其他

10. 您认为学校的学习环境适不适合您掌握一些为人处世的知识？（ ）

A. 不适合，学校只重视专业技能学习

B. 不适合，学校没有学习人文知识的环境

C. 适合，学校重视人文知识的学习

D. 适合，学校有学习人文知识的环境

11. 建设一些学习人文知识的实验室，您会去参加吗？（　　）

A. 会的，我会参加一些提高自身综合能力的活动

B. 会的，我为了完成老师交给的任务

C. 会的，同学们去，我也会跟着去

D. 不会的，我还有好多专业技术课程要学习

12. 加强学校周围的人文环境，对我们掌握人文知识有作用吗？（　　）

A. 有

B. 可能有

C. 没有

D. 不清楚

以下多选题，请您把认为正确答案勾选出来

13. 对文科课程的学习，您认为需要不需要考试？（多选）（　　）

A. 不需要考试

B. 需要考试

C. 看实际表现，让同学评价

D. 让社会人士评价

14. 您所学习的课程里面应该增加什么内容？（多选）（　　）

A. 历史知识

B. 地理知识

C. 音体美知识

D. 职业道德

15. 学校学习人文类的课程，您认为最好的方式是：（多选）（　　）

A. 课堂教学

B. 讲座报告

C. 亲自动手实验

D. 参加社会实践，总结体会

再次感谢您的合作！